马克思画传

马克思诞辰200周年纪念版

中共中央 马克思 恩格斯 著作编译局 编
　　　　 列　宁　斯大林

《马克思画传》
马克思诞辰 200 周年纪念版
编纂委员会

主　　编　韦建桦
副 主 编　顾锦屏　柴方国
编　　委　（按姓氏音序排列）
　　　　　陈兴芜　李　楠　罗小卫　沈红文　徐　洋　张远航

《马克思画传》
马克思诞辰 200 周年纪念版
编纂人员

韦建桦　顾锦屏　柴方国　沈红文　徐　洋
李　楠　张远航　曹浩瀚　李园园

序言

体悟马克思的人生境界

韦建桦

2018年5月5日，是卡尔·马克思诞辰200周年。为了纪念这位伟大的革命导师，我们对2012年版《马克思画传》进行了修订、增补和完善，推出这部"马克思诞辰200周年纪念版"，奉献给广大读者。这部新版画传力求更加完整而又鲜明地再现马克思的人生轨迹，准确而又凝练地介绍他的理论贡献，真实而又生动地展示他的人格之美。

"读其书，不知其人，可乎？"
—— 略叙本书的编纂初衷

马克思是对世界现代文明进程影响最深远的思想家。他和恩格斯共同创立的科学理论体系，是人类数千年来优秀思想文化的光辉结晶，是烛照世界历史进程、指引人类前进方向的智慧明灯，是工人阶级及其政党的行动指南，是中国人民为实现中华民族伟大复兴而团结奋斗的共同思想基础。

我们编纂这部画传的初衷，就是为了帮助广大读者特别是青年朋友走近马克思生活的时代，走近他的心灵，了解他进行理论创造和革命实践的历程，认识他在艰苦卓绝的斗争和跌宕起伏的生活中展现的品德与情操，在感动的同时进行思考，进而以浓厚的理论兴趣去阅读他的著作，直接聆听他关于历史与未来、自然与社会、宇宙与人生的教诲和箴言。

孟子说过："颂其诗，读其书，不知其人，可乎？是以论其世也。"（《孟子·万章下》）这里强调的"知人论世"的道理，特别适用于学习马克思理论的过程。我们要研读马克思的著作，就不能不了解马克思是一个什么样的人。

我们知道，马克思是在19世纪的欧洲从事理论创造和革命活动的。

他对一系列重大问题的研究动因、判断依据和分析结论,直接来源于当时的社会矛盾和革命实践,同时也来源于他对人类历史的深刻思考。我们只有具体地了解马克思考察和认识欧洲资本主义发展状况的经历,了解他参与和指导无产阶级革命斗争的史实,了解他在浩如烟海的典籍中探赜索隐、披沙拣金的历程,我们在阅读他的著作时才不至于产生隔膜,才能准确地领悟这些经典文献的背景、思路、意蕴和风格。

此外我们还应当看到,马克思留给后人的精神遗产,并不只是卷帙浩繁的著作,而且还有感人至深的风范。马克思在数十年风雨兼程的跋涉中显现的信念、风骨、胸襟和情怀,是他用生命写成的一部内涵丰富的"无字之书"。这部书同那些形诸文字的著述融为一体,全面地反映了马克思的人生境界。

《马克思画传》的一个重要任务,就是要让读者从多重视角真切地感受和体悟马克思的人生境界。因为只有这样,我们才能比较完整地认识这位伟大的哲人、智者和战士。

"岁寒,然后知松柏之后凋也。"
—— 解析马克思人生境界的四个要素

马克思的一生是一部富有传奇色彩的壮丽史诗。他的人生境界内容宏富,即使撰写一部多卷本的专著,也未必能纤悉无遗地阐述这一主题。因此,我们在这部画传中紧紧围绕马克思生命历程中的四个基本事实,向读者讲述马克思的故事。我们认为,这些事实构成了马克思人生境界的基本要素。

马克思人生境界的第一要素:矢志不渝地为劳苦大众解放而献身。

马克思的特点是什么?他自己对此作了简洁明确的回答:"目标始终如一。"(《马克思恩格斯全集》中文第1版第31卷第588页)早在中学时期,马克思就已经郑重地思考人生目标问题。在中学毕业作文《青年在选择职业时的考虑》中,他表示要在未来选择"最能为人类而工作的职业",即使付出牺牲也义无反顾,因为到那时,他的"幸福将属于千百万人"(《马克思恩格斯全集》中文第 2 版第 1 卷第 459 页)。这些感人肺腑的语言,反映了 17 岁的马克思对人生价值的思索;他的胸怀和抱负,远远超出了一般青年对于谋生和就业的考虑。

中学毕业后,马克思怀着崇高志向踏上了获取新知、探求真理的道路。在这一过程中,他目睹资本主义制度的种种弊端,倾听劳苦大众渴求解放的强烈呼声,内心涌动着进行社会变革的激情。他在孜孜不倦的理论研究和社会实践中度过了青春岁月,终于实现了从唯心主义向唯物主义、从革命民主主义向共产主义的彻底转变。也正是在这时候,他才清晰地认识到:所谓"最能为人类而工作的职业",就是为工人阶级和劳动群众的解放而奋斗。从此以后,他的生命之舟就始终如一地朝着这个目标破浪前进。

马克思出身于一个受人尊敬的律师家庭,自幼好学敏求,勤于思考,23 岁获博士学位,24 岁任报纸主笔,因禀赋聪颖、才华卓异、文笔犀利而驰誉学林。当时的学术界这样评价年轻的马克思:"他既有深思熟虑、冷静严肃的态度,又有深邃敏锐的智慧。请设想一下,如果把卢梭、伏尔泰、霍尔巴赫、莱辛、海涅和黑格尔结合为一人 —— 这里说的是结合,而不是凑合 ——,那么结果就是马克思博士。"(莫泽斯·赫斯 1841 年 9 月 2 日给倍·奥艾尔巴赫的信)因此人们确信,马克思凭借自身条件完全可以轻而易举地跻身于"上流社会"。然而,马克思舍弃了舒适安定的学者生活,对金钱、权位和资产阶级的奢靡享乐更是不屑一顾。他毅然选择了充满艰险的革命道路。

马克思为工人阶级创立了科学的世界观,同时亲身投入工人阶级和劳动人民推翻旧世界、建设新世界的斗争。从创建共产主义者同盟,到参加 1848—1849 年欧洲革命;从领导国际工人协会的工作,到支持巴黎公社革命;从指导无产阶级政党建设,团结和壮大国际无产阶级革命力量,到支持被压迫民族的独立和解放运动,马克思始终站在国际共产主义运动前沿,为劳苦大众的解放奉献了毕生的智慧和精力。

马克思为坚持自己的人生目标付出了常人难以想象的代价。1867 年 4 月 30 日,他在给齐·迈耶尔的信中写道:"我一直在坟墓的边缘徘徊。

因此，我不得不利用我还能工作的每时每刻来完成我的著作，为了它，我已经牺牲了我的健康、幸福和家庭。"（《马克思恩格斯文集》第10卷第253页）然而，如此巨大的牺牲丝毫也没有改变马克思的初心，他用铿锵有力的语言向这个世界宣布：

"我必须不惜任何代价走向自己的目标，不允许资产阶级社会把我变成赚钱的机器。"（《马克思恩格斯全集》中文第1版第29卷第550页）

马克思人生境界的第二要素：百折不回地为揭示科学真理而求索。

劳苦大众的解放必须有科学理论的指导，而锻造理论武器的使命历史地落在了马克思的肩上。

这是一个无比艰难的任务。它需要科学理论的创立者具备渊博的学识、非凡的睿智，更需要他具有坚如磐石的信念和深入实践的恒心，始终怀着对无产阶级革命事业的忠诚。为了完成这个任务，马克思长年累月孜孜不倦、夜以继日地沉潜于工作之中。他研究了欧洲各国经济政治的历史与现状，总结了工人运动的经验与教训，吸收和改造了人类思想文化成果，创立了包括马克思主义哲学、政治经济学和科学社会主义在内的理论体系。他用唯物史观阐明了人类社会演进的普遍规律，用剩余价值理论揭示了资本主义剥削的秘密，使社会主义从空想发展成为科学。他论证了社会主义、共产主义取代资本主义的历史必然性，指出无产阶级是实现这一历史使命的伟大阶级，而无产阶级政党就是领导这个事业的核心力量。他阐述了无产阶级革命和无产阶级专政学说，并在科学分析资本主义现实的基础上，提出了未来社会发展和建设的基本原则。

在这项前无古人的宏大工程中，恩格斯始终是马克思的亲密战友。正是通过他们的精诚合作，一系列精辟的理论观点才得到了科学的论证和经典的表述，人类思想史才迎来了一次辉煌的日出。

在从事理论创造的进程中，马克思一再遇到贫穷和疾病的困扰，加上反动势力无休无止的迫害，使得本来已经极为复杂的研究工作更加举步维艰。这种种困难在马克思撰写《资本论》的过程中表现得尤为突出。但他没有沮丧气馁，没有畏葸不前，也没有降低标准、草率应付，反而以更加严谨缜密的态度对待《资本论》创作。就在这一期间，他患了严重的肝病。在这种情况下，他最担心的不是自己的健康，而是作品的质量。面对疾病，他立下了这样的誓言："我必须对党负责，不让这部著作为肝病期间出现的那种低沉、呆板的笔调所损害。"（《马克思恩格斯文集》第10卷第167—168页）马克思以惊人的毅力实现了自己的誓言。

我们今天很难想象马克思在写作时忍受过多么剧烈的痛楚，然而不管境况多么艰难，马克思总是坚定而又自信地表示："我希望为我们的党取得科学上的胜利。"（《马克思恩格斯全集》中文第1版第29卷第554页）马克思深知，在他生活的那个时代，创建科学理论是一项多么艰难而又充满危险的事业，而这项事业又会向科学真理的探求者提出多么严格乃至苛酷的要求。他曾借用但丁《神曲·地狱篇》中的诗句形象地说明这一点："在科学的入口处，正像在地狱的入口处一样，必须提出这样的要求：'这里必须根绝一切犹豫；这里任何怯懦都无济于事。'"（《马克思恩格斯文集》第2卷第594页）基于这种透彻的认识，马克思下定了一往无前、万难不屈的决心，始终以极端负责、一丝不苟的态度对待理论工作。正因为如此，《资本论》以及由他完成的其他一系列著作才具有永恒的魅力，不仅思想精湛，而且文笔优美，宛如一个"艺术的整体"（《马克思恩格斯全集》中文第1版第31卷第135页）。可是又有多少人知道，这些著作中的每一句话、每一个字，都凝结着一个伟大思想家的深情和心血。

马克思人生境界的第三要素：坚韧沉毅地为战胜人生逆境而奋斗。

逆水行舟，顶风翱翔——这就是马克思数十年斗争经历和艰苦生活的写照。他对此早有精神准备。他很清楚，一个在《共产党宣言》中庄严宣告资本主义必然灭亡的人，一个在《资本论》中周密论证剥夺者必将被剥夺的人，一个率领劳苦大众向现存制度发起凌厉攻势的人，不可能在资产阶级一统天下的社会里顺风顺水、安稳度日。不当顺民，必陷逆境；不愿顺从，必遭厄运——这就是人们在那个标榜"自由"、"平等"和"博爱"的社会里面临的选择。

马克思选择了逆境。他平生最厌恶的丑行就是"逢迎"（《马克思恩格斯全集》中文第 1 版第 31 卷第 588 页）；他的信念、血性和良知不允许他背弃工人阶级，转而归顺和趋附统治者。这样一来，他的生命航程就势必遭遇逆流和暗礁。恩格斯在谈到马克思一生经历的时候说过："我可以大胆地说：他可能有过许多敌人，但未必有一个私敌。"（《马克思恩格斯文集》第 3 卷第 603 页）确实，马克思从来没有因为私事、私利和私心而与人结怨；作为劳苦大众的代言人，他是在向整个统治阶级宣战。正因为如此，他就成了"当代最遭嫉恨和最受诬蔑的人"（同上），他所面临的艰险就比常人更加严酷。也正因为如此，他的铮铮铁骨就更令人惊叹和赞佩。

马克思身处的逆境至少具有三个特点：一是生活中极其平常的愿望会变成难以实现的"奢望"；二是十分正当的事情会遇到难以逾越的关卡；三是天经地义的人间至爱会因为种种困苦和不幸的交织而遭到残酷打击。这三个特点分别涉及马克思的生活、工作和情感世界。我们可以从中各选一个片段，来看一看马克思如何在荆棘丛生的道路上果敢行进：

—— 马克思一生喜欢安静。他在年轻时就曾说过："安静是唯一能生长出成熟果实的土壤。"（《马克思恩格斯全集》中文第 2 版第 1 卷第 457 页）然而，他却偏偏在颠沛流离中度过了青年、壮年和暮年时光，以至他的妻子燕妮认为，只有"动荡"一词才能准确地形容他们一家人数十年的生活。马克思和燕妮在 1843 年 6 月新婚后不久，就在统治者的压迫下背井离乡，开始了漫长的流亡生活。普鲁士、法国和比利时当局屡屡发出驱逐令，迫使马克思和燕妮辗转各地，历尽危难和艰辛。从 1849 年 8 月起，马克思以流亡者身份带着妻子和女儿一直居住在英国伦敦。在这个被资产阶级称做"最自由"的国家，马克思仍然不断遭到攻击，"成了伦敦受诽谤最多、受威胁最大的人"（《马克思恩格斯全集》中文第 1 版第 33 卷第 236 页）。然而，从欧洲大陆到英伦三岛，反动当局一次又一次的驱逐、通缉、构陷和监禁，始终没有能够动摇和摧折马克思的意志，相反，逆境中的千磨万击使马克思愈加充满威武不屈的浩然之气。在巴黎、布鲁塞尔、科隆和伦敦，在马克思足迹所到的一切地方，他都以锲而不舍的精神引导、支持和组织工人运动，使各国统治者感到惊恐和恼怒。普鲁士当局在万般无奈的情况下曾向马克思表示：只要他改弦易辙，政府愿意立即给他授予官位、赏以厚俸。对于这种卑劣而又愚蠢的收买，马克思嗤之以鼻。他宁可在动荡中苦战，也不愿在安静中苟活。

——马克思一生喜欢办报。他认为进步的报刊"生活在人民当中，真诚地同情人民的一切希望与忧患、热爱与憎恨、欢乐与痛苦"（《马克思恩格斯全集》中文第2版第1卷第352页）。因此，马克思从青年时代起就满腔热忱地投身于新闻事业。然而，由他主编和创办的报刊，不是遭到反动当局的查禁和取缔，就是在重重困难中被迫停刊。眼看着自己主编和创办的《莱茵报》、《新莱茵报》和《新莱茵报。政治经济评论》在十年之内相继遭到摧残，马克思没有颓丧，反而愈挫愈勇。他以更加饱满的热情指导工人阶级政党办刊办报，使它们成为工人运动中的火炬，而马克思自己也当之无愧地成为无产阶级新闻事业的开创者和奠基人。

——马克思一生喜欢孩子。他认为孩子是"家中的灵魂"（《马克思恩格斯全集》中文第1版第28卷第442页）。马克思是名副其实的慈父，他对儿女的关心和疼爱无微不至。然而在伦敦流亡的最初几年，马克思和燕妮每分钟都受到"极端贫困的威胁"（同上，第563页），无法给孩子们提供良好的生活条件和必要的医疗保障。从1850年到1855年，他们的两个儿子和一个女儿罹患疾病，因无钱医治而相继夭亡。沉重的打击使马克思夫妇陷入椎心泣血的悲恸。一向刚强坚毅的马克思忍不住热泪纵横，他在致恩格斯的信中这样写道："我已经遭受过各种不幸，但是只有现在我才懂得什么是真正的不幸。"（同上，第442页）然而惨烈的命运并没有把马克思击垮，他挺立在风刀霜剑之中，很快又顽强地投入工作。与此同时，他和燕妮一起悉心抚育三个女儿——小燕妮、劳拉和爱琳娜，把她们培养成了正直、坚韧、热诚、笃学的革命战士。马克思培育的家风深受战友们的赞佩，成了后来的革命者学习的典范。

以上描述的仅仅是马克思生活的几个侧面，然而它们却真实而又完整地折射出马克思的人格光辉。对于一般人来说，能在险象环生的境遇中活下来已属不易，而马克思不仅坚强地活着，而且活出了人生的精彩；

他"不降其志、不辱其身"(《论语·微子篇》),在立德、立功、立言这三个方面都作出了不朽的贡献。

马克思人生境界的第四要素:乐观自信地为丰富生命内涵而努力。
统治者在不断实施迫害时,总以为马克思必定终日生活在愁云惨雾之中。他们根本不可能知道,马克思在种种钳制和攻讦下依然朝气蓬勃、活力四射、豁达开朗。这就是马克思的气度。他善于在逆流袭来时从容不迫地理顺思路、理顺心绪、理顺各种事物之间的复杂关系。他善于在寒冷的荒原上构筑生意盎然的精神家园。

在马克思的精神家园里,深植着对工人阶级和人类解放事业的必胜信念。这是马克思最重要的精神支柱,是他向各种困难挑战的底气所在。他密切关注工人运动的每一步进展,关注被压迫民族的每一场斗争。就在生活最艰难、工作最繁重的时刻,他还把目光投向遥远的东方,在一系列文章中高度评价中华民族的灿烂文明和奋斗精神,坚决支持中国人民反抗列强侵略和封建压迫的斗争,并且深情地预言中华民族必将崛起,成为开启整个东方世界新纪元的曙光。而在那时候,我们中国人还根本不知道"马克思"这个名字。

在马克思的精神家园里,融汇着对革命战友的深情厚谊。"同声自相应,同心自相知。"(傅玄《何当行》)在与马克思同声相应、同心相知的挚友中,除了恩格斯之外,还有欧美工人政党的许多领导人和普通战士。他们与马克思相互砥砺、相互支持。马克思在工人运动中享有崇高威望,但他始终把自己定位为同大家患难与共、风雨同舟的战士。因此在工人们的心目中,马克思既是卓越的领袖,更是平易近人的良师益友。他们赞赏马克思襟怀恢廓、真诚坦率的品质,喜爱他勇于担当、乐于助人、质朴刚健、幽默诙谐的个性。于是,马克思的家就成了登门求教的工人活动家、遭到迫害的各国流亡者、追求进步的知识分子和寻找真理的革命青年经常聚会的地方。马克思和燕妮总是热情地接待他们,使他们觉得来到了亲人身边。在这样的场合,马克思时而侃侃而谈,时而开怀大笑,那是从心底流淌出来的欢欣。

在马克思的精神家园里，洋溢着书籍的清芬。斗争是马克思的生命要素，而读书、学习则是马克思的生存方式。他密切关注哲学社会科学各个学科的演进历史和发展趋势，广泛涉猎数学、物理学、化学、生物学、地质学等自然科学领域的最新成果，留下了大量的摘录、笔记和批注。通过博览群书、研精覃思，马克思始终站在理论和学术的制高点，"在他所研究的每一个领域，甚至在数学领域，都有独到的发现"（《马克思恩格斯文集》第3卷第601—602页）。他徜徉于书林之中，获得了知识的滋养和思考的快乐；他以无比的勤奋和非凡的智慧，"吸收和改造了两千多年来人类思想和文化发展中一切有价值的东西"（《列宁全集》第2版增订版第39卷第374页）。

在马克思的精神家园里，蕴含着对艺术和自然的热爱。他钟情于荷马、埃斯库罗斯、奥维德、卢克莱修、莎士比亚、塞万提斯、歌德、海涅、但丁、狄德罗、巴尔扎克和狄更斯的作品，喜爱各地的民歌、童话、寓言和叙事谣曲。在灯下为孩子们朗诵诗歌，是他最喜欢做的事情。他酷爱音乐、绘画和雕塑，认为高尚的艺术既是人们掌握世界的独特方式，又是陶冶性灵、培养情操的人间胜境。马克思热爱生机蓬勃的大自然，喜欢凝视星空，眺望大海，漫步山林，把精神和自然视为维护健康的"伟大神医"（《马克思恩格斯全集》中文第2版第1卷第9页）。当他同朋友们、孩子们在风景如画的森林中欢笑、奔跑的时候，他感受到了自然界赋予的神奇力量。

最后，十分重要的是，在马克思的心灵深处凝集着他对妻子燕妮的挚爱。在他的精神家园里，这是滋润花木、映照日月的一泓清泉。燕妮不仅是他的亲密伴侣，而且是他的忠实战友。他把燕妮视为"心中的蓝天和太阳"（《马克思恩格斯全集》中文第2版第1卷第481页），而燕妮则认为马克思是她的"生命的支柱"；有了这根支柱，她就成了"世间最幸福的女性"（燕妮·马克思1850年5月20日给约·魏德迈的信）。马克思和燕妮并肩从事斗争，共同培育女儿，一起关心孙儿们的成长，在数十年相濡以沫、琴瑟和谐的生活中谱写了一曲感天动地的爱情之歌。

马克思的精神家园是说不完、道不尽的。他曾经说过，他喜爱的座右铭是"人所具有的我都具有"(《马克思恩格斯全集》中文第 1 版第 31 卷第 589 页)。他热爱平凡、朴素而又富有朝气和情趣的普通人生活,他赞美一切真诚、善良、美好的秉性,他希望每个人都能得到全面自由的发展。正是基于这种深挚的人文情怀和社会理想,马克思的内心充满阳光。他情感丰富,个性鲜明,兴趣广泛,在日常生活中常常显露出纯朴的童心。在他的身上,既有战士的坚毅品格,又有学者的严谨作风,还有诗人的浪漫气质。这一切,展现出了许多人所不知道的真实的马克思。

"岁寒,然后知松柏之后凋也。"(《论语·子罕篇》)中国古代哲人热情赞誉的美德懿行,中华民族历来崇仰的理想人格,在马克思身上得到了完美的体现。这是一个"不诱于誉,不恐于诽,率道而行,端然正己"(《荀子·非十二子》)的伟人,一个让我们倍感亲切和温暖的形象,绝不像有些不了解情况的人想象的那样偏执而又冷漠、遥远而又陌生。

以上所说的四个要素,使马克思的人生境界显得恢弘奇崛、瑰丽多姿。我们了解了这一切,就不会感到奇怪:为什么马克思身受各种压迫却"毫不在意,把它们当做蛛丝一样轻轻拂去"(《马克思恩格斯文集》第 3 卷第 602 页),为什么他对心怀嫉恨的市侩和小人视若无物,为什么他对蝇营狗苟、趋炎附势的庸俗习气如此鄙夷不屑。这是因为马克思站立在高山之巅,他所关注的是时代风云和民间疾苦,是社会变革和历史潮流;对至真、至善、至美的追求,使他总能以淡泊宁静之心去领略人生的无限风光。"会当凌绝顶,一览众山小。"(杜甫《望岳》)这两句诗可以帮助我们领悟马克思的内心世界。

在这部《马克思画传》中,我们紧扣以上四个基本要素,力求准确地勾勒出马克思生命历程的主线,再现他的人生境界的风采。

"纪事者必提其要,纂言者必钩其玄。"
—— 简述本书的编辑思路

讲好马克思的故事,确实不是一件轻而易举的事情。马克思的一生波澜迭起，马克思的理论博大精深，而他生活的那个时代又充满错综复杂的矛盾和斗争。因此，为了编纂这部以推进马克思主义大众化为宗旨的传记，我们首先必须对浩繁的史料进行梳理和提炼，力求反映最重要、最本质的东西。正如唐人韩愈所说："纪事者必提其要，纂言者必钩其玄。"（《进学解》）只有用提要钩玄、取精用弘的方法，才能精准、简洁、鲜明地再现马克思的壮丽人生。

真实是本书的灵魂。唯有保证史实记叙和理论阐述的准确，这部作品才能对学习经典著作具有切实的参考价值，同时对研究经典作家具有独立的学术价值。因此，我们要求自己用编译经典著作的科学态度从事编纂画传的工作。我们重温了马克思的一系列著作和书信，广泛搜集并认真研读了涉及马克思生平事业的各种史料和研究成果，对画传的总体方案、条贯脉络、篇章结构、各章导言、各节提要和大事年表进行了反复斟酌和推敲，对反映历史事件、人物、组织、著述和文稿的大量图片进行了审慎的考证和精选，以保证这部作品成为真实可靠的信史。

创新是本书的亮点。要让读者通过一部画传了解马克思的实践活动和理论贡献，就必须在叙述风格和阐释方式上勇于创新。在史实记叙方面，我们改变历来沿袭的单纯按时间顺序编排的模式，尝试开辟一条使编年叙事与专题介绍有机结合、相互补充的新路，并按照历史与逻辑相统一的原则，在全书序言和各章导言中对马克思的革命生涯进行简练的概括，以便更加完整地反映马克思的生平事业。在理论阐述方面，我们注意避免史论分离和重史轻论的倾向，力求清晰地再现马克思主义形成和发展的历程，同时充分利用最新的编译和研究成果，简明而又准确地介绍马克思重要著作的写作背景和思想精髓。在这部画传中，我们重点展现马克思的光辉业绩和杰出贡献，同时也着力展示他的高尚品质和博大胸怀，尽可能让读者全方位地了解马克思的伟大一生。

立体的语言是本书的特色。以文为经，以图为纬，经纬交织，图文互补，构成了这部作品独特的、立体的叙事语言。我们感到，采用这样的语言既是对当今读者需求的适应，也是对优秀文化传统的继承。中国古代先贤早就倡导并实践过将读图和读文结合起来的学习方式。宋代史学家郑樵说过:"古之学者为学有要,置图于左,置书于右,索象于图,索理于书,故人亦易为学,学亦易为功。"(《通志·图谱略》)我们在编纂本书时借鉴了这种"左图右史"的思路,选录了马克思、恩格斯、列宁的重要论述以及马克思的亲人和战友的生动回忆,让读者对这位革命导师的思想和品格获得更加深刻的感悟、更加真切的印象;同时,我们精选了中外名家的许多美术作品,其中有的描绘恢弘的历史场景,有的表现重大的革命题材,也有的反映动人的生活细节。这些作品与珍贵的历史图片、简要的说明文字融合无间,使思想的感召力和艺术的感染力交相辉映、相得益彰。

《马克思画传》初版于2012年问世,受到了广大读者的关注和好评。在迎接马克思诞辰200周年的日子里,我们对初版进行了认真修订:一是围绕马克思的实践活动及其社会背景,充实了若干有价值的史料;二是围绕马克思的重要著作及其理论要义,增补了经典作家的相关论述;三是围绕马克思的品格与情操,增添了许多重要的资料和信息。与此同时,我们还对叙述文字和版面设计作了必要的调整和改进。总之,我们恪守精益求精的原则,力求使新版画传内容更丰富、逻辑更严谨、表述更精当,以期进一步适应读者的需要。

我们希望,在马克思诞辰200周年之际,这部《马克思画传》纪念版能帮助读者完成一次穿越时空之旅,走进马克思主义科学理论如日初升的年代,走向国际共产主义运动扬帆启航的地方,去感受和体悟马克思的人生境界,从中获得启迪和教益,汲取把握人生航向的智慧和经受风雨、搏击波涛的勇气。

2018年2月于北京

目录

序　言
体悟马克思的人生境界（韦建桦）

002 /　　**第一章**
　　　　童年和学生时代

024 /　　**第二章**
　　　　开始登上政治斗争的舞台

046 /　　**第三章**
　　　　为创立新世界观和无产阶级政党而斗争

076 /　　**第四章**
　　　　在1848—1849年的革命风暴中

104 /　　**第五章**
　　　　总结革命经验　丰富和发展革命理论

142 /　　**第六章**
　　　　划时代巨著《资本论》的创作

176 /　　**第七章**
　　　　国际工人协会的灵魂

208 /　　**第八章**
　　　　满腔热情支持巴黎公社

232 /　　**第九章**
　　　　奋斗不息的最后十年

270 /　　**第十章**
　　　　马克思恩格斯著作在中国的传播

311 /　　**马克思生平大事年表**

　　　　编后记

第一章
童年和学生时代

1818年5月5日，卡尔·马克思出生于德国特里尔市（时属普鲁士王国）的一个律师家庭。特里尔市所在的莱茵地区，因受法国大革命的影响，资本主义经济发展迅速，反对封建专制的进步思想广为传播。马克思的父亲亨利希·马克思学识渊博，思想开明。马克思从小受到良好家庭教育。

1830年，马克思进入特里尔中学学习。他学习勤勉，善于独立思考，不仅掌握了扎实的基础知识，还受到了革命民主主义和启蒙思想的熏陶。他的中学毕业作文《青年在选择职业时的考虑》反映了他对人生道路的深邃思考和为人类服务的远大抱负："人只有为同时代人的完美、为他们的幸福而工作，自己才能达到完美。如果一个人只为自己劳动，他也许能够成为著名的学者、伟大的哲人、卓越的诗人，然而他永远不能成为完美的、真正伟大的人物。"青年马克思还创作了大量诗歌以及剧本和小说，表达了向往光明、追求真理的志向和激情。

1835年10月，马克思进入波恩大学，次年转入柏林大学。起初他攻读法学，后来潜心研究历史和哲学。当时，黑格尔主义在柏林大学占据支配地位。黑格尔学派左翼——青年黑格尔派站在资产阶级激进主义立场上批判宗教，并力图从黑格尔哲学中得出反对封建专制制度的结论。从1837年起，马克思系统研读黑格尔的著作，结识了青年黑格尔派的许多代表人物，并成为青年黑格尔派博士俱乐部的积极成员。但是，在政治立场和哲学观点上，马克思同青年黑格尔派存在着重大分歧，这种分歧最终导致他与青年黑格尔派分道扬镳。

1839年起，马克思专心研究古希腊哲学，1841年3月写成博士论文《德谟克利特的自然哲学和伊壁鸠鲁的自然哲学的差别》。马克思在博士论文中揭示了伊壁鸠鲁原子学说的积极意义和辩证法因素，同时深刻地分析了人和客观现实、哲学和客观世界的辩证关系。在这篇论文的序言中，马克思公开表示无神论是自己的坚定信念，宣布要反对"一切天上的和地上的神"，反对宗教对哲学和人的自由思想的压制，要求把人从宗教的束缚下解放出来。他称赞希腊神话中的普罗米修斯"是哲学历书上最高尚的圣者和殉道者"，并用普罗米修斯的豪言壮语回答那些屈从于宗教黑暗势力的懦夫："我绝不愿像你那样甘受役使，来改变自己悲惨的命运，你好好听着，我永不愿意！是的，宁可被缚在崖石上，也不为父亲宙斯效忠，充当他的信使。"1841年4月，马克思从耶拿大学获得博士学位。

卡尔·马克思1818年5月5日出生于德国古城特里尔。当时整个德国还处于封建专制制度统治之下，而特里尔市所在的莱茵地区却在法国资产阶级革命的影响下，出现了较为繁荣的资本主义工商业，并由此产生了反对封建专制的民主力量和进步思想。（01-04）

01. 19世纪30年代的特里尔
02. 特里尔布吕肯巷664号（现为布吕肯街10号），1818年5月5日马克思在这里出生。
03. 马克思两岁时全家搬迁到特里尔西梅翁街1070号（现为西梅翁街8号）
04. 1830年前后的西梅翁街

01

03

04

02

马克思的父亲亨利希·马克思（1777—1838），犹太人，富有正义感，同情人民疾苦，是一位受人尊敬的律师。母亲罕丽达·普雷斯堡（1788—1863），荷兰人，是一位勤劳善良的家庭妇女。马克思共有兄弟姊妹九人，马克思排行第三。他从小聪明好学，深受家人喜爱。（05-07）

05. 马克思的出生证书，上面有他的父亲亨利希·马克思的签名。
06. 马克思家谱

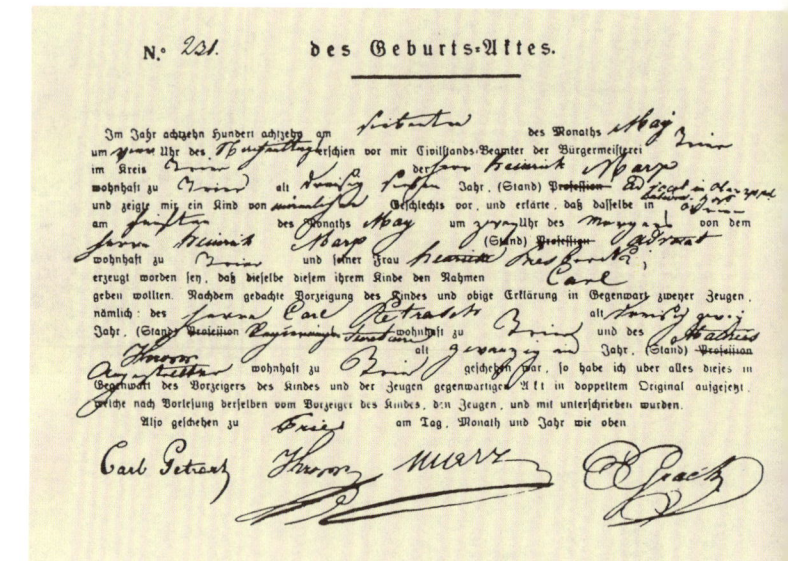
05

马克思家谱

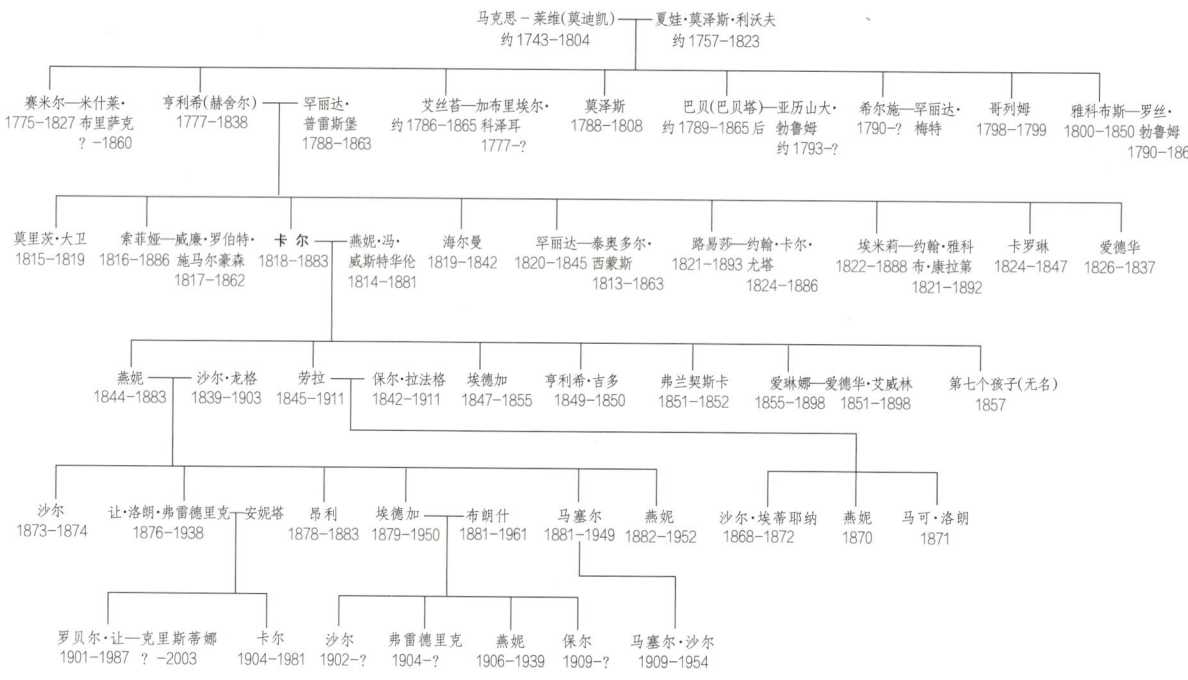

| 童年和学生时代　007

07. 童年（中国画）高莽

1830年10月至1835年9月,马克思在特里尔中学学习,在思想上受到进步师长的积极影响。(08-11)

08. 中学校长约翰·胡果·维滕巴赫(1767—1848)
09. 数学和物理老师约翰·施泰宁格(1794—1874)
10. 特里尔中学
11. 特里尔中学礼堂

| 童年和学生时代

> 如果我们选择了最能为人类而工作的职业,那么,重担就不能把我们压倒,因为这是为大家作出的牺牲;那时我们所享受的就不是可怜的、有限的、自私的乐趣,我们的幸福将属于千百万人,我们的事业将悄然无声地存在下去,但是它会永远发挥作用,而面对我们的骨灰,高尚的人们将洒下热泪。
>
> ——马克思《青年在选择职业时的考虑》

1835年9月,马克思中学毕业。他在中学毕业作文《青年在选择职业时的考虑》中表达了对人生道路的深邃思考和为人类服务的远大抱负。(12-13)

12. 马克思1835年8月写的中学毕业作文《青年在选择职业时的考虑》第1页
13. 马克思的中学毕业证书。王室考试委员会在毕业证书上写的评语:"对待师长和同学态度良好","古代语言、德语和历史学习很勤勉","他的作文显得思想丰富,对事物有较深刻的理解"。

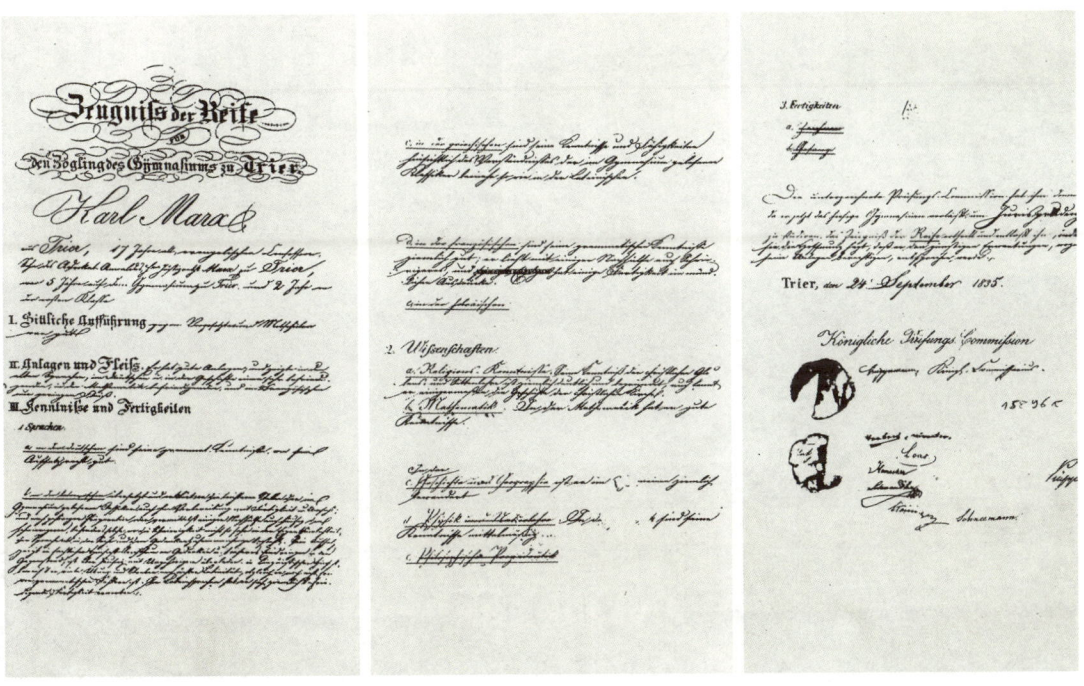

1835年10月中旬，马克思进入波恩大学攻读法学。他求知欲很强，起初选修九门课程，除专业课程外，还听文学和希腊罗马神话、现代艺术史等讲座。不久，他对多数课程的讲授感到不满，便减少听课次数，自己制定计划进行自学。（14-19）

14. 19世纪40年代的波恩
15. 波恩大学，马克思1835年10月至1836年8月在此学习。
16. 波恩大学的一座教学楼

| 童年和学生时代　011

17

18

19

17. 1836年的马克思画像
18. 波恩大学有各种同乡会组织，马克思参加了特里尔同乡会，被选为该会理事。图为1836年波恩大学特里尔同乡会的大学生在哥德斯堡的白马酒店前（当时的石版画），右起第六人为马克思。
19. 马克思的波恩大学肄业证书。证书中对马克思的一些课程的评语是"勤勉和用心"，"十分勤勉和用心"。

请你收下这些诗笺，
我怀着真情把它们奉献，
诗中回荡着铿锵激越的琴声，
诗中映射出自由的心灵火焰。
——马克思《爱之书·终曲》

燕妮·冯·威斯特华伦（1814—1881）出身于贵族家庭，从小受到良好教育。她倾慕马克思的品德和才华，1836年秋冲破门第等级观念的束缚，毅然与马克思订婚。青年马克思十分珍视他和燕妮的爱情，他创作了《爱之书》、《歌之书》等诗集，用真诚、炽烈的诗句抒发了对燕妮的深情和挚爱，同时也表达了对真理的向往和追求。（20-25）

20. 19世纪30年代燕妮的画像
21. 马克思献给未婚妻燕妮的诗集《爱之书》
22. 路德维希·冯·威斯特华伦（1770—1842），燕妮的父亲，特里尔的枢密顾问，马克思的良师益友。
23. 卡罗琳·冯·威斯特华伦（1780—1856），燕妮的母亲。
24. 威斯特华伦一家在特里尔的住所
25. 威斯特华伦一家在萨尔茨韦德尔的住所，1814年2月12日燕妮在这里出生。

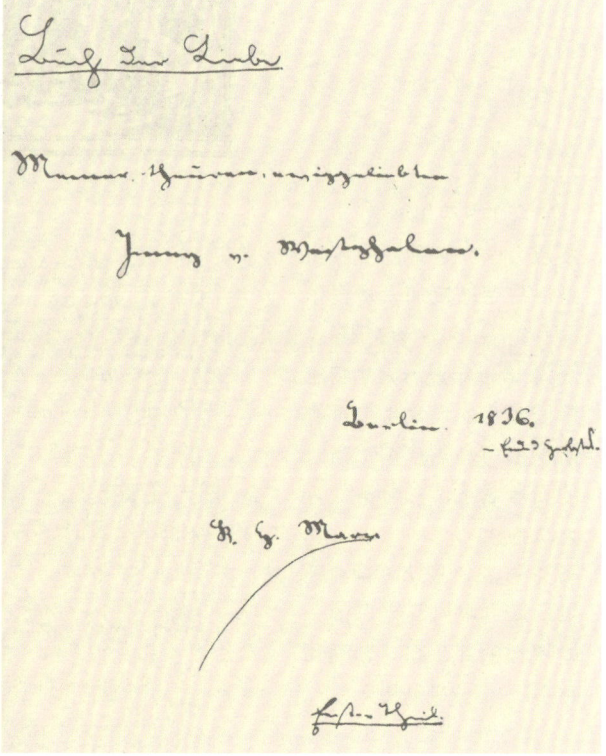

童年和学生时代 013

22

23

24

25

1836年10月，马克思转到柏林大学法律系学习。起初他攻读法学，但不久就专心致力于研究历史和哲学。他学习勤奋，博览群书，经常通宵达旦。他养成了毕生沿用的学习方法：凡是读过的书都写笔记，作摘录，加评语，过后重温，以加强记忆。（26-32）

26. 1840年柏林街景
27. 柏林大学学生名册，倒数第六行为马克思的名字。
28. 马克思填写的柏林大学听课证
29. 柏林大学，马克思1836年10月至1841年3月在此学习。

27

28

29

我们要勇往直前、摧枯拉朽，
我们将永不懈怠，永不停留；
绝不要畏首畏尾噤若寒蝉，
绝不要庸庸碌碌无所追求。

切莫在空想中虚掷时光，
切莫在枷锁中犹豫彷徨，
只要胸怀抱负和渴望，
我们就可以将事业开创。
——马克思《爱之书·感触》

30. 马克思在刻苦学习（素描） 顾盼
31. 柏林皇家图书馆，马克思经常来此阅读。
32. 1841年3月19日柏林皇家图书馆出具的马克思已经还清图书的证明

马克思在柏林大学学习期间，因用功过度而损害了健康。1837年夏，他遵照医生建议来到柏林郊区施特拉劳渔村休养。在此期间，马克思研读了黑格尔的著作和他大部分弟子的著作，结识了青年黑格尔派的主要成员，并参加了他们的"博士俱乐部"。马克思在"博士俱乐部"中年纪最轻，但知识渊博，思想敏锐，见解深刻，深得俱乐部成员的钦佩。后来，由于青年黑格尔派坚持唯心史观，鄙弃实践活动，蔑视人民群众，马克思同他们发生了思想分歧。（33—37）

33. 马克思在施特拉劳住过的房子
34. 19世纪30年代的施特拉劳渔村风光
35. 博士俱乐部里的年轻人（水粉画） 杨克山

童年和学生时代

36. 马克思1836—1837年在柏林老莱比锡大街住过的房子
37. 柏林路易森街60号墙上的马克思纪念牌："卡尔·马克思，1818年5月5日—1883年3月14日。德国人民最伟大的儿子，科学社会主义的创始人，1838—1839年在这里居住。"

> 普罗米修斯的自白"总而言之,我痛恨所有的神"就是哲学自己的自白,是哲学自己的格言。
> ——马克思《德谟克利特的自然哲学和伊壁鸠鲁的自然哲学的差别》

马克思从 1839 年初开始钻研古希腊哲学,写了大量笔记,并于 1840 年下半年动笔撰写博士论文《德谟克利特的自然哲学和伊壁鸠鲁的自然哲学的差别》。马克思在博士论文中揭示了伊壁鸠鲁原子学说的积极意义和辩证法因素,并在序言中向宗教黑暗势力公开宣战,表明了战斗无神论的鲜明立场。(38-39)

38. 马克思的博士论文的封面
39. 马克思写作博士论文(木刻) 许钦松

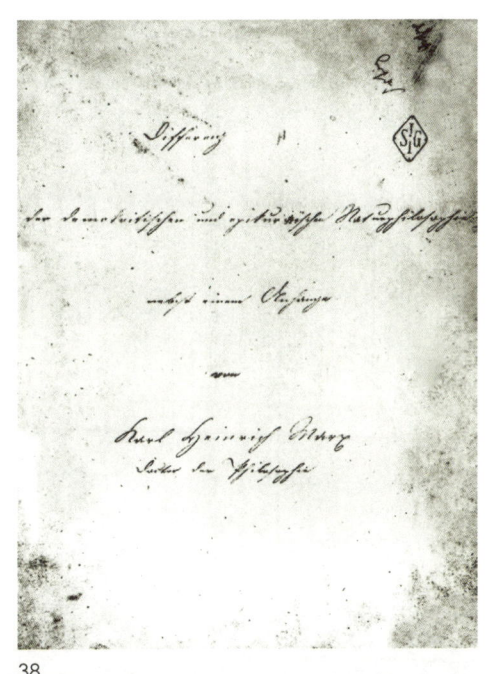

1841年春，马克思完成博士论文，把它寄给耶拿大学。主持论文鉴定工作的耶拿大学哲学系主任卡尔·弗里德里希·巴赫曼教授对这篇论文非常赞赏，认为作者"不仅有才智、有洞察力，而且知识广博"。1841年4月15日，耶拿大学授予马克思哲学博士学位，当时马克思还不到23岁。（40-42）

---

40. 马克思写给耶拿大学哲学系请求审阅并通过博士论文的信
41. 马克思的柏林大学毕业证书
42. 马克思的博士学位证书

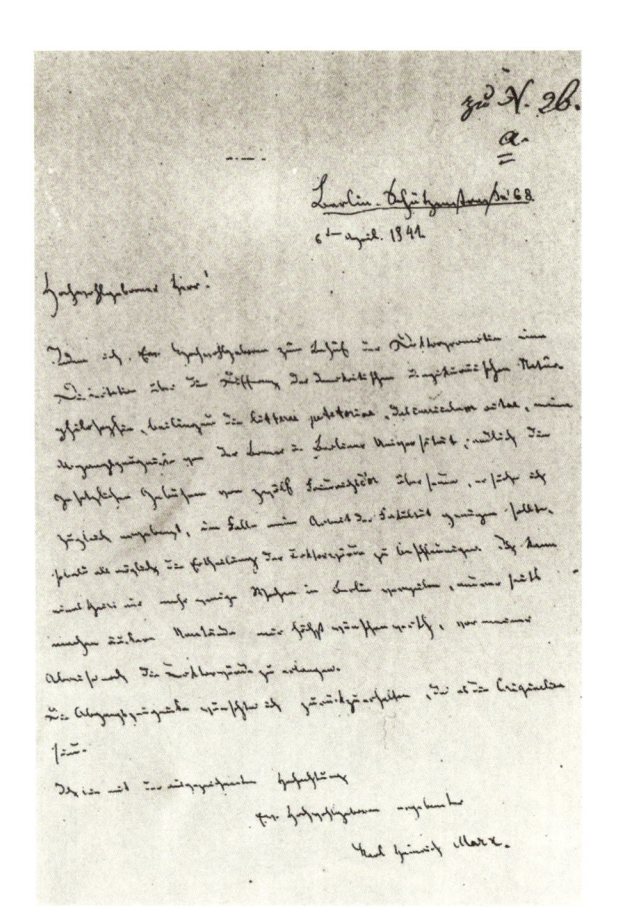

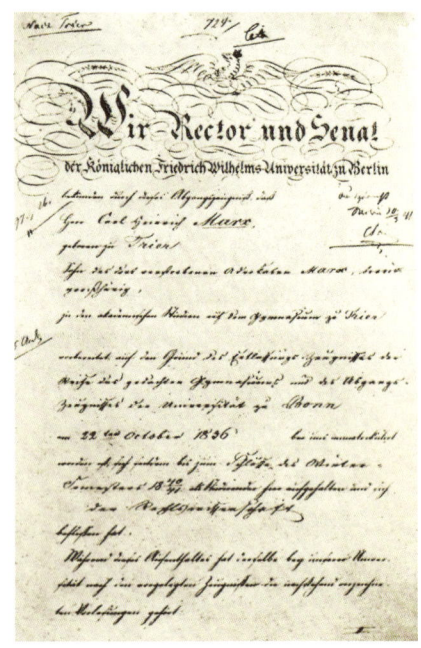

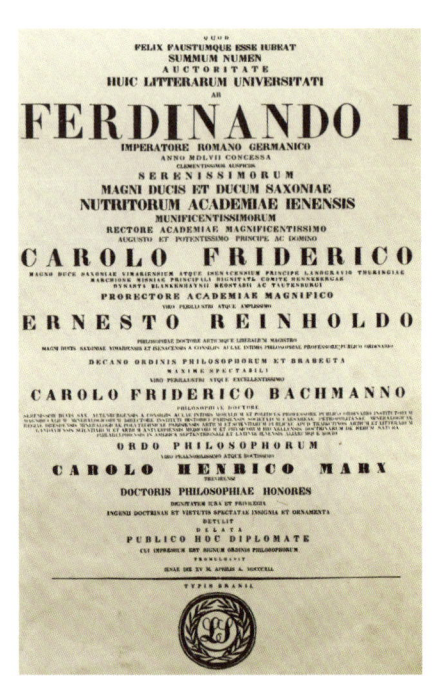

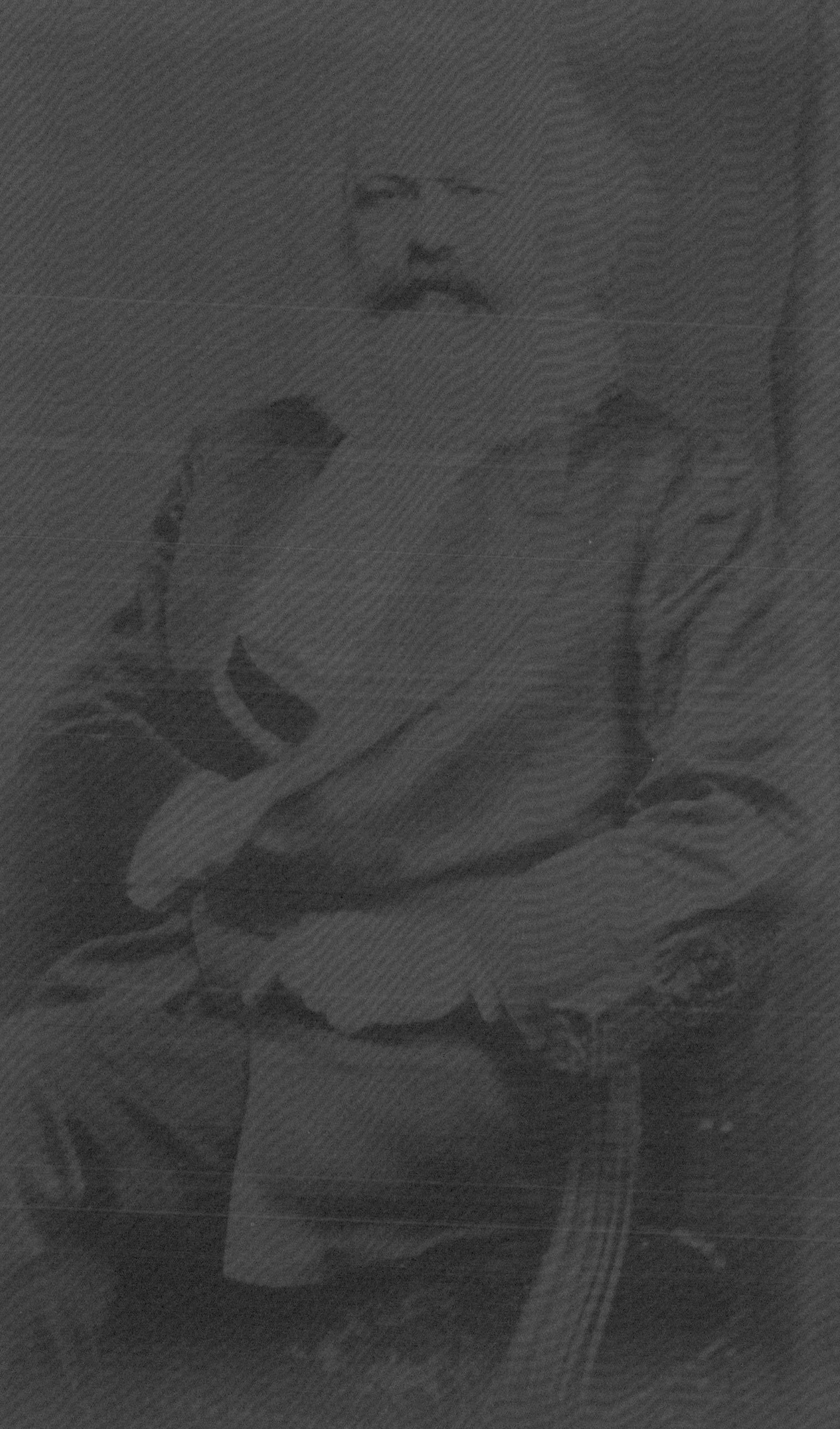

第二章
开始登上政治斗争的舞台

大学毕业后，鉴于普鲁士当局加紧压制民主主义运动，马克思放弃了到大学执教的计划，决定投身反对普鲁士专制制度的政治斗争。在这期间，他接受了费尔巴哈的唯物主义思想影响。

1842年2月，马克思撰写了第一篇政论文章《评普鲁士最近的书报检查令》，揭露了普鲁士新的书报检查令的虚伪本质，主张废除反动当局施行的书报检查制度，明确表达了革命民主主义的立场。

1842年3月，马克思开始为自由资产阶级的报纸《莱茵报》撰稿；同年10月，担任该报编辑，更加尖锐地批判普鲁士的专制制度，捍卫民主自由。马克思在办报期间接触到的社会现实和物质利益问题促使他深入研究经济关系和社会关系在社会生活中的作用。在马克思主持下，《莱茵报》越来越具有鲜明的革命民主主义色彩。普鲁士当局对此惊恐不安，采取严厉手段进行压制，并于1843年4月1日查封该报。

1843年5月，马克思来到莱茵省小城克罗伊茨纳赫，6月与燕妮完婚。在这里，马克思研究了法国、英国和德国的历史著作以及早期资产阶级著作家和法国启蒙思想家的政治理论著作，并作摘录和笔记。1843年春夏，马克思撰写了《黑格尔法哲学批判》。在这部著作中，他批判了黑格尔在国家问题上的唯心主义立场，得出了不是国家决定市民社会，而是市民社会决定国家的唯物主义结论。在这期间，他与青年黑格尔派代表人物阿尔诺德·卢格商量去巴黎创办革命刊物《德法年鉴》，"要对现存的一切进行无情的批判"，"通过批判旧世界发现新世界"。

1843年10月底，马克思和燕妮来到巴黎。在这里，马克思对资本主义制度和法国工人运动进行实地考察，并对资产阶级政治经济学和各种社会主义学说进行深入研究。1844年2月，《德法年鉴》创刊号出版，马克思发表了《〈黑格尔法哲学批判〉导言》和《论犹太人问题》，阐明了宗教解放与政治解放、政治解放与人的解放的关系，提出了消灭私有制和"向德国制度开火"的任务，并首次论述了无产阶级的历史使命。这些思想标志着马克思完成了从唯心主义向唯物主义、从革命民主主义向共产主义的转变。马克思在巴黎写的《1844年经济学哲学手稿》是马克思主义形成阶段的一部重要著作，他从唯物主义和共产主义的立场出发初步阐述了新的经济学观点、哲学观点和共产主义理论观点。

1842年初，马克思撰写政论文章《评普鲁士最近的书报检查令》，批判普鲁士反动专制制度；3月起为《莱茵报》撰稿，10月被聘为该报编辑，随即移居《莱茵报》所在地科隆。《莱茵报》是莱茵省新兴资产阶级创办的带有自由主义倾向的日报。在马克思影响下，报纸越来越具有鲜明的革命民主主义倾向。在《莱茵报》工作期间，马克思直接面对社会生活的各个领域，开始接触并探究涉及劳苦大众切身利益的实际问题。他对林木盗窃法和摩泽尔河沿岸地区农民状况的研究，成了促使他去研究经济问题的最初动因。（01-04）

01. 19世纪中叶的科隆
02. 19世纪40年代的科隆街景
03. 1842年10月16日出版的《莱茵报》，载有马克思《共产主义和奥格斯堡〈总汇报〉》一文。
04. 马克思1842年初写的第一篇政论文章《评普鲁士最近的书报检查令》，发表在《德国现代哲学和政论界轶文集》。图为该文集扉页。

> 我曾不止一次地听马克思说过,正是他对林木盗窃法和摩泽尔河沿岸地区农民状况的研究,推动他由纯政治转向经济关系,并从而走向社会主义。
>
> ——恩格斯 1895 年 4 月 15 日给理·费舍的信

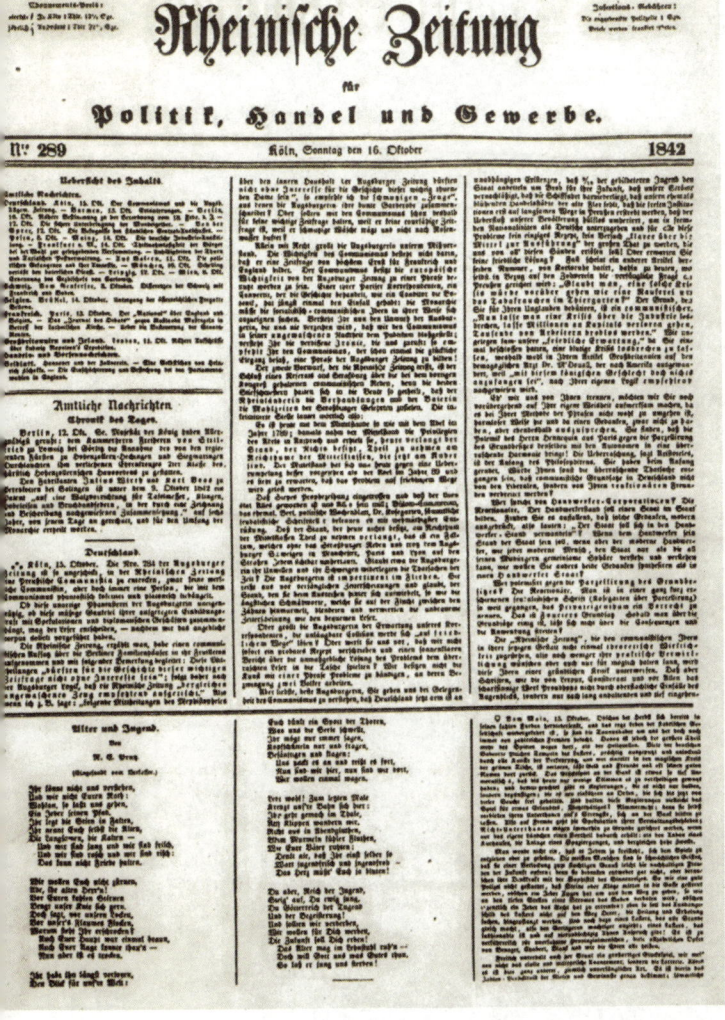

Rheinische Zeitung

Rheinische

> 任何真正的哲学都是自己时代的精神上的精华，因此，必然会出现这样的时代：那时哲学不仅在内部通过自己的内容，而且在外部通过自己的表现，同自己时代的现实世界接触并相互作用。那时，哲学不再是同其他各特定体系相对的特定体系，而变成面对世界的一般哲学，变成当代世界的哲学。
>
> ——马克思《〈科隆日报〉第179号的社论》

马克思在《莱茵报》发表了一系列文章，猛烈抨击普鲁士专制制度，公开维护劳苦大众的利益。在《摩泽尔记者的辩护》一文中，马克思指出酿酒农民贫困的真正原因在于普鲁士君主制度本身。在《关于林木盗窃法的辩论》一文中，他谴责莱茵省议会为维护林木占有者的利益而欺压贫苦人民的行径。马克思对社会现实问题的深入研究，为他向唯物主义和共产主义立场的彻底转变作了准备。马克思的文章不仅体现了鲜明的革命民主主义政治立场，而且体现了他对理论与实践关系问题的哲学思考，这种深刻的思考在《集权问题》和《〈科隆日报〉第179号的社论》等论文中有集中的反映。（05-09）

05. 24岁的《莱茵报》主笔（中国画）邵飞
06. 19世纪40年代摩泽尔地区砍柴的贫苦农妇
07. 摩泽尔地区农民酿酒的情景
08. 发表在1842年10月25日《莱茵报》附刊上的《关于林木盗窃法的辩论》一文
09. 发表在1843年1月15日《莱茵报》上的《摩泽尔记者的辩护》一文

> 一个时代的迫切问题，有着和任何在内容上有根据的因而也是合理的问题共同的命运：主要的困难不是答案，而是问题。因此，真正的批判要分析的不是答案，而是问题。……问题是时代的格言，是表现时代自己内心状态的最实际的呼声。
> ——马克思《集权问题》

普鲁士当局把马克思主持编辑的《莱茵报》视为对现行制度的最大威胁，决定查封《莱茵报》，而报纸的出版人和一些股东也对报纸的思想倾向不满。鉴于这种情况，马克思1843年3月18日发表辞职声明，明确指出，现行书报检查制度是他辞职的原因。1843年4月1日《莱茵报》被反动当局查封。（10-12）

---

10. 被缚的普罗米修斯（19世纪40年代石版画），图中被缚的普罗米修斯暗喻被普鲁士当局查封的《莱茵报》，松鼠喻指普鲁士文化大臣艾希霍恩，它牵着的普鲁士鹰正在啄食普罗米修斯的心脏。

11. 1843年3月18日《莱茵报》上刊登的马克思的辞职声明:"本人因现行书报检查制度的关系,自即日起,退出《莱茵报》编辑部,特此声明。马克思博士。1843年3月17日于科隆。"

12. 《莱茵报》的葬仪(当时讽喻《莱茵报》被查封的石版画),图中左边三个掘墓者是普鲁士主管书报检查的大臣:穿着僧侣法衣的松鼠是指文化大臣艾希霍恩;带着天平和剑、眼睛蒙着布条的是司法大臣米勒;另一个是内务大臣阿尔宁-博伊岑堡。棺材里躺着《莱茵报》。站在棺材旁边的是被严加管束的科学,以及戴着手铐和嘴套的反对派报刊的代表。站在台阶顶端光轮中的是弗里德里希二世,下面是弗里德里希-威廉四世,他正在修剪普鲁士鹰的翅膀。

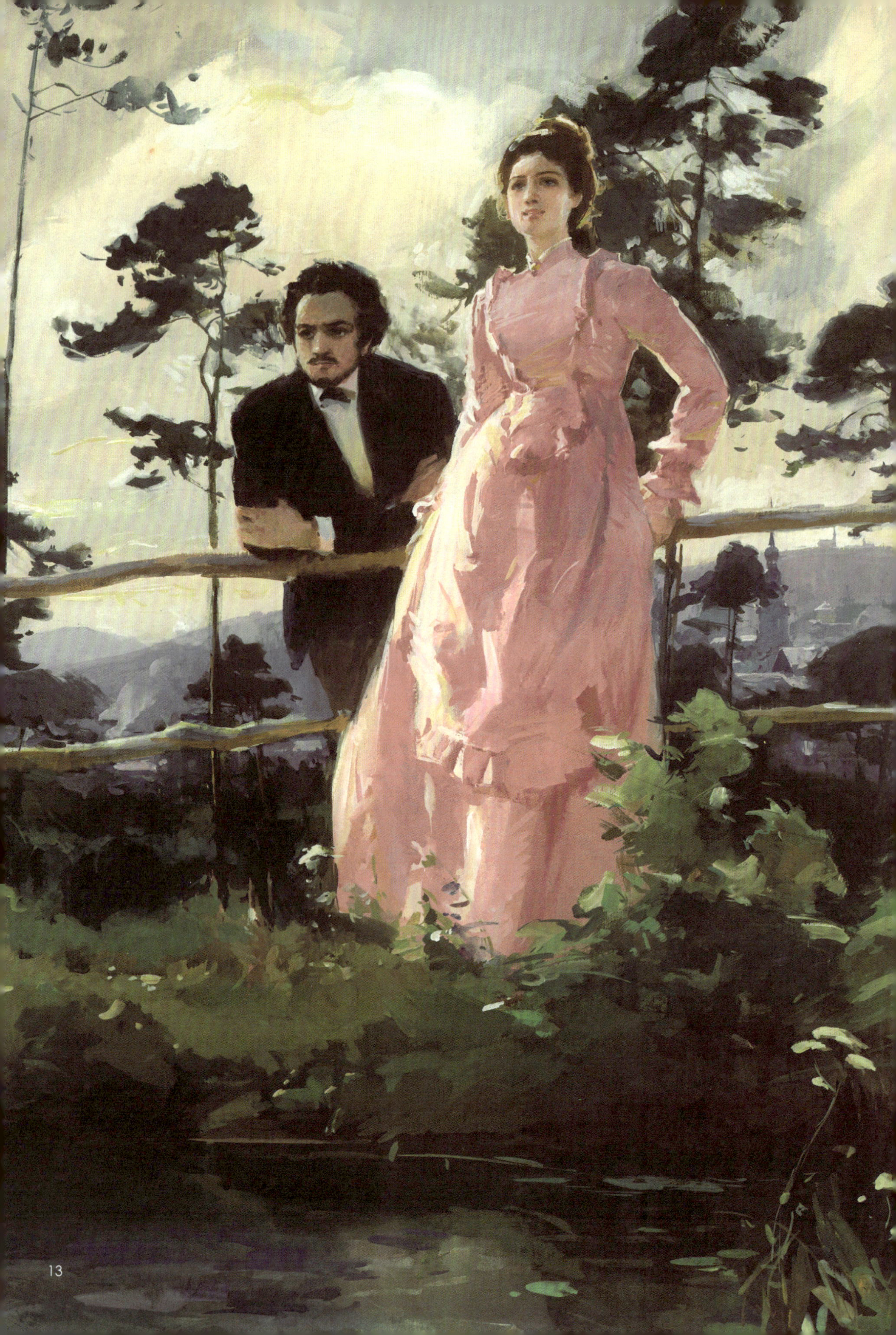

马克思原打算在柏林大学毕业后回特里尔与燕妮结婚，但由于放弃了去大学执教的计划，加上父亲去世后家庭经济状况不佳，不得不延缓婚期。1843年3月他被迫退出《莱茵报》编辑部，5月来到莱茵省的小镇克罗伊茨纳赫。当时燕妮和她的母亲住在这里。6月19日，马克思和燕妮举行了婚礼，两人在这里度过了几个月的新婚生活。（13-16）

13. 忠贞的爱情（水粉画） 张文新
14. 1840年前后的克罗伊茨纳赫
15. 燕妮1843年3月初写给马克思的一封信，信中表达了对马克思的挚爱和思念。
16. 马克思和燕妮的婚约（1843年6月12日）

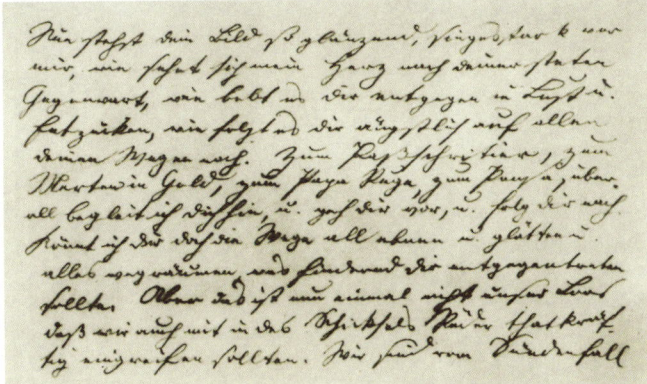

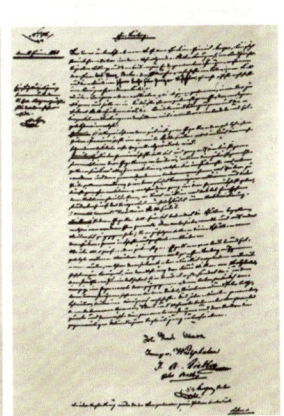

> 为了解决使我苦恼的疑问，我写的第一部著作是对黑格尔法哲学的批判性的分析，这部著作的导言曾发表在1844年巴黎出版的《德法年鉴》上。我的研究得出这样一个结果：法的关系正像国家的形式一样，既不能从它们本身来理解，也不能从所谓人类精神的一般发展来理解，相反，它们根源于物质的生活关系。
>
> ——马克思《〈政治经济学批判〉序言》

在克罗伊茨纳赫居住期间，马克思继续进行紧张的理论研究工作，他研究了有关国家问题的理论和历史，作了大量摘录，写了五本笔记并着手批判黑格尔关于国家和法的学说，撰写了《黑格尔法哲学批判》。在批判黑格尔唯心主义哲学的过程中，马克思从费尔巴哈的著作中得到很大启发。（17-20）

> 马克思认为费尔巴哈的"划时代的"世界历史作用,就在于他坚决同黑格尔的唯心主义决裂,宣扬了唯物主义。
>
> ——列宁《卡尔·马克思》

17. 乔治·威廉·弗里德里希·黑格尔(1770—1831),德国唯心主义哲学家,德国古典哲学的主要代表。
18. 马克思《黑格尔法哲学批判》手稿
19. 路德维希·费尔巴哈(1804—1872),德国唯物主义哲学家,德国古典哲学的代表人物。
20. 马克思《克罗伊茨纳赫笔记》中的两页

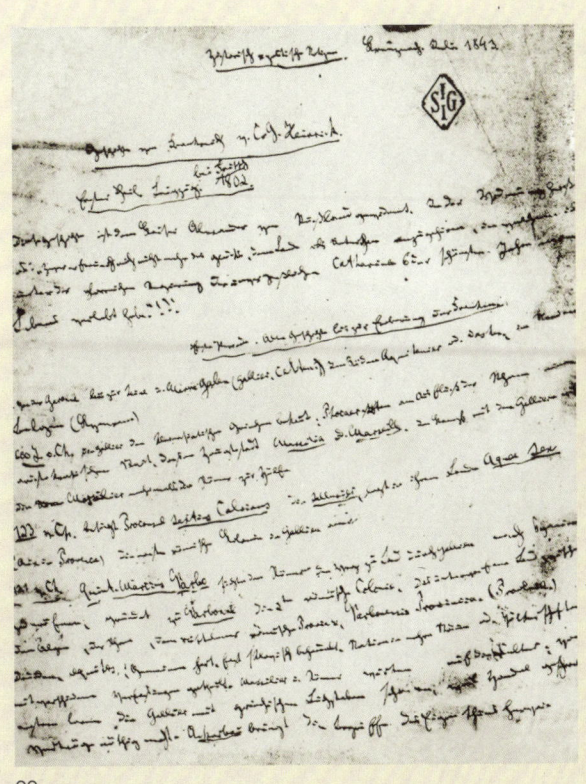

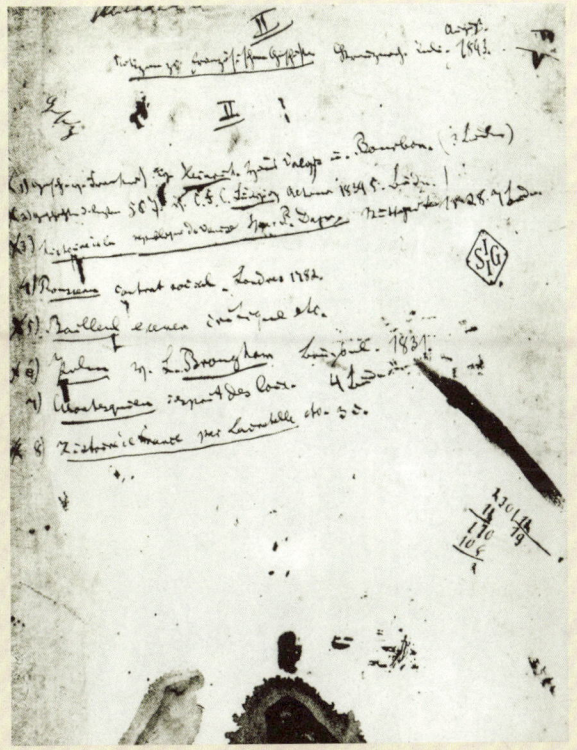

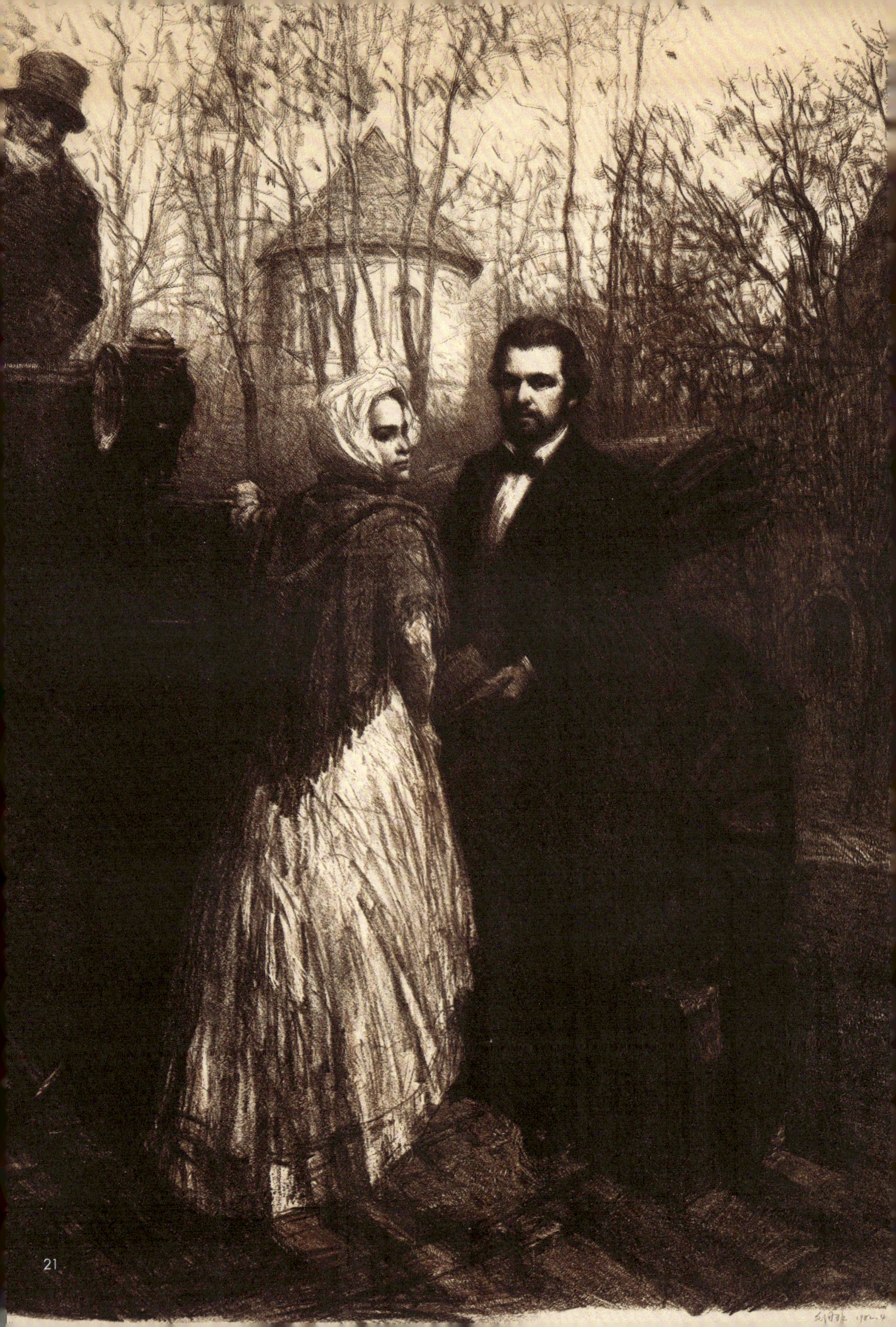

> 新思潮的优点又恰恰在于我们不想教条地预期未来,而只是想通过批判旧世界发现新世界。
> ——马克思1843年9月给阿·卢格的信

马克思退出《莱茵报》编辑部以后,普鲁士当局曾企图以官位收买马克思,但他不为所动。1843年10月,他与燕妮一起毅然离开德国前往巴黎,开辟新的斗争道路。他们在巴黎居住到1845年2月。在此期间,马克思与阿尔诺德·卢格一起筹办并出版《德法年鉴》。(21-23)

21. 共赴巴黎(石版画) 文国璋
22. 巴黎田凫路38号,马克思1843年10月至1845年2月寓居于此。房子现已翻修。
23. 19世纪40年代的巴黎

马克思在1844年2月出版的《德法年鉴》上发表了《〈黑格尔法哲学批判〉导言》和《论犹太人问题》。在这两篇文章中，马克思阐明了宗教的社会根源和本质，提出了推翻德国封建专制制度的战斗任务，论述了革命理论同革命实践相统一的思想，揭示了资产阶级民主、自由和人权的历史局限性和虚伪性，强调消灭私有制并对社会进行革命改造是实现人的解放的根本途径，同时首次明确地阐述了无产阶级的历史使命。

这两篇文章表明马克思已经完成从唯心主义向唯物主义、从革命民主主义向共产主义的转变。这种世界观和政治立场的彻底转变不仅对马克思的一生，而且对整个工人阶级的解放事业都具有深远的意义。（24-27）

---

24. 阿尔诺德·卢格（1802—1880），德国政论家，青年黑格尔派代表人物；1843—1844年同马克思一起筹办并出版《德法年鉴》。
25. 《德法年鉴》第1—2期合刊，1844年2月在巴黎出版。
26. 《德法年鉴》刊载的《〈黑格尔法哲学批判〉导言》
27. 《德法年鉴》刊载的《论犹太人问题》

> 批判的武器当然不能代替武器的批判，物质力量只能用物质力量来摧毁；但是理论一经掌握群众，也会变成物质力量。理论只要说服人，就能掌握群众；而理论只要彻底，就能说服人。所谓彻底，就是抓住事物的根本。而人的根本就是人本身。
>
> ——马克思《〈黑格尔法哲学批判〉导言》

> 弗里德里希·恩格斯是当代社会主义最杰出的代表人物之一，他在1844年就以他最初发表在马克思和卢格在巴黎出版的《德法年鉴》上的《国民经济学批判大纲》引起了注意。《大纲》中已经表述了科学社会主义的某些一般原则。
> ——马克思为恩格斯《社会主义从空想到科学的发展》1880年法文版写的前言

1844年2月出版的《德法年鉴》还发表了一篇重要文章，题为《国民经济学批判大纲》。这篇文章评述了资产阶级政治经济学的起源和影响，分析和批判了它的主要范畴，提出它是资本主义私有制的理论表现，同时揭露了资本主义生产方式的矛盾，强调只有消灭私有制、全面变革现存的社会关系，才能消除资本主义造成的灾难。这篇文章对马克思的政治经济学研究产生了重要影响，马克思作了详细摘录，给予高度评价，赞誉它是"批判经济学范畴的天才大纲"。

这篇文章的作者是弗里德里希·恩格斯（1820—1895）。恩格斯出生于德国巴门市。由于目睹资本主义制度的种种弊端和劳动群众的深重苦难，他很早就立志进行社会变革，并走上探求科学真理的道路。《国民经济学批判大纲》标志着恩格斯完成了从唯心主义向唯物主义、从革命民主主义向共产主义的转变，同时，这篇文章的发表也成为马克思与恩格斯从相识到相知的契机。不久以后，马克思就同恩格斯密切合作，为无产阶级解放事业并肩战斗。（28-29）

---

28. 弗里德里希·恩格斯（1839年的画像），《德法年鉴》的主要撰稿人之一。
29. 《德法年鉴》刊载的恩格斯《国民经济学批判大纲》和《英国状况。评托马斯·卡莱尔的〈过去和现在〉》

马克思在巴黎深入研究了资产阶级政治经济学和空想社会主义的著名代表人物的著作，研究了法国革命史，考察了法国工人运动，还经常参加工人集会。1844年5—8月，他撰写了一部未完成的著作《1844年经济学哲学手稿》。这部著作反映了他对哲学、经济学和共产主义理论的许多新思考和新见解，是马克思主义形成阶段的一部重要著作。（30-37）

30. 亚当·斯密（1723—1790），英国经济学家，资产阶级古典政治经济学的代表人物。
31. 大卫·李嘉图（1772—1823），英国经济学家，资产阶级古典政治经济学的代表人物。
32. 昂利·圣西门（1760—1825），法国空想社会主义者。
33. 沙尔·傅立叶（1772—1837），法国空想社会主义者。
34. 罗伯特·欧文（1771—1858），英国空想社会主义者。

我们且从当前的国民经济的事实出发。

工人生产的财富越多，他的生产的影响和规模越大，他就越贫穷。工人创造的商品越多，他就越变成廉价的商品。物的世界的增值同人的世界的贬值成正比。劳动生产的不仅是商品，它还生产作为商品的劳动自身和工人，而且是按它一般生产商品的比例生产的。

——马克思《1844年经济学哲学手稿》

35. 巴黎工人集会的情景

从异化劳动对私有财产的关系可以进一步得出这样的结论：社会从私有财产等等解放出来、从奴役制解放出来，是通过工人解放这种政治形式来表现的，这并不是因为这里涉及的仅仅是工人的解放，而是因为工人的解放还包含普遍的人的解放；其所以如此，是因为整个的人类奴役制就包含在工人对生产的关系中，而一切奴役关系只不过是这种关系的变形和后果罢了。

——马克思《1844年经济学哲学手稿》

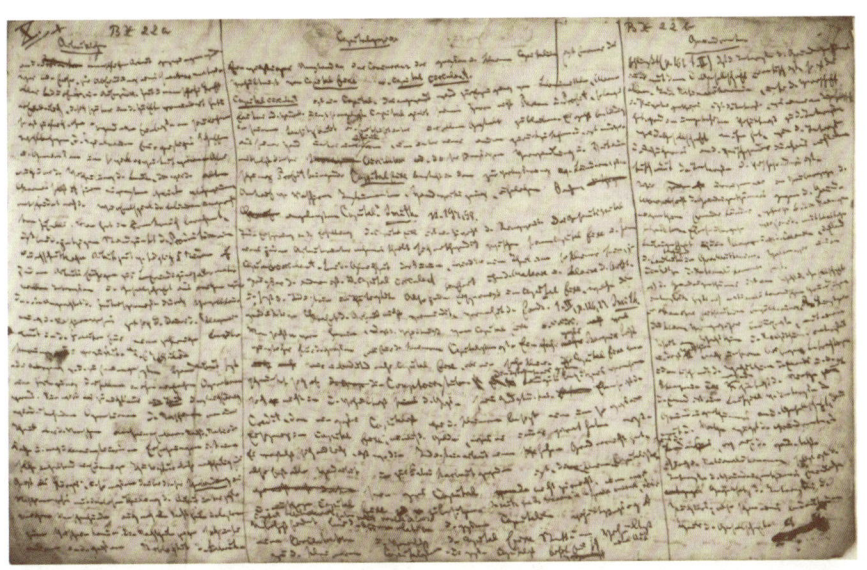

36. 马克思《1844年经济学哲学手稿》笔记本 I 中的一页

37. 马克思《1844年经济学哲学手稿》序言的第1页

马克思寓居巴黎期间，经常同工人运动活动家和社会主义著作家来往，著名革命诗人亨利希·海涅也是马克思家的常客之一。海涅经常征求马克思对自己作品的意见，得到马克思的启发和帮助。他高度评价以马克思为代表的德国共产主义革命者，认为他们是最有才能的思想家和最有魄力的人物，未来是属于他们的。马克思在同这位诗人的交往中也深受教益。在他后来被驱逐出巴黎时写信给海涅说："在我要离别的人中，同海涅离别是最令我难过的。"（38-39）

---

38. 亨利希·海涅（1797—1856），德国诗人，革命民主主义运动的先驱，马克思一家的亲密朋友。
39. 海涅在马克思家做客（素描） 茹科夫

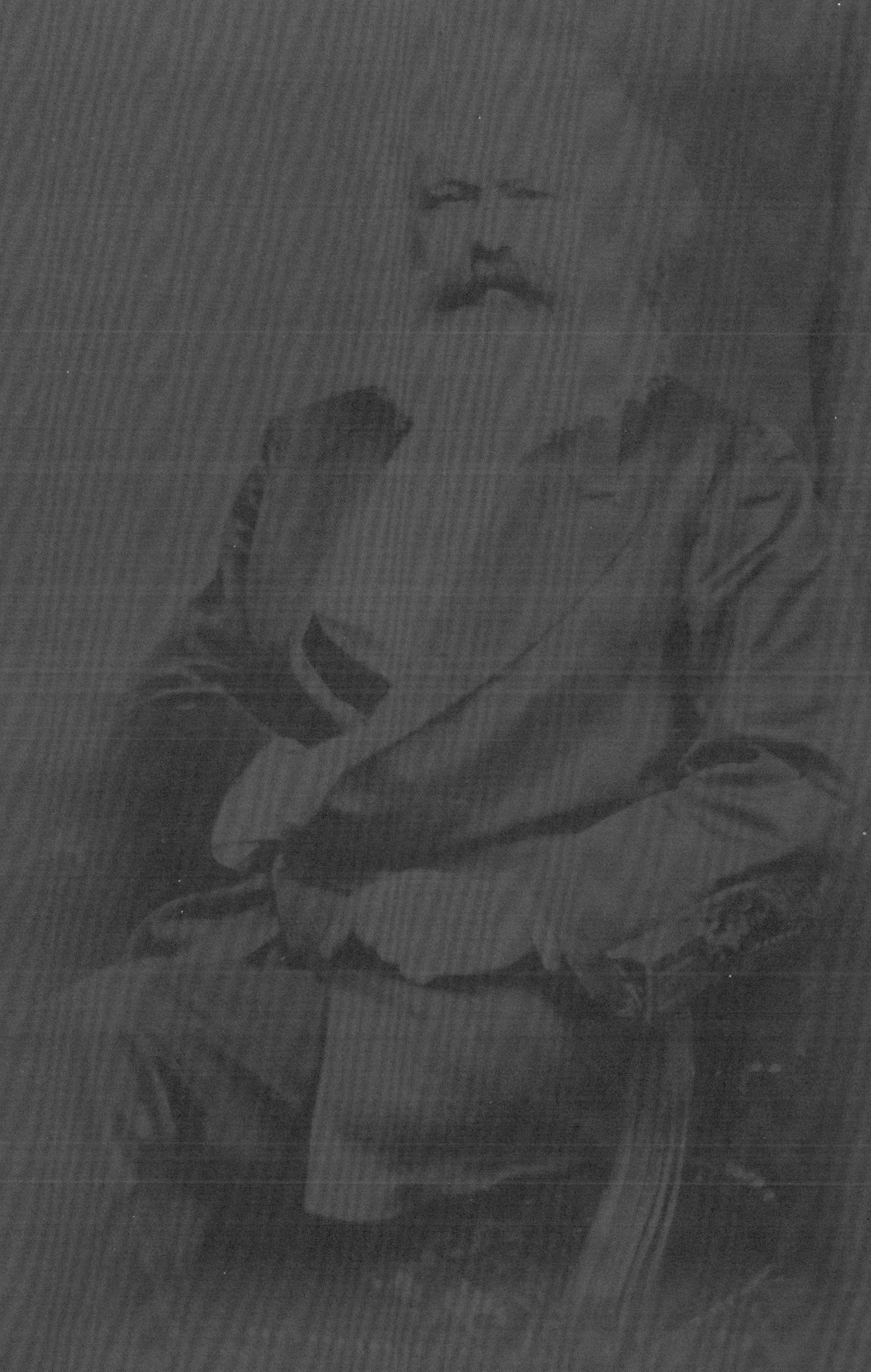

第三章
为创立新世界观和无产阶级政党而斗争

1844年8月，马克思和恩格斯在巴黎会见，从此开始了为无产阶级解放事业并肩战斗的伟大历程。1844年8—11月，他们共同撰写《神圣家族》一书，批判青年黑格尔派和黑格尔本人的唯心主义哲学观点，初步阐述了唯物史观的一些重要思想，指出物质生产对人类历史发展起决定作用，强调人民群众是历史的创造者。

1845年1月，马克思遭到法国反动当局驱逐，2月移居布鲁塞尔。在布鲁塞尔期间，马克思撰写了《关于费尔巴哈的提纲》，这是"包含着新世界观的天才萌芽的第一个文献"。马克思和恩格斯合著了《德意志意识形态》，进一步批判了青年黑格尔派的唯心史观，指出了费尔巴哈唯物主义的不彻底性，阐明了费尔巴哈的历史观同唯物主义历史观的根本区别，揭露了"真正的社会主义"的假社会主义面目，第一次对唯物史观作了系统阐述，并论述了共产主义和无产阶级革命的理论。1847年1—6月，马克思撰写《哲学的贫困》一书，批判了蒲鲁东的小资产阶级改良主义幻想和唯心主义形而上学的方法论，阐述了唯物史观和科学社会主义的一些基本原理。

为了传播科学社会主义理论，清除各种错误思想在工人运动中的影响，1846年初，马克思和恩格斯在布鲁塞尔建立共产主义通讯委员会，与欧洲各国的共产主义者建立通讯联系，为建立无产阶级政党作思想和组织上的准备。

1847年1月，马克思和恩格斯应正义者同盟领导人的邀请参加了同盟，并帮助同盟改组。在马克思和恩格斯的指导下，正义者同盟在1847年6月召开的代表大会上改组为共产主义者同盟，并以"全世界无产者，联合起来！"的战斗口号代替"人人皆兄弟"的旧口号。共产主义者同盟是第一个以科学社会主义为指导思想的无产阶级政党。

共产主义者同盟成立后，马克思和恩格斯为从思想上组织上巩固和发展同盟做了大量工作。他们在布鲁塞尔成立德意志工人教育协会，扩大同盟与工人群众的联系，并广泛宣传科学社会主义思想。马克思在协会中作了有关雇佣劳动与资本的演说。为了增进共产主义者和民主主义者的国际团结，他们参加了布鲁塞尔民主协会的创建工作，马克思当选为协会的副主席。

1847年11月29日至12月8日，共产主义者同盟召开第二次代表大会。马克思和恩格斯出席了大会，并受委托起草党纲，即1848年2月发表的《共产党宣言》。《宣言》是马克思主义的第一个纲领性文献。它用唯物史观揭示了资本主义必然灭亡和共产主义必然胜利的历史规律，论述了无产阶级的伟大历史使命和建立共产主义社会的奋斗目标，阐明了共产党的性质、宗旨、基本纲领和策略原则。《宣言》的问世，标志着马克思主义的诞生，开启了国际共产主义运动的新纪元。

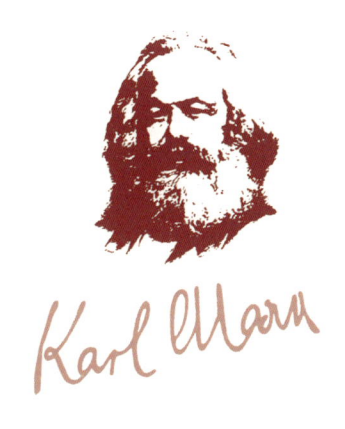

> 当我 1844 年夏天在巴黎拜访马克思时，我们在一切理论领域中都显出意见完全一致，从此就开始了我们共同的工作。
> ——恩格斯《关于共产主义者同盟的历史》

1844 年 8 月底，恩格斯在从英国返回德国途中来到巴黎，拜访了马克思。从 8 月底到 9 月初，两人朝夕相处，倾心交谈，在重大理论和实践问题上取得一致看法，结成了为共产主义事业共同奋斗的伟大友谊。（01-02）

01. 巴黎雷让斯咖啡馆，马克思和恩格斯曾在这里会晤。
02. 人间知己（中国画）王为政

> 无产阶级能够而且必须自己解放自己。但是，如果无产阶级不消灭它本身的生活条件，它就不能解放自己。如果它不消灭集中表现在它本身处境中的现代社会的一切非人性的生活条件，它就不能消灭它本身的生活条件。……它的目标和它的历史使命已经在它自己的生活状况和现代资产阶级社会的整个组织中明显地、无可更改地预示出来了。
>
> ——马克思恩格斯《神圣家族》

马克思和恩格斯在巴黎会面期间着手合著《神圣家族》一书，书中批判了以布鲁诺·鲍威尔为代表的青年黑格尔派的唯心主义，阐述了唯物史观的一些重要思想，指出在历史发展进程中起决定作用的是物质生产而不是自我意识，强调物质生产是"历史的诞生地"，阐明"历史活动是群众的活动"，"无产阶级能够而且必须自己解放自己"。列宁认为这部著作"奠定了革命唯物主义的社会主义的基础"。（03-04）

---

03. 《神圣家族》第1版扉页
04. 布鲁诺·鲍威尔（1809—1882），德国唯心主义哲学家，青年黑格尔派代表人物。

我们有义务科学地论证我们的观点，但是，对我们来说同样重要的是：争取欧洲无产阶级，首先是争取德国无产阶级拥护我们的信念。我们明确了这一点以后，就立即着手工作了。

——恩格斯《关于共产主义者同盟的历史》

马克思和恩格斯关心法国工人阶级状况，他们在巴黎考察了工人运动，参加了法国社会主义者和共产主义者的聚会。

马克思在巴黎出版的德文报纸《前进报》上著文抨击反动制度、高度评价西里西亚织工起义，引起了德、法反动势力的仇视。在普鲁士政府要求下，1845年1月16日法国政府下令驱逐马克思。此后，警察闯进马克思家，勒令他24小时内离开巴黎。当时燕妮正在患病，女儿小燕妮刚满8个月。（05-08）

05. 马克思和恩格斯同巴黎社会主义者在一起（素描） 瓦涅齐安
06. 刊载马克思文章的德文报纸《前进报》
07. 反动当局发布的通缉令中对马克思体貌特征的描述

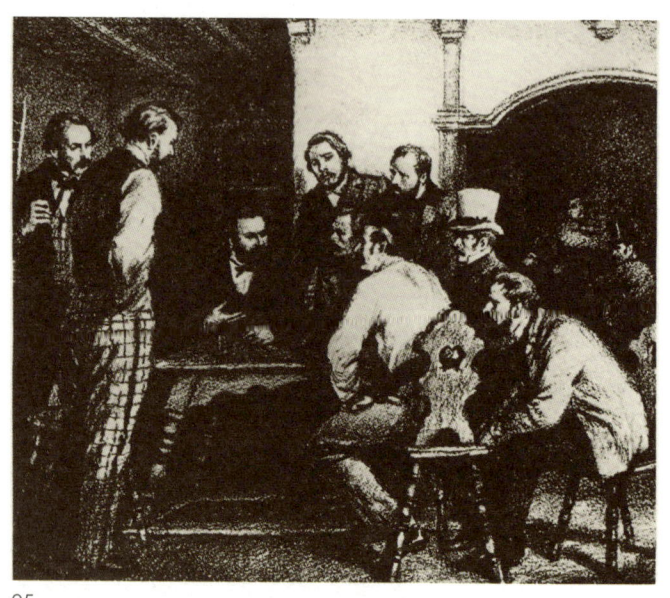

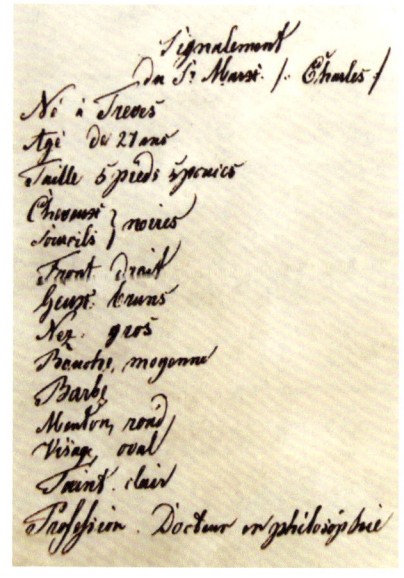

1845年初警官突然到我们家里,拿出普鲁士政府怂恿基佐发出的驱逐令。命令写道:"卡尔·马克思必须在24小时内离开巴黎。"给我的时间比较长,我利用这个时间卖掉家具和部分衣物,因为搬家需要钱,所以不得不廉价出售。

——燕妮·马克思《动荡生活简记》

08. 马克思被驱逐出巴黎(油画) 罗尔纯

马克思离开巴黎后，来到布鲁塞尔。1845年2月至1848年3月，马克思在这里从事革命活动。（09-11）

09. 1845年前后的布鲁塞尔
10. 马克思在布鲁塞尔的户口登记卡
11. 马克思一家在布鲁塞尔住过的同盟路5号（左图）和奥尔良路42号（右图）

1845年4月,恩格斯从德国巴门迁居布鲁塞尔,同马克思一起从事理论研究和革命活动。1845年7—8月,马克思在恩格斯陪同下,先后到曼彻斯特和伦敦作了为期六周的考察,了解英国资本主义工商业和工人阶级状况,阅读了许多新文献,特别是经济学文献。(12-15)

12. 马克思和恩格斯与曼彻斯特纺织女工交谈(油画) 高虹

13. 19世纪40年代的英国纺织工业城市曼彻斯特
14. 曼彻斯特古老的切特姆图书馆,马克思和恩格斯曾在这里查阅资料和写作。
15. 切特姆图书馆阅览室

马克思和恩格斯在伦敦期间,参加了宪章派、正义者同盟盟员和各国民主运动活动家的聚会,支持建立一个国际性革命组织。1845年9月22日,民主派兄弟协会在伦敦成立。(16—20)

16. 19世纪中叶的伦敦
17. 1842年宪章派举行游行示威

> 宪章运动是反抗资产阶级的强有力的形式。在工会的活动和罢工中，这种反抗总是分散的，是个别的工人或个别部门的工人同个别的资产者作斗争。即使斗争普遍化了，这多半也不是由于工人的自觉；当工人自觉地这样做的时候，这种自觉的基础就是宪章运动。
>
> ——恩格斯《英国工人阶级状况》

18. 乔治·朱利安·哈尼（1817—1897），英国宪章派左翼领袖，马克思和恩格斯的朋友。
19. 厄内斯特·查理·琼斯（1819—1869），英国宪章派左翼领袖，马克思和恩格斯的朋友。
20. 民主派兄弟协会会员证

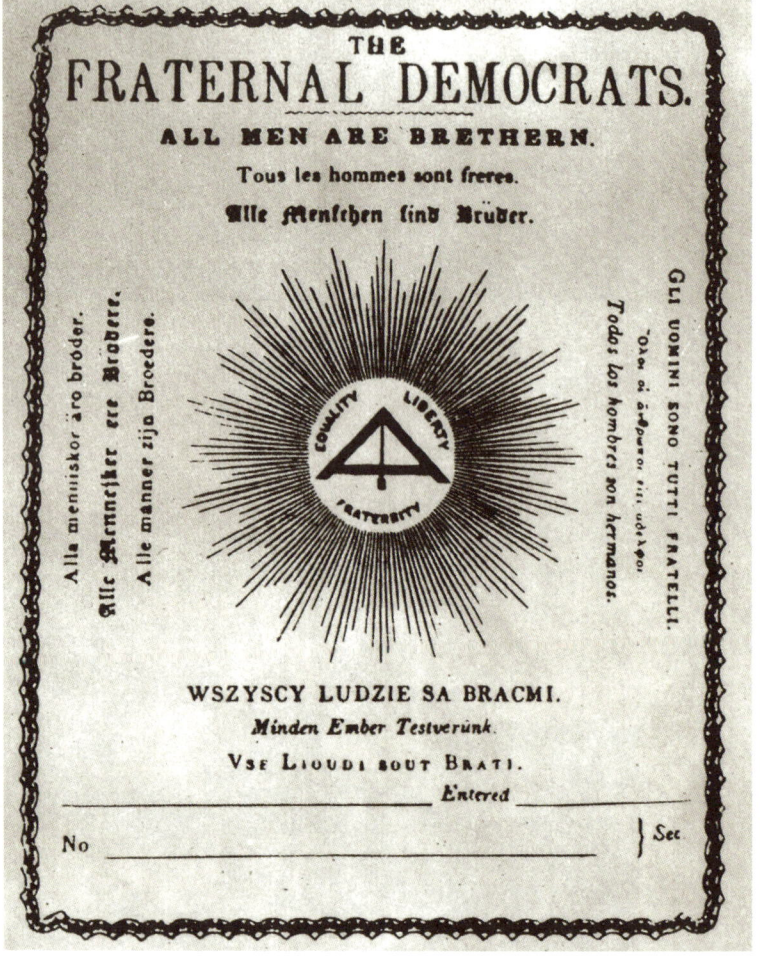

> 哲学家们只是用不同的方式解释世界，问题在于改变世界。
> ——马克思《关于费尔巴哈的提纲》

马克思在布鲁塞尔期间进行的理论研究取得了丰硕成果。1845年春，马克思撰写了《关于费尔巴哈的提纲》。这篇重要文献表明马克思不仅同唯心主义，而且同旧唯物主义划清了界限，为创立新世界观奠定了基础。马克思在这里阐明了辩证唯物主义的实践观，论述了实践是检验真理的标准的思想，同时还批判了旧唯物主义对人的本质的抽象理解，指出人的本质是"一切社会关系的总和"，从而把对人的认识置于唯物史观的科学基础之上。恩格斯认为，马克思这篇著作是"包含着新世界观的天才萌芽的第一个文献"。（21）

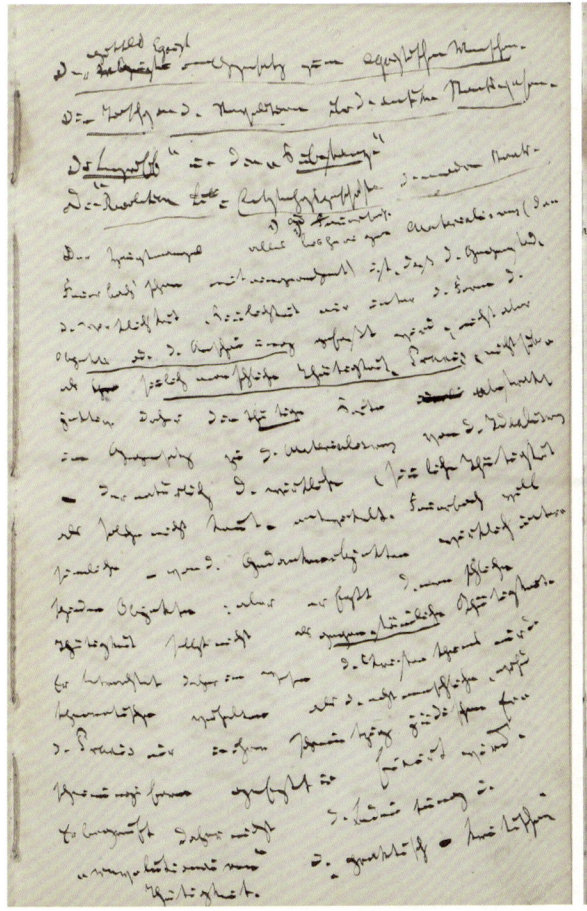

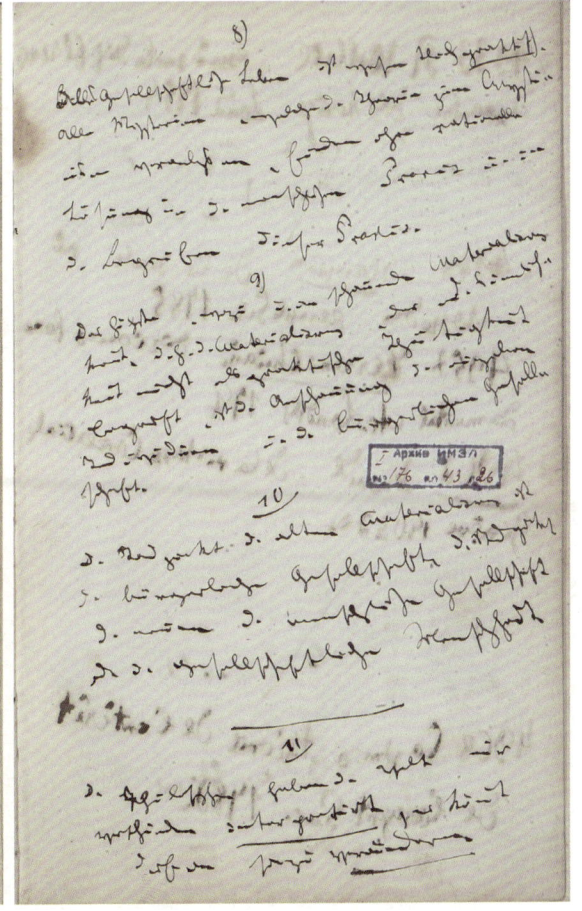

21.《关于费尔巴哈的提纲》的两页手稿

> 对实践的唯物主义者即共产主义者来说，全部问题都在于使现存世界革命化，实际地反对并改变现存的事物。
> ——马克思恩格斯《德意志意识形态》

1845年10月至1847年4—5月，马克思和恩格斯共同撰写《德意志意识形态》一书。这是一部阐述唯物史观和共产主义理论的重要著作。马克思和恩格斯批判了费尔巴哈和青年黑格尔派主要代表布·鲍威尔、麦·施蒂纳等人的唯心史观，揭露了"真正的社会主义"的假社会主义面目，系统阐述了唯物史观，揭示了人类历史发展的一般规律，论证了共产主义取代资本主义的历史必然性，提出了无产阶级夺取政权、消灭私有制、建设共产主义新社会的任务。这部著作当时未能出版，直到1932年才第一次以原文全文发表。（22-25）

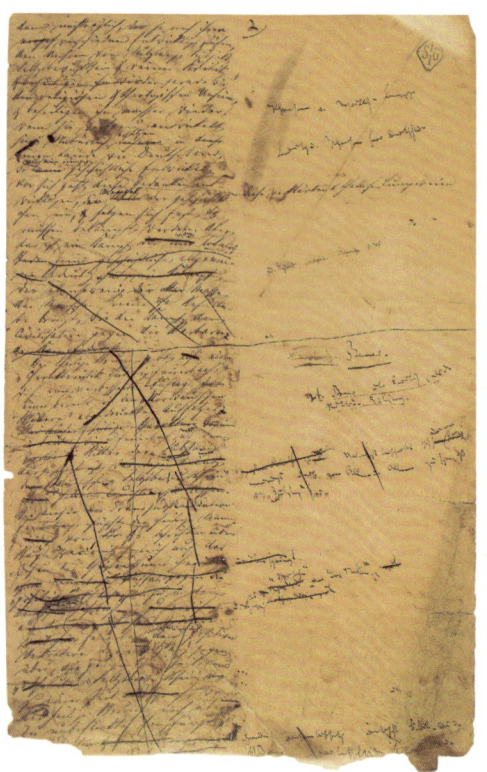

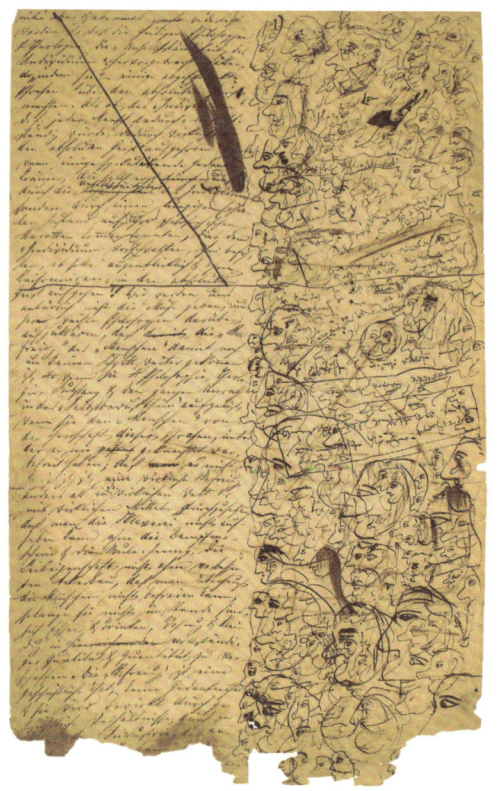

22

23

马克思在《政治经济学批判》(1859年柏林版)的序言中说，1845年我们两人在布鲁塞尔着手"共同阐明我们的见解"——主要由马克思制定的唯物主义历史观——"与德国哲学的意识形态的见解的对立，实际上是把我们从前的哲学信仰清算一下。这个心愿是以批判黑格尔以后的哲学的形式来实现的。两厚册八开本的原稿早已送到威斯特伐利亚的出版所，后来我们才接到通知说，由于情况改变，不能付印。既然我们已经达到了我们的主要目的——自己弄清问题，我们就情愿让原稿留给老鼠的牙齿去批判了"。

——恩格斯《路德维希·费尔巴哈和德国古典哲学的终结》1888年单行本序言

22.《德意志意识形态》手稿
23.《德意志意识形态》手稿中的两页
24.《马克思恩格斯全集》历史考证版（MEGA[1]）第1部分第5卷（1932年柏林版）发表的《德意志意识形态》
25. 麦克斯·施蒂纳（1806—1856），德国唯心主义哲学家，青年黑格尔派代表人物。图为施蒂纳头像，上面的德文题词为："麦克斯·施蒂纳。弗里德里希·恩格斯凭记忆绘，1892年于伦敦。"

1846年初，为了传播科学社会主义思想，筹建无产阶级政党，马克思和恩格斯加强了同各国共产主义者和社会主义者的联系，建立了布鲁塞尔共产主义通讯委员会。通讯委员会的领导核心由马克思、恩格斯和比利时共产主义者菲力浦·沙尔·日果组成。（26-28）

26. 马克思
27. 恩格斯

> 我和我的两个朋友,即弗里德里希·恩格斯和菲力浦·日果(他们两人都在布鲁塞尔)一起同德国的共产主义者和社会主义者建立了经常性的通讯联系,借以讨论学术问题,评论流行的著作,并进行社会主义宣传。
>
> ——马克思1846年5月5日给皮·约·蒲鲁东的信

28. 布鲁塞尔共产主义通讯委员会部分成员

威廉·沃尔弗(1809—1864),德国无产阶级革命家和政论家。

埃德加·冯·威斯特华伦(1819—1890),德国法学家,马克思夫人燕妮的弟弟,马克思的同学。

约瑟夫·魏德迈(1818—1866),德国和美国工人运动活动家。

威廉·魏特林(1808—1871),德国裁缝,工人运动活动家,空想平均共产主义理论家。

布鲁塞尔共产主义通讯委员会成立后,为了广泛宣传科学社会主义思想,马克思和恩格斯同当时工人运动中影响较大的魏特林的平均共产主义、蒲鲁东的小资产阶级社会主义以及所谓"真正的社会主义"作了坚决斗争。

魏特林在德国早期工人运动中起过积极作用,但他的学说是一种粗陋的平均共产主义的理论。随着工人运动的发展,他的理论很快成为工人运动的障碍。马克思和恩格斯曾耐心帮助他接受科学社会主义理论,但他刚愎自用,拒不接受。最后,马克思和恩格斯不得不同他彻底决裂。(29)

29. 同魏特林决裂(中国画) 纪清远

1846年，"真正的社会主义"的代表人物、德国新闻记者海尔曼·克利盖（1820—1850）在美国创办报纸，抹杀无产阶级和资产阶级之间的对立和斗争，宣扬所谓"兄弟合作"和"普遍的爱"。1846年5月11日，马克思和恩格斯为布鲁塞尔共产主义通讯委员会起草了《反克利盖的通告》，对克利盖的言行进行了彻底的批判。马克思和恩格斯还经常为《德意志—布鲁塞尔报》撰稿，在他们的影响下，该报成为宣传革命民主主义和共产主义思想的阵地。（30-31）

30.《反克利盖的通告》
31. 1847年9月12日《德意志—布鲁塞尔报》第73号，载有马克思的《〈莱茵观察家〉的共产主义》一文和恩格斯的《诗歌和散文中的德国社会主义》开头部分。

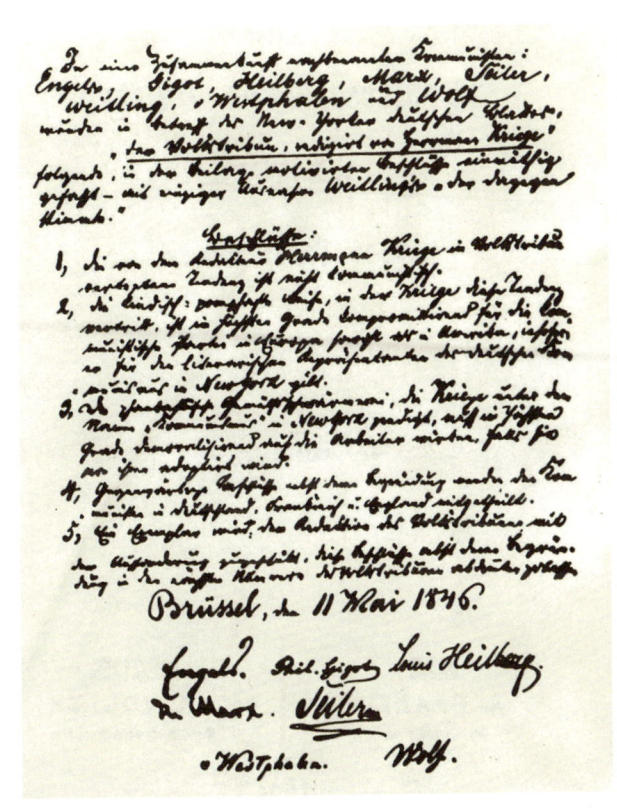

> 我们见解中有决定意义的论点，在我的1847年出版的为反对蒲鲁东而写的著作《哲学的贫困》中第一次作了科学的、虽然只是论战性的概述。
>
> ——马克思《〈政治经济学批判〉序言》

1846年，蒲鲁东发表了《贫困的哲学》一书，系统地宣扬维护小私有制的改良主义观点。1847年上半年，马克思撰写了《哲学的贫困》，批判了蒲鲁东取消社会革命的错误观点和唯心主义形而上学的方法论，揭示了资本主义生产方式内在矛盾的对抗性，指出这种对抗性必然导致阶级斗争尖锐化，资本主义社会终将为共产主义社会所代替，而工人阶级就是实现这一历史性变革的伟大革命阶级。马克思后来指出，这部著作包含了"在《资本论》中阐发的理论的萌芽"。（32-33）

32. 皮埃尔·约瑟夫·蒲鲁东（1809—1865），法国政论家、经济学家和社会学家，小资产阶级思想家。
33. 《哲学的贫困》第1版封面

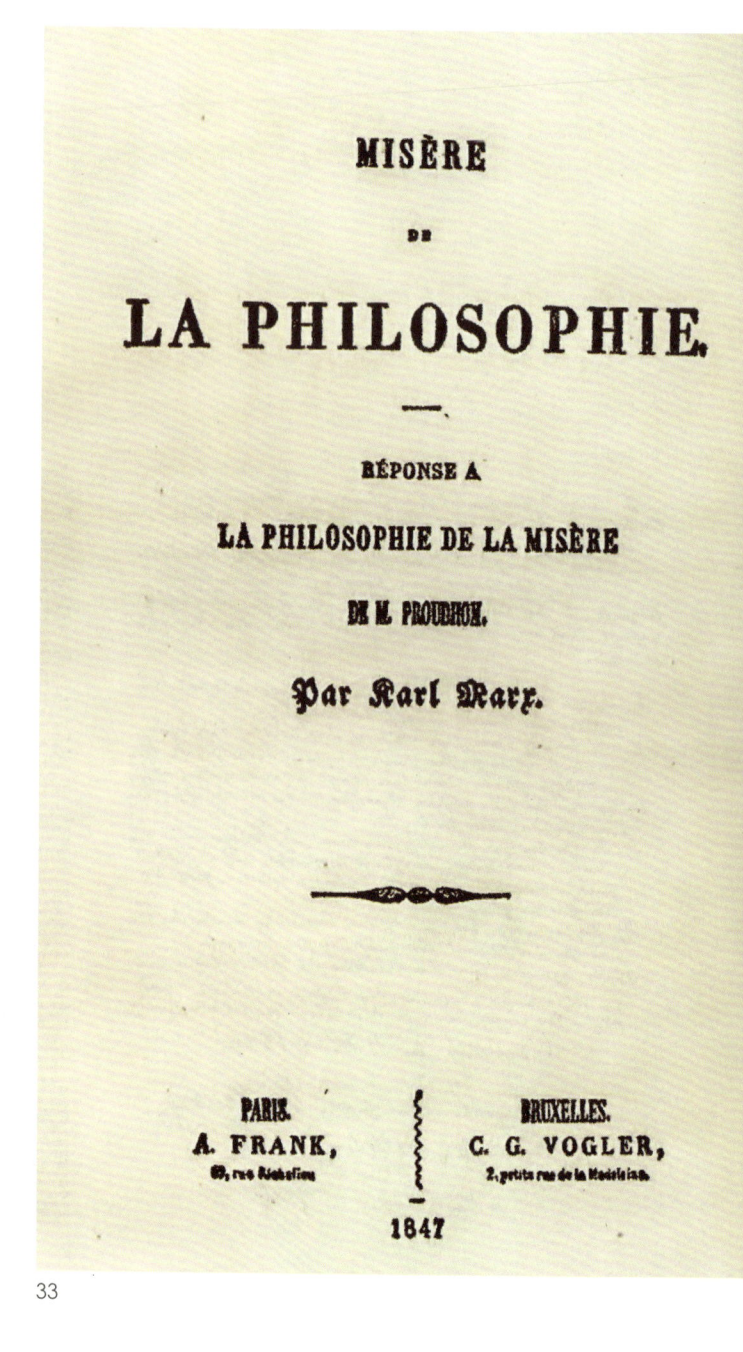

> 被压迫阶级的存在就是每一个以阶级对抗为基础的社会的必要条件。因此，被压迫阶级的解放必然意味着新社会的建立。要使被压迫阶级能够解放自己，就必须使既得的生产力和现存的社会关系不再能够继续并存。
>
> ——马克思《哲学的贫困》

1847年8月底，根据马克思和恩格斯的倡议，德意志工人教育协会在布鲁塞尔成立。协会每星期三和星期日的晚上在天鹅饭店开展活动。马克思经常参加这些活动，与工人谈心并作报告。由于马克思学识渊博，关心工人疾苦，人们把这位29岁的青年尊称为"马克思老爹"。（34-36）

---

34. 坐落在布鲁塞尔大广场的天鹅饭店
35. 天鹅饭店今貌

我们决不想把新的科学成就写成厚厚的书，只向"学术"界吐露。正相反，我们两人已经深入到政治运动中；我们已经在知识分子中间，特别是在德国西部的知识分子中间获得一些人的拥护，并且同有组织的无产阶级建立了广泛联系。
　　　　　　——恩格斯《关于共产主义者同盟的历史》

36. 29岁的"马克思老爹"（铜版画）曹剑峰

> **资本的实质并不在于积累起来的劳动是替活劳动充当进行新生产的手段。它的实质在于活劳动是替积累起来的劳动充当保存并增加其交换价值的手段。**
>
> ——马克思《雇佣劳动与资本》

1847年12月，马克思在布鲁塞尔德意志工人教育协会作了有关雇佣劳动与资本的演说。马克思用通俗易懂的语言论述了以剥削雇佣工人劳动为基础的资本主义生产关系的实质，阐明了剩余价值理论的某些思想，指出"资本的利益和雇佣劳动的利益是截然对立的"。1849年4月，这篇演说以社论形式在《新莱茵报》上连载，题为《雇佣劳动与资本》。（37-38）

---

37. 1849年4月5日《新莱茵报》，载有《雇佣劳动与资本》一文的第一部分。
38. 《雇佣劳动与资本》1891年德文版扉页，恩格斯为这个单行本写了导言。

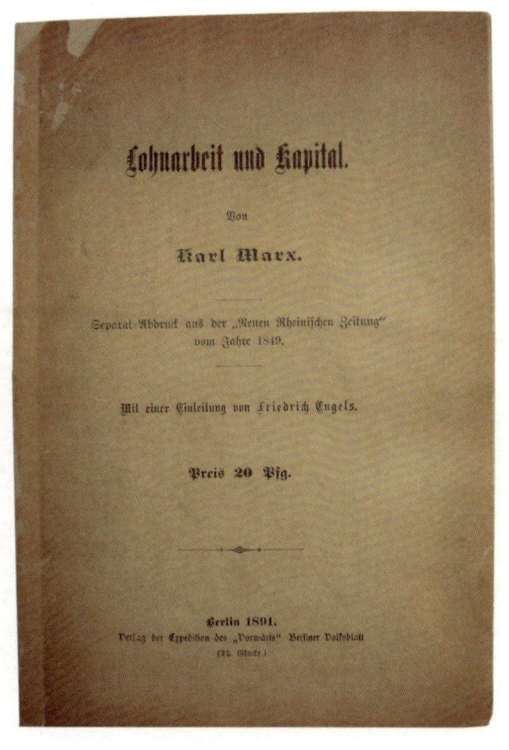

> 这个不大的战斗队,却拥有一个大家都乐于服从的、第一流的领袖马克思,并且赖有他才拥有一个至今还完全适用的原则性的和策略的纲领——《共产主义宣言》。
> ——恩格斯《马克思和〈新莱茵报〉(1848—1849年)》

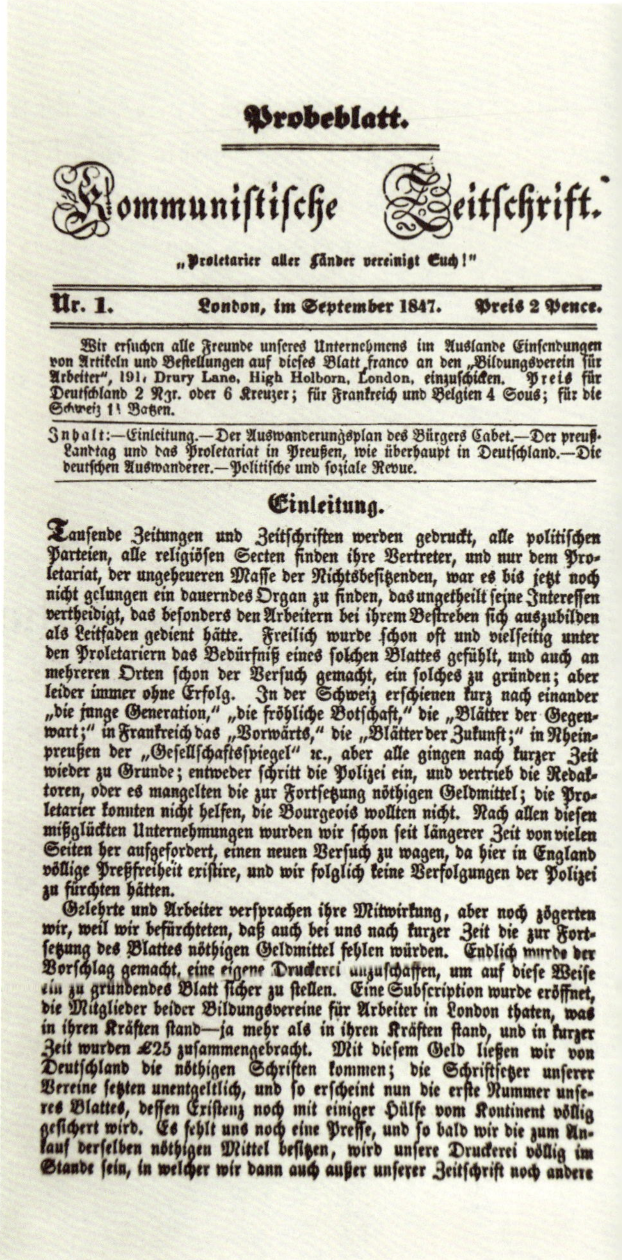

1847年1月20日,正义者同盟委托约瑟夫·莫尔拜访马克思和恩格斯,邀请他们加入同盟。正义者同盟是1836年成立的主要由无产阶级化的手工业工人组成的德国政治流亡者秘密组织。随着形势的发展,同盟的领导成员逐渐确信马克思和恩格斯的理论主张是正确的。鉴于同盟领导者愿意改组同盟并接受科学社会主义理论,马克思和恩格斯同意加入并帮助改组同盟。1847年6月2—9日,同盟召开代表大会,恩格斯出席了大会。大会决定把正义者同盟改名为共产主义者同盟,把同盟的旧口号"人人皆兄弟"改为"全世界无产者,联合起来!"(39-40)

---

39. 正义者同盟给约瑟夫·莫尔的委托书
40. 《共产主义杂志》是共产主义者同盟的机关刊物,1847年9月在伦敦只出了试刊。杂志标题下面印有马克思和恩格斯提出的战斗口号:"全世界无产者,联合起来!"

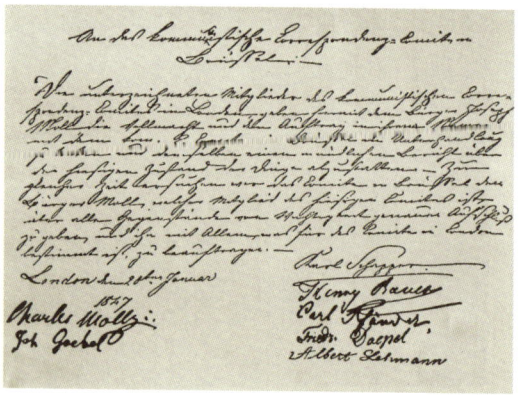

> 第二次代表大会于同年11月底至12月初举行。马克思也出席了这次代表大会,他在长时间的辩论中——大会至少开了10天——捍卫了新理论。所有的分歧和怀疑终于都消除了,一致通过了新原则,马克思和我被委托起草宣言。
> ——恩格斯《关于共产主义者同盟的历史》

1847年11月29日至12月8日,共产主义者同盟举行第二次代表大会。马克思和恩格斯出席了大会,并受委托为共产主义者同盟起草一个准备公布的详细的理论和实践的纲领。(41-43)

41. 在共产主义者同盟第二次代表大会上(中国画) 王明明

> 同盟的目标是：推翻资产阶级，建立无产阶级统治，消灭以阶级对立为基础的资产阶级旧社会，建立没有阶级、没有私有制的新社会。
> ——《共产主义者同盟章程》

42

43

42. 共产主义者同盟第二次代表大会会址红狮旅馆，位于伦敦大磨坊街。
43. 共产主义者同盟第二次代表大会通过的马克思和恩格斯参与起草的《共产主义者同盟章程》

> **这本书篇幅不多,价值却相当于多部巨著:它的精神至今还鼓舞着、推动着文明世界全体有组织的正在进行斗争的无产阶级。**
> ——列宁《弗里德里希·恩格斯》

1847年12月至1848年1月底,马克思和恩格斯经过一个多月的努力,写成了马克思主义纲领性文献《共产党宣言》。(44)

44. 起草《共产党宣言》(木刻) 张怀江

> 共产主义的特征并不是要废除一般的所有制,而是要废除资产阶级的所有制。
>
> 但是,现代的资产阶级私有制是建立在阶级对立上面、建立在一些人对另一些人的剥削上面的产品生产和占有的最后而又最完备的表现。
>
> 从这个意义上说,共产党人可以把自己的理论概括为一句话:消灭私有制。
>
> ——马克思恩格斯《共产党宣言》

马克思和恩格斯在《共产党宣言》中揭示了资本主义的内在矛盾和资本主义必然灭亡、共产主义必然胜利的历史规律;阐明了无产阶级的历史使命;论述了共产党的性质、宗旨、基本纲领和策略原则,奠定了马克思主义建党学说的基础;批判了形形色色的社会主义流派,划清了科学社会主义同它们的界限。《共产党宣言》的问世标志着国际工人运动进入一个新的历史阶段。(45-46)

45.《共产党宣言》手稿的一页,头两行为马克思夫人燕妮的手迹。
46. 马克思写的《共产党宣言》第三章计划草稿

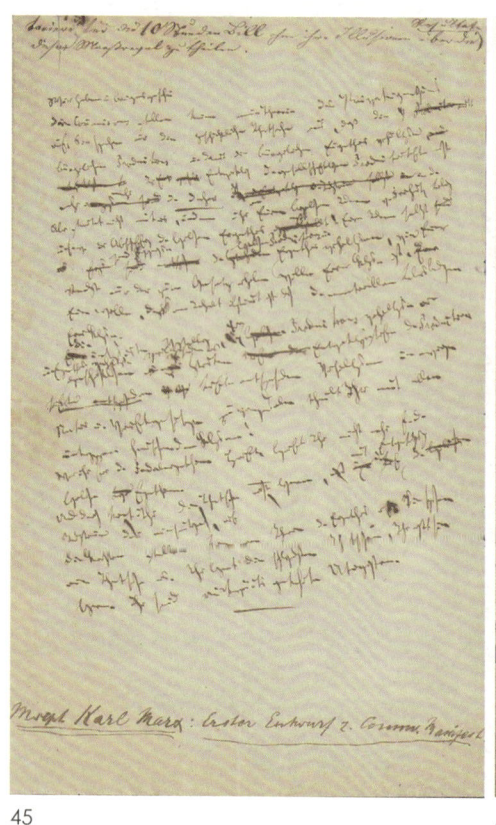

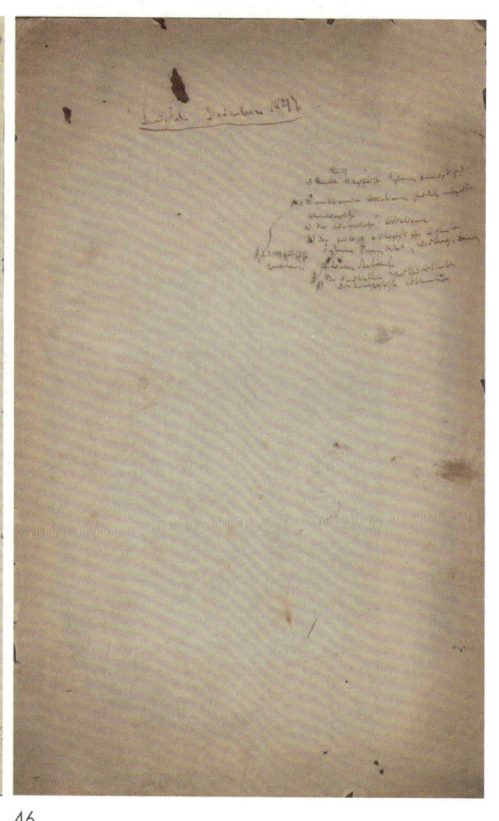

> 代替那存在着阶级和阶级对立的资产阶级旧社会的,将是这样一个联合体,在那里,每个人的自由发展是一切人的自由发展的条件。
> ——马克思恩格斯《共产党宣言》

1848年2月底,《共产党宣言》德文第一版在伦敦出版,很快被译成欧洲多种文字。在1848年的各个版本中没有作者署名。1850年英国宪章派机关刊物《红色共和党人》登载《共产党宣言》的英译文时,主编乔治·哈尼在序言中第一次指出了作者的名字。恩格斯在《共产党宣言》1888年英文版序言中指出:"《宣言》的历史在很大程度上反映着现代工人阶级运动的历史;现在,它无疑是全部社会主义文献中传播最广和最具有国际性的著作,是从西伯利亚到加利福尼亚的千百万工人公认的共同纲领。"(47-48)

47. 马克思和恩格斯起草《共产党宣言》(油画) 波利亚科夫

48. 1848年《共产党宣言》德文第1版封面

Manifest der Kommunistischen Partei

Ein Gespenst geht um in Europa — das Gespenst des Kommunismus.

munistischen Partei

im Februar 1848

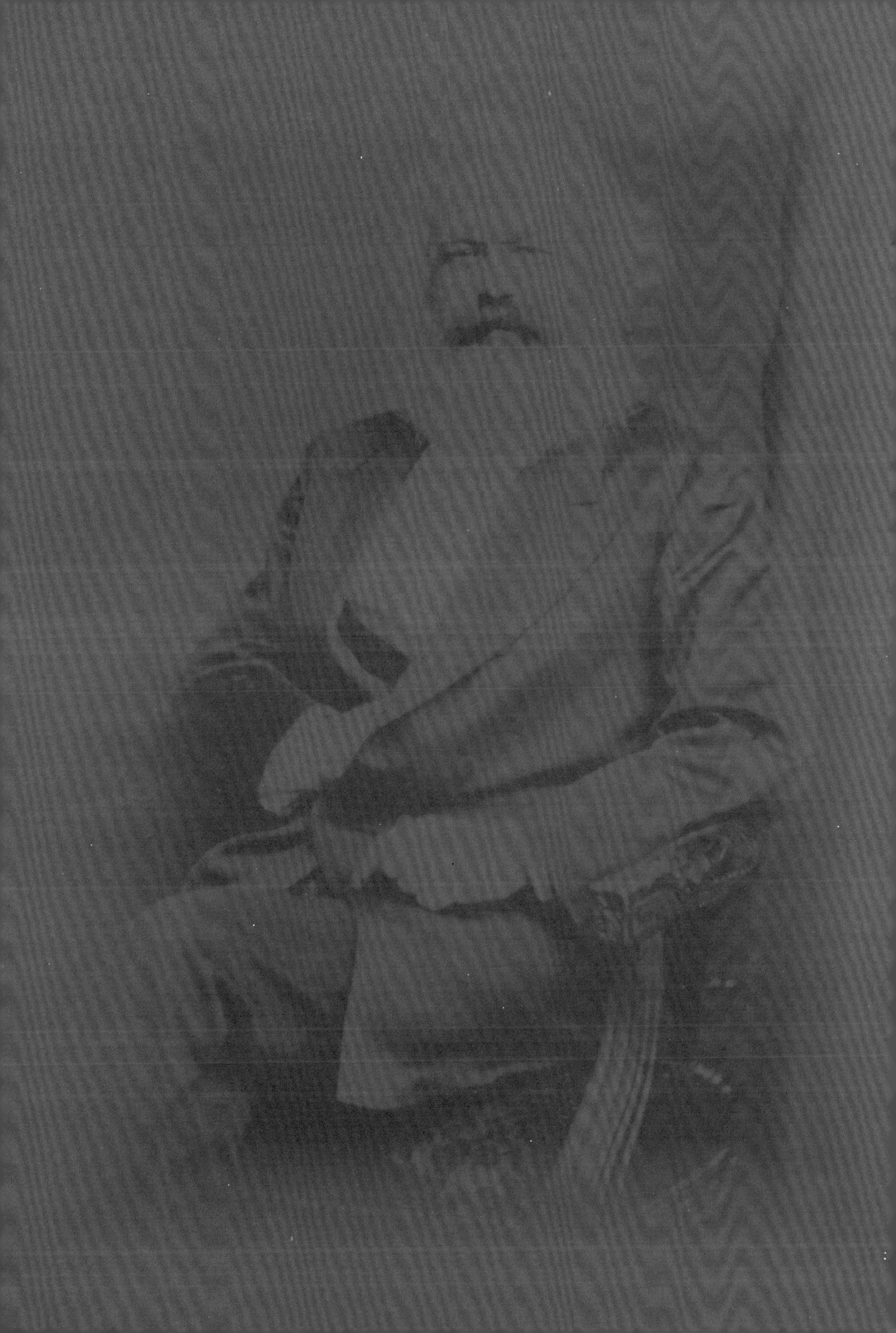

第四章
在 1848—1849 年的革命风暴中

1848年,一场革命风暴席卷欧洲大陆,1月意大利爆发巴勒莫人民反对国王的起义,接着法国爆发二月革命,德国爆发三月革命。在意大利、法国、德国革命的影响下,欧洲其他一些国家也相继爆发革命。

法国二月革命后,马克思应法兰西共和国临时政府成员弗洛孔的邀请,于1848年3月初由布鲁塞尔迁居巴黎。共产主义者同盟的主要领导成员也先后到达巴黎,组成了同盟新的中央委员会,马克思任主席,恩格斯为委员。德国三月革命爆发后,马克思和恩格斯为同盟中央委员会起草了《共产党在德国的要求》。这个文件体现了《共产党宣言》中规定的共产党人在民主革命中的斗争目标和策略原则,是无产阶级在资产阶级民主革命中的行动纲领。马克思和恩格斯还动员共产主义者同盟的成员分赴德国各地组织革命力量。1848年4月,马克思和恩格斯根据形势的发展亲自回国参加革命。他们在科隆积极筹办《新莱茵报》作为指导革命斗争的思想阵地,同时与民主派组织建立联系,组成联合阵线。

1848年6月1日,马克思和恩格斯创办的《新莱茵报》出版,马克思担任主编。马克思和恩格斯通过《新莱茵报》评析德国革命和整个欧洲革命的重大事件,帮助工人群众认清斗争形势、了解革命的目标和任务,声援欧洲各被压迫民族的民族解放斗争。1848年巴黎六月起义失败后,欧洲反动势力到处进行反扑。马克思一方面积极组织和引导各种民主派别加强联合,壮大革命力量;另一方面坚决揭露普鲁士政府对《新莱茵报》的诬蔑和陷害,揭露资产阶级的背叛,支持农民反抗封建剥削的斗争。正像恩格斯所说,《新莱茵报》"成了革命年代德国最著名的报纸"。在普鲁士反动当局的迫害下,1849年5月19日《新莱茵报》被迫停刊,用红色油墨出版了终刊号。

1849年6月,马克思前往巴黎,同民主主义和社会主义运动的领导人以及各秘密工人团体的领导人建立联系。同年8月底,马克思因遭到法国当局迫害而移居伦敦。

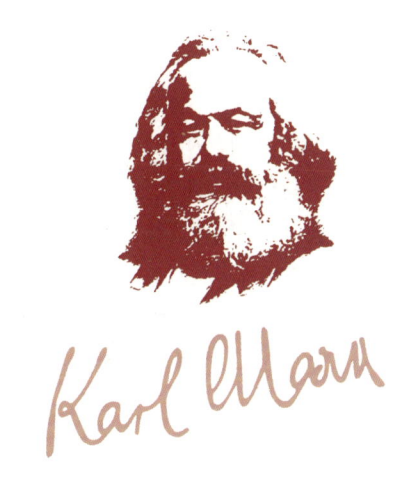

19世纪40年代，随着资本主义的发展，欧洲资产阶级革命运动日益高涨。1848年初，意大利、法国、德国等国家相继爆发革命。（01-04）

01. 1848年2月24日巴黎罗亚尔宫外的战斗

02. 1848 年 3 月 18 日柏林的街垒

03. 1848 年 3 月 13 日维也纳群众集会，要求首相梅特涅下台。

04. 1848 年 1 月 13 日意大利巴勒莫人民与王室军队的战斗

1848年3月1日，法兰西共和国临时政府成员斐迪南·弗洛孔以法国人民的名义邀请马克思重返巴黎。邀请信中写道："勇敢而正直的马克思：法兰西共和国是所有自由之友的避难所。暴政把您放逐，自由的法兰西向您、向所有为神圣事业和各国人民的友好事业而斗争的人们敞开着大门。"（05-06）

---

05. 斐迪南·弗洛孔（1800—1866），法国政治活动家，小资产阶级民主主义者，1848年法国临时政府成员。
06. 弗洛孔给马克思的邀请信

> 一天深夜,有两个人闯进我们的家。他们说要见卡尔,当他走出来时,他们像警士一样,拿着逮捕和传讯卡尔的命令,当晚就把他抓去了。我惊慌地随着跑出去,找有势力的人打听这是怎么一回事。黑夜里我从这一家跑到那一家。突然,一个巡警抓住我,把我逮捕起来,关进黑暗的监狱。
>
> ——燕妮·马克思《动荡生活简记》

1848 年 3 月 3 日,马克思接到比利时当局限令他 24 小时内离境的命令。夜里,警察突然闯进马克思家,借口马克思没有身份证将他逮捕。马克思被拘留 18 小时后获释,随后匆忙离开布鲁塞尔前往巴黎。(07-09)

07. 马克思在布鲁塞尔被捕(素描) 茹科夫
08. 比利时国王莱奥波德一世签署的对马克思的驱逐令
09. 1848 年 3 月马克思在布鲁塞尔被监禁的监狱

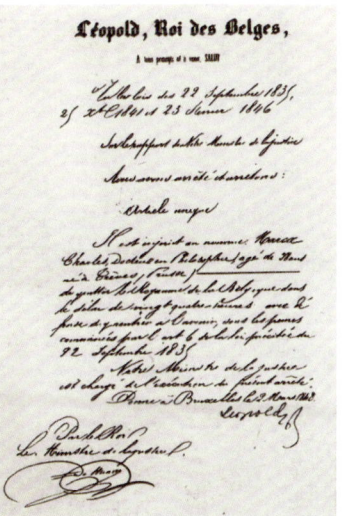

> 共产党人为工人阶级的最近的目的和利益而斗争,但是他们在当前的运动中同时代表运动的未来。
>
> ——马克思恩格斯《共产党宣言》

　　马克思到达巴黎后,受共产主义者同盟中央委员会的委托,在巴黎成立新的中央委员会。马克思和恩格斯根据《共产党宣言》确立的革命原则起草了《共产党在德国的要求》,拟定了十七条革命措施,并指出:"只有实现这些措施,德国千百万一直受少数人剥削,且少数人仍力图使之继续受压迫的人,才能争得自己的权利和作为一切财富的生产者所应有的权力。"这是无产阶级在资产阶级民主革命中的第一个行动纲领。(10-11)

10. 1848年3月12日,马克思从巴黎致信在布鲁塞尔的恩格斯。信中写道:"中央委员会已经在这里成立,因为琼斯、哈尼、沙佩尔、鲍威尔、莫尔都在这里。我被选为主席,沙佩尔被选为书记。委员是:瓦劳、鲁普斯、莫尔、鲍威尔和恩格斯。"
11. 《共产党在德国的要求》

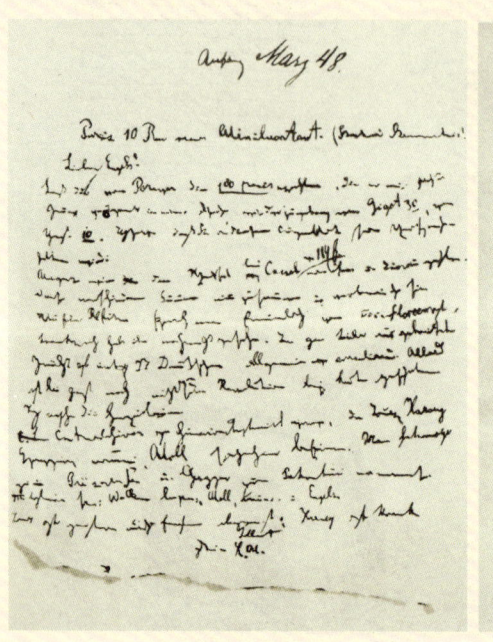

> 马克思和恩格斯参加 1848—1849 年的群众革命斗争的时期,是他们一生活动中最令人瞩目的中心点。
>
> ——列宁《反对抵制》

德国爆发革命后,巴黎德意志民主协会的一些领导人鼓动德国流亡者组成义勇军打回老家去。马克思和恩格斯反对这种冒险主义行动,主张流亡者分散回国参加革命。截至 1848 年 4 月初,马克思、恩格斯和共产主义者同盟中央委员会动员了三四百名德国流亡者(其中多数是同盟盟员)有步骤地返回祖国。随后,马克思和恩格斯自己也离开巴黎回国。(12-13)

---

12. 马克思的旅行护照(1848 年 3 月 30 日法国政府签发)
13. 马克思和恩格斯动员德国工人分散回国(油画) 邓澍

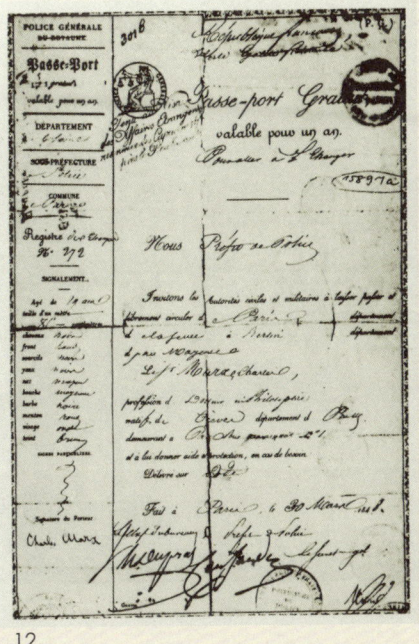

> 三月革命以后，马克思迁到科隆，在那里创办了《新莱茵报》。这家报纸从1848年6月1日出版到1849年5月19日，是当时民主运动中唯一代表无产阶级观点的报纸。
> ——恩格斯《卡尔·马克思》

1848年4月11日，马克思和恩格斯来到科隆筹办《新莱茵报》，并以共产主义者同盟中央的名义派出代表分赴各地，扩大同盟的地方组织。（14）

14. 1848年前后的科隆

1848年6月1日，马克思主编的《新莱茵报》在科隆出版。（15-16）

15. 1848年6月1日《新莱茵报》创刊号

编辑部的制度是完全由马克思一人决断。一家必须定时出版的大型日报，如果采用别的制度，就不能保持一种贯彻始终的立场。况且对我们来说，由马克思一人决断是理所当然和毋庸置疑的，我们大家都乐于接受它。首先是马克思的洞察力和坚定立场，才使得这家日报成了革命年代德国最著名的报纸。

——恩格斯《马克思和〈新莱茵报〉（1848—1849年）》

16.《新莱茵报》编辑部主要成员

马克思　　　　　　　　　　　　　恩格斯

在整个德国,人们感到惊讶的是,我们敢于在普鲁士的头等堡垒里面对着8000驻军和岗哨做出这一切事情;但编辑室内的8支步枪和250发子弹,以及排字工人头上戴着的红色雅各宾帽,使得我们的报馆在军官们眼中也成了一个不能用简单的奇袭来夺取的堡垒。

——恩格斯《马克思和〈新莱茵报〉(1848—1849年)》

威廉·沃尔弗(1809—1864),德国无产阶级革命家和政论家。

格奥尔格·维尔特(1822—1856),德国诗人和政论家。

恩斯特·德朗克(1822—1891),德国政论家和作家。

斐迪南·弗莱里格拉特(1810—1876),德国诗人。

约翰·亨利希·毕尔格尔斯(1820—1878),德国政论家。

法国二月革命后，巴黎工人阶级要求把革命继续推向前进。资产阶级共和派政府则推行敌视无产阶级的政策，并公然对工人进行挑衅。巴黎工人遂于6月23—26日举行起义。马克思和恩格斯积极支持巴黎工人的行动，在《新莱茵报》上发表了一系列文章声援起义。马克思指出，六月起义是"分裂现代社会的两个阶级之间的第一次大规模的战斗。这是保存还是消灭资产阶级制度的斗争"。（17-18）

---

17. 载有马克思《六月革命》一文的1848年6月29日《新莱茵报》
18. 1848年6月巴黎圣安东郊区的战斗

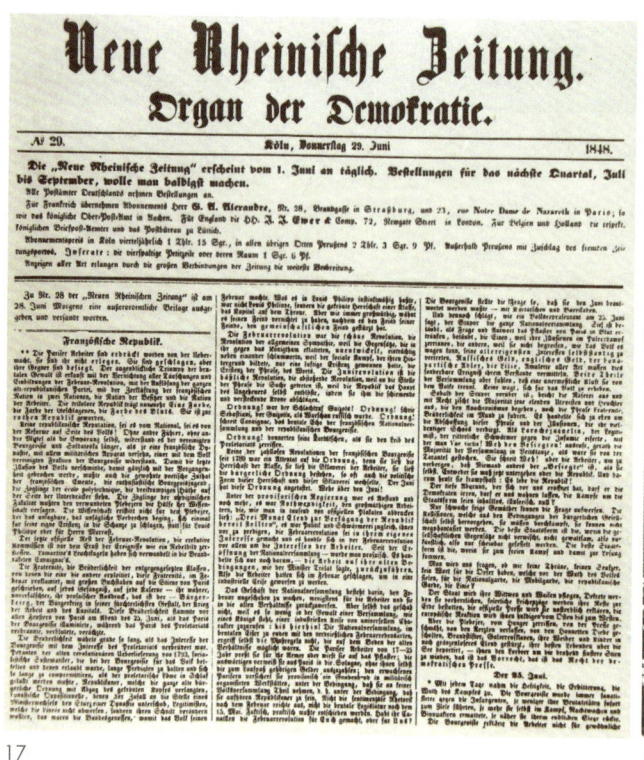

马克思和恩格斯以《新莱茵报》为阵地，向德国乃至整个欧洲的封建制度发起猛烈攻击，为德国和其他各国的革命者提供了重要的理论和策略指导，受到广大群众热烈欢迎。《新莱茵报》在被迫停刊前已经拥有近6000个订户。（19-20）

19. 马克思和恩格斯在《新莱茵报》编辑部（油画） 萨皮罗

> 没有一家德国报纸——无论在以前或以后——像《新莱茵报》这样有威力和有影响，这样善于鼓舞无产阶级群众。而这一点首先归功于马克思。
>
> ——恩格斯《马克思和〈新莱茵报〉（1848—1849年）》

20.《新莱茵报》广为流传（素描） 茹科夫

为了发展和壮大革命力量，马克思和恩格斯积极参加工人组织的活动，还与民主派组织建立广泛联系。1848年8月13—14日，马克思和恩格斯参加了莱茵省第一届民主主义者代表大会，会议决定由科隆三个民主团体（工人联合会、民主协会、工人业主联合会）中央委员会的成员组成民主主义者莱茵区域委员会，马克思在这个委员会中发挥了重要作用。（21-26）

21. 1848—1849年科隆工人联合会的主要活动场所
22. 1848年10月22日《科隆工人联合会报》，载有选举马克思为该会主席的会议记录。

23. 1848年5月，马克思和恩格斯加入了科隆民主协会。图为该协会的一次集会。
24. 科隆工人联合会会员证
25. 莱茵省第一届民主主义者代表大会代表证

26. 在莱茵省第一届民主主义者代表大会上（油画） 张红年

1848年革命期间，马克思和恩格斯在积极投入德国革命活动的同时，还非常关注匈牙利、意大利、波兰等国的革命斗争和民族解放斗争。他们在《新莱茵报》上发表文章给予支持和指导。（27-34）

27. 拉约什·科苏特（1802—1894），匈牙利政治活动家，匈牙利民族解放运动领袖，1848—1849年革命时期为匈牙利革命政府首脑。
28. 1849年3月5日匈牙利索尔诺克战役中的革命军队
29. 1849年5月21日，匈牙利起义者占领布达堡垒。

意大利人民不惜任何牺牲。他们为了完成已开始的事业和争取民族独立，曾准备以殊死的精神进行战斗。

——恩格斯《意大利的解放斗争及其目前失败的原因》

30.

31.

30. 朱泽培·加里波第（1807—1882），意大利革命家和民族解放运动领袖，1849年罗马共和国保卫战的主要组织者。
31. 1848年底，意大利罗马爆发起义。1849年2月，罗马制宪会议根据加里波第的建议宣布罗马共和国成立。

不言而喻，问题不是要建立一个虚幻的波兰，而是要建立一个有生命力基础的国家。
——恩格斯《法兰克福关于波兰问题的辩论》

32. 路德维克·梅洛斯拉夫斯基（1814—1878），波兰革命家、历史学家和军事活动家，1849年巴登—普法尔茨起义期间起义军的指挥官。
33. 1848年囚禁在莫阿比特监狱的波兰人获释

34. 马克思、恩格斯在《新莱茵报》上发表的评论文章

1848年革命在取得最初的胜利之后，由于资产阶级的软弱和妥协，各国反动势力开始反扑。马克思本人多次被法院传讯，加上资产阶级股东撤走资金，《新莱茵报》的处境日益艰难。但马克思毫不动摇地坚持办报，同反动当局的迫害进行坚决斗争，同时千方百计筹措经费，甚至拿出了父亲留给他的全部遗产。（35-37）

35．1848年8月21日柏林街头的巷战
36．1848年9月26日科隆政府发布的戒严令
37．1848年8月23日维也纳军警镇压工人游行

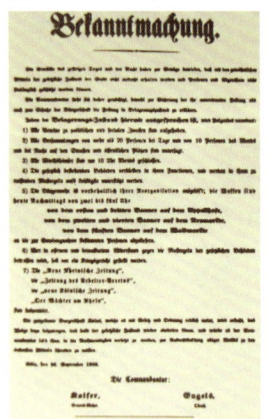

| 在1848—1849年的革命风暴中　099

1849年2月上旬，普鲁士当局以侮辱检察官和诽谤宪兵的罪名传讯《新莱茵报》主编马克思和编辑恩格斯。在科隆的法庭上，马克思和恩格斯以有力的证据驳斥了反动派的诬蔑，法庭不得不宣告他们无罪。（38-39）

38. 载有马克思和恩格斯在科隆受审时发言全文的小册子《两个政治审判案》的扉页
39. 法庭上的胜利（油画） 李天祥 赵友萍

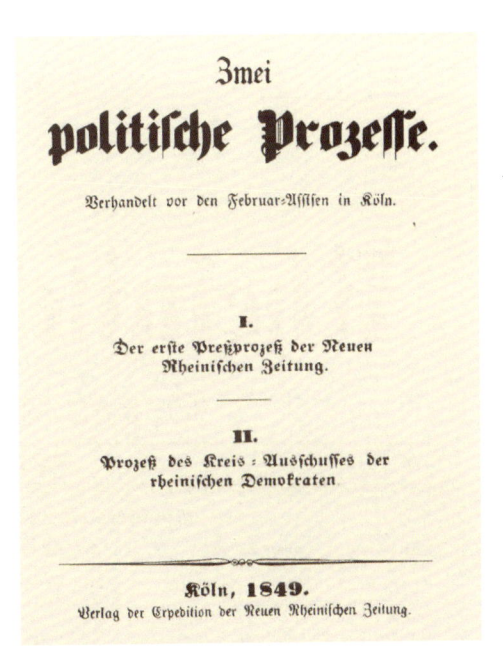

40. 用红色油墨印刷的《新莱茵报》终刊号

1849 年 5 月 16 日，马克思收到普鲁士政府的驱逐令。恩格斯和《新莱茵报》其他编辑也面临被捕或被驱逐出境的危险。在反革命势力迫害下，《新莱茵报》被迫于 5 月 19 日停刊，并特意选用红色油墨印刷了终刊号。诗人弗莱里格拉特应马克思的请求写了一首诗作为《新莱茵报》的告别词。诗中写道：

> 别了，但不是永别，
> 他们消灭不了我们的精神，弟兄们！
> 当钟声一响，生命复临，
> 我将立即披甲返程！
> ……
> 我这个被放逐的叛乱者，
> 作为一个忠实于起义的人民的战友，
> 将在多瑙河畔和莱茵河边，
> 用言语和武器参加战斗！

《新莱茵报》终刊号上还发表了编辑部致科隆工人的告别信，信中写道："《新莱茵报》的编辑们在向你们告别的时候，对你们给予他们的同情表示衷心的感谢。无论何时何地，他们的最后一句话将始终是：工人阶级的解放！"（40-41）

> 我们不得不交出自己的堡垒，但我们退却时携带着自己的武器和行装，奏着军乐，高举着印成红色的最后一号报纸的飘扬旗帜。
> ——恩格斯《马克思和〈新莱茵报〉（1848—1849 年）》

41. 1999 年 5 月 19 日为纪念《新莱茵报》终刊号出版 150 周年在该报编辑部原址设置的纪念牌

《新莱茵报》停刊后，马克思和恩格斯辗转各地继续从事革命活动，恩格斯还参加了德国维护帝国宪法的武装起义。1849年6月初，马克思到达巴黎。不久巴黎当局又下达驱逐令，马克思被迫于1849年8月24日离开巴黎前往伦敦。（42-44）

42. 1849年8月23日，马克思写信告诉恩格斯，他已被法国政府驱逐，正打算前往英国伦敦，并在那里创办德文杂志。马克思十分关心恩格斯的安危，希望他立即前往伦敦。
43. 1849年8月16日巴黎警察当局驱逐马克思的命令
44. 马克思的旅行护照（1849年8月24日法国政府签发）

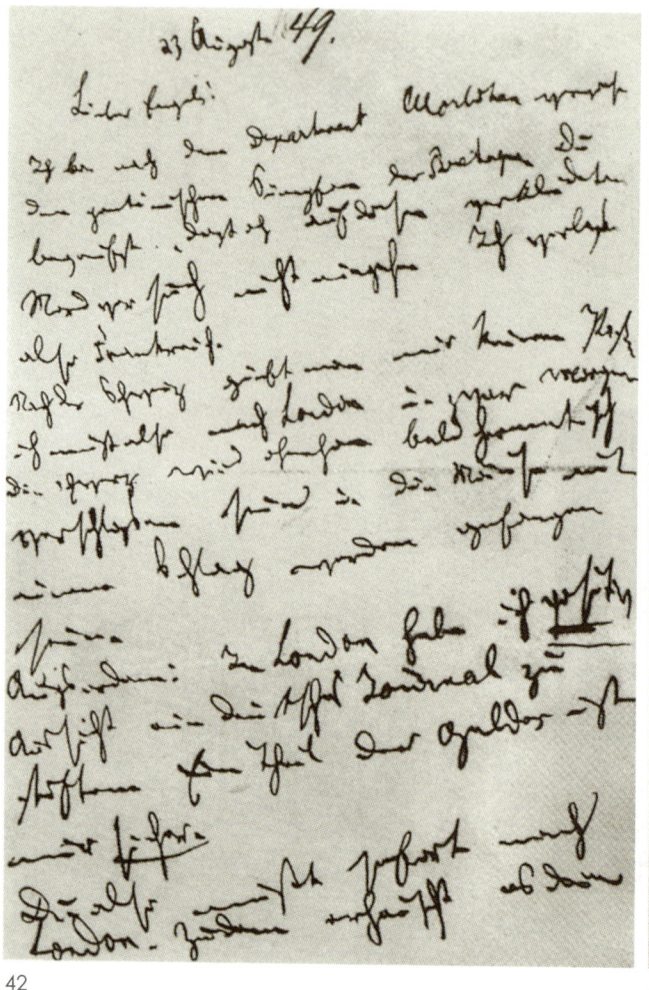

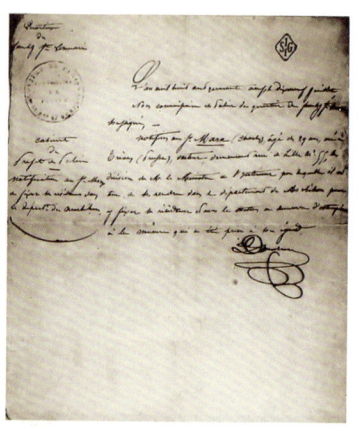

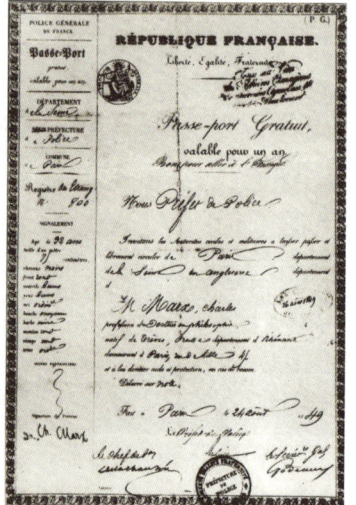

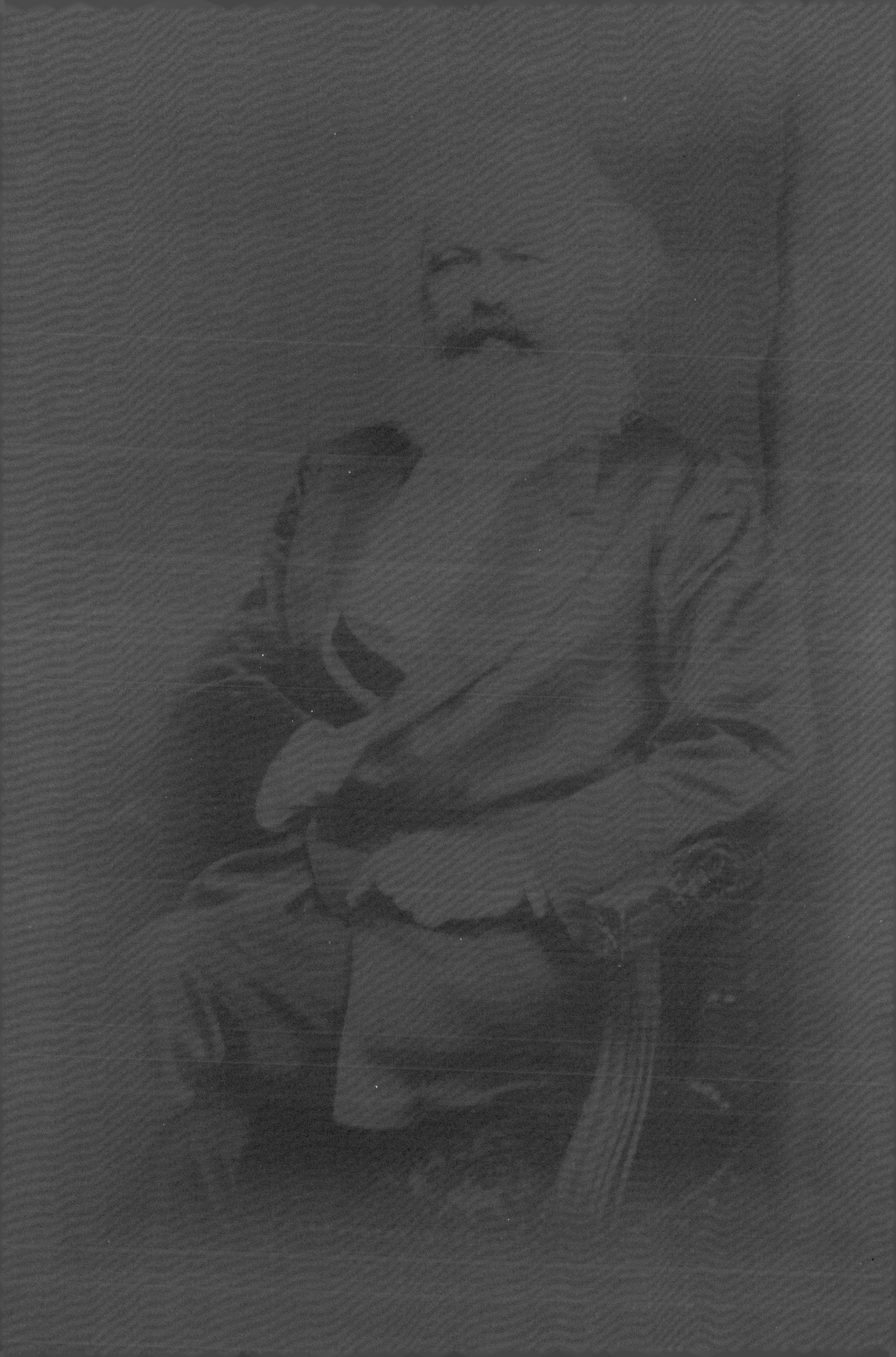

第五章
总结革命经验 丰富和发展革命理论

马克思移居伦敦后，立即着手重组共产主义者同盟的地方组织和中央委员会，领导伦敦德意志工人教育协会积极开展工作，成立德国流亡者救济委员会，为政治流亡者提供帮助。马克思还同其他国家的革命活动家建立联系。

为总结革命经验，用科学的理论武装工人群众，马克思和恩格斯创办了《新莱茵报。政治经济评论》杂志。马克思撰写了《1848年至1850年的法兰西阶级斗争》和《路易·波拿巴的雾月十八日》等重要论著，并和恩格斯共同起草了两篇《共产主义者同盟中央委员会告同盟书》。在这些著作中，马克思运用唯物史观总结了欧洲1848—1849年革命的经验，进一步发展了马克思主义的国家学说，论述了无产阶级革命必须打碎旧的国家机器的思想，阐发了无产阶级专政的理论，提出了不断革命和工农联盟的思想。

1850年，马克思和恩格斯同共产主义者同盟内部以维利希、沙佩尔为首的冒险主义宗派集团进行了激烈斗争，批判了他们不顾现实条件主张立即发动起义的冒险计划，为无产阶级制定了革命低潮时期的斗争策略。1851年，普鲁士政府为了扑灭革命运动，蓄意制造所谓"科隆共产党人案件"，并于1852年10月进行审判。马克思和恩格斯为揭穿敌人阴谋和营救战友做了大量工作。马克思发表了《揭露科隆共产党人案件》等重要文章。鉴于欧洲反动势力日益猖獗，共产主义者同盟已无法正常活动，在马克思提议下，同盟中央委员会于1852年11月决定解散同盟。

19世纪50年代，马克思过着艰难困苦的生活，但没有被贫困压倒。他在关心和支持工人运动的同时潜心研究理论，主要是政治经济学理论。在此期间，恩格斯不仅在物质上无私地帮助马克思，而且在理论上经常与马克思交流切磋。

1851年起，马克思为《纽约每日论坛报》等报刊撰稿，评述各种重大国际问题，其中包括中国问题。马克思密切关注中华民族的前途和命运。在论述中国问题的文章中，他以中国近代史的起点——鸦片战争为主要切入点，分析了近代中国面临危机和走向衰落的原因；在揭露西方列强侵华罪行的同时，他坚决维护中华民族的尊严，热情支持中国人民的正义斗争，预言中华民族必将在变革中崛起，并开启整个东方世界的新纪元。

1849 年 8 月马克思从巴黎抵达伦敦后，立即着手重建共产主义者同盟的领导机关。同盟新中央委员会的成员，除马克思和恩格斯外，还有奥古斯特·维利希、康拉德·施拉姆、卡尔·沙佩尔、约翰·格奥尔格·埃卡留斯和卡尔·普芬德等。同年 11 月，恩格斯也来到伦敦，同马克思一起重新开展革命活动。（01-03）

01. 19 世纪 50 年代的伦敦
02. 1850 年 6 月共产主义者同盟各支部分布图
03. 1850 年 8 月马克思记下的共产主义者同盟中央委员会一些成员的名字和地址

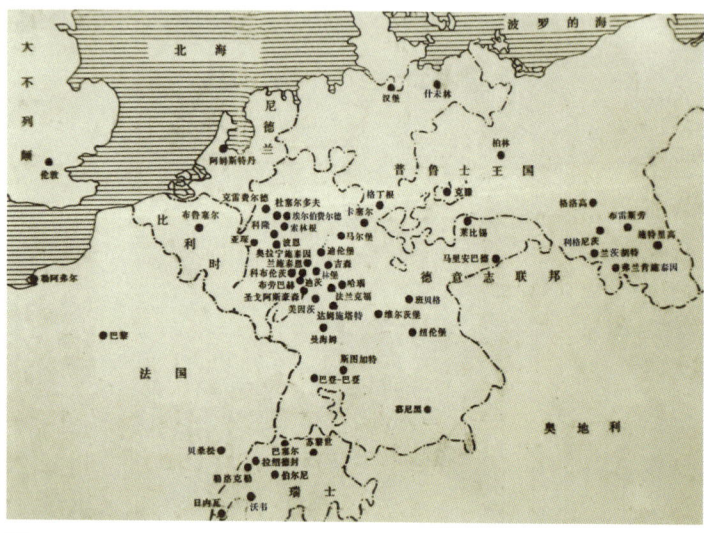

为了要达到自己的最终胜利,他们首先必须自己努力:他们应该认清自己的阶级利益,尽快采取自己独立政党的立场,一时一刻也不能因为听信民主派小资产者的花言巧语而动摇对无产阶级政党的独立组织的信念。他们的战斗口号应该是:不断革命。

——马克思恩格斯《共产主义者同盟中央委员会告同盟书。1850年3月》

1850年3月和6月,马克思和恩格斯共同起草了两篇《共产主义者同盟中央委员会告同盟书》,重申了《共产党宣言》的基本观点,总结了欧洲革命的经验,制定了无产阶级在未来革命中的纲领和策略,并且第一次比较完整地阐述了"不断革命"的理论。(04-06)

04. 讨论《告同盟书》(油画) 毛凤德

> 对我们说来,问题不在于改变私有制,而只在于消灭私有制,不在于掩盖阶级对立,而在于消灭阶级,不在于改良现存社会,而在于建立新社会。
> ——马克思恩格斯《共产主义者同盟中央委员会告同盟书。1850 年 3 月》

05.　马克思和恩格斯起草的《共产主义者同盟中央委员会告同盟书。1850 年 3 月》

06.　马克思和恩格斯起草的《共产主义者同盟中央委员会告同盟书。1850 年 6 月》

为了提高工人群众的思想觉悟和理论水平，马克思 1849 年 9 月初参加了伦敦德意志工人教育协会，在协会中讲授政治经济学和《共产党宣言》的基本观点。（07）

07. 马克思在伦敦德意志工人教育协会作报告（素描） 茹科夫

1849年9月18日，伦敦德意志工人教育协会和德国政治流亡者召开会议，成立了伦敦德国流亡者救济委员会，马克思被选入委员会。该委员会后来改组为社会民主主义德国流亡者救济委员会，马克思担任主席。委员会为流亡者安排食宿，并设法解决他们的生计问题。（08-10）

08. 伦敦德意志工人教育协会会议大厅
09. 伦敦德意志工人教育协会会址
10. 1849年9月26日《新德意志报》，刊有流亡者救济委员会关于救助德国政治流亡者的呼吁书，上面有马克思的署名。

> 这种社会主义就是宣布不断革命,就是无产阶级的阶级专政,这种专政是达到消灭一切阶级差别,达到消灭这些差别所由产生的一切生产关系,达到消灭和这些生产关系相适应的一切社会关系,达到改变由这些社会关系产生出来的一切观念的必然的过渡阶段。
> ——马克思《1848年至1850年的法兰西阶级斗争》

1850年,马克思和恩格斯在伦敦创办《新莱茵报。政治经济评论》作为《新莱茵报》的"延续",并在这个刊物上发表了一系列重要著作,深刻总结了1848年革命经验,进一步丰富和发展了无产阶级革命理论。在《1848年至1850年的法兰西阶级斗争》这部著作中,马克思运用唯物史观分析了法国1848年革命中的重大事件,阐明了无产阶级革命斗争的理论和策略,第一次使用了"无产阶级专政"概念,阐述了无产阶级专政的科学内涵和历史使命;第一次提出了世界各国工人政党都一致用以表述自己的经济改造要求的公式,即"生产资料归社会所有";同时还提出了"革命是历史的火车头"这个著名论点,并阐述了工农联盟的思想。(11-12)

11.《新莱茵报。政治经济评论》,1850年3—11月在汉堡印刷,共出版了六期。
12. 马克思《1848年至1850年的法兰西阶级斗争》1895年德文版扉页,上面有恩格斯赠书给格·瓦·普列汉诺夫的题词,恩格斯还为单行本撰写了导言。

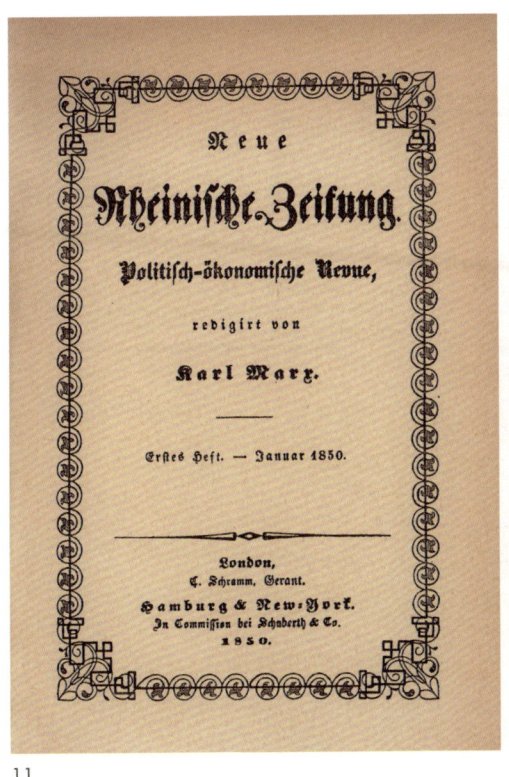

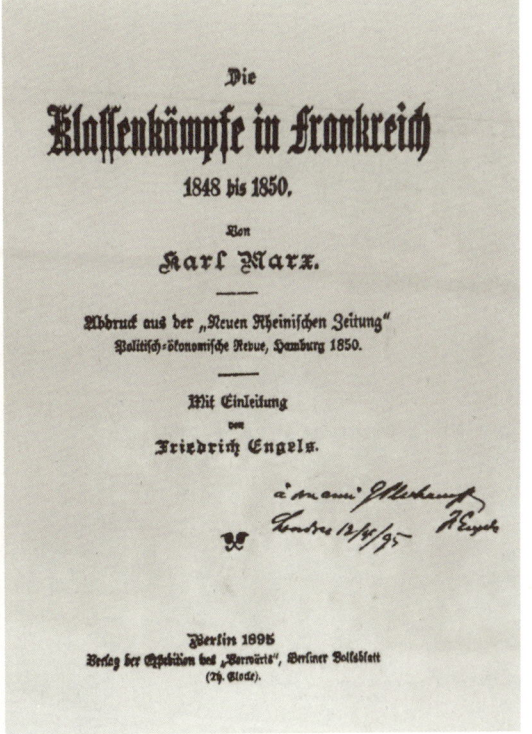

11　　　　　　　　　　12

> 正是马克思最先发现了重大的历史运动规律。根据这个规律，一切历史上的斗争，无论是在政治、宗教、哲学的领域中进行的，还是在其他意识形态领域中进行的，实际上只是或多或少明显地表现了各社会阶级的斗争，而这些阶级的存在以及它们之间的冲突，又为它们的经济状况的发展程度、它们的生产的性质和方式以及由生产所决定的交换的性质和方式所制约。
> ——恩格斯为马克思《路易·波拿巴的雾月十八日》1885年第3版写的序言

1851年12月2日，法国发生路易·波拿巴政变。事件发生后不久，马克思就撰写了《路易·波拿巴的雾月十八日》这部重要著作，运用唯物史观评述了路易·波拿巴政变的原因、过程和结局，揭示了历史运动的规律，阐述了评价历史事件和历史人物的科学方法。马克思在这部著作中透彻地分析了资产阶级国家的本质，阐明了马克思主义国家学说，第一次提出了无产阶级革命必须摧毁旧的国家机器的思想，同时还阐述了工农联盟的思想。1852年5月，共产主义者同盟盟员约·魏德迈以单行本形式将这部著作作为不定期刊物《革命》的第一期出版。（13-14）

13. 马克思的《路易·波拿巴的雾月十八日》，最先刊载在不定期刊物《革命》第1期上。
14. 马克思的《路易·波拿巴的雾月十八日》手稿的一页

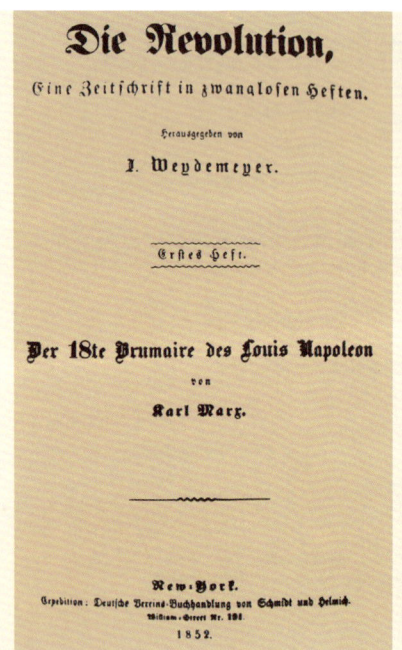

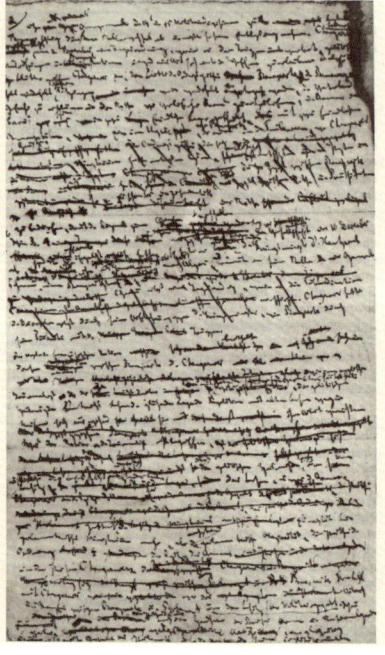

| 总结革命经验　丰富和发展革命理论

　　1850 年夏，共产主义者同盟内部形成了以维利希和沙佩尔为首的宗派集团。他们不顾革命处于低潮时期这一实际情况，提出要在德国立即发动革命，夺取政权。马克思和恩格斯坚决反对这种冒险主义行动，认为这是一种脱离实际的宗派策略。在 1850 年 9 月 15 日同盟中央委员会非常会议上，以马克思和恩格斯为代表的多数派同以维利希、沙佩尔为首的少数派进行了坚决斗争。为了防止少数派攫取权力，根据马克思的提议，会议决定把中央委员会迁往科隆。（15-17）

---

15. 同维利希—沙佩尔集团作斗争（工笔画）　杨刚
16. 奥古斯特·维利希（1810—1878），原普鲁士军官，共产主义者同盟盟员，1849 年德国维护帝国宪法运动时期起义军的指挥官。
17. 卡尔·沙佩尔（1812—1870），德国工人运动和国际工人运动活动家，伦敦德意志工人教育协会创建人之一。

1851年5—6月，普鲁士当局为了彻底扑灭革命运动，以所谓"图谋叛国"的罪名逮捕了共产主义者同盟的一些成员，并于1852年10月4日在科隆开始对11名被告进行审讯。（18-22）

18. 普鲁士国王弗里德里希-威廉四世1850年11月11日给内务大臣奥·泰·曼托伊费尔的信，信中策划针对共产党人的阴谋。
19. 科隆共产党人案件的审判法庭
20. 约翰·亨利希·毕尔格尔斯（1820—1878），德国政论家，1850—1851年是共产主义者同盟中央委员会委员，科隆共产党人案件的被告之一，被判处六年徒刑。
21. 弗里德里希·列斯纳（1825—1910），德国裁缝，国际工人运动活动家，共产主义者同盟盟员，科隆共产党人案件的被告之一，被判处三年徒刑。
22. 罗兰特·丹尼尔斯（1819—1855），德国医生，共产主义者同盟盟员和领导人之一，科隆共产党人案件的被告之一，被陪审法庭宣告无罪。

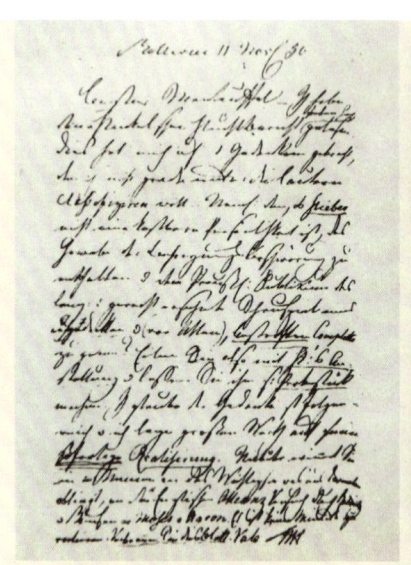

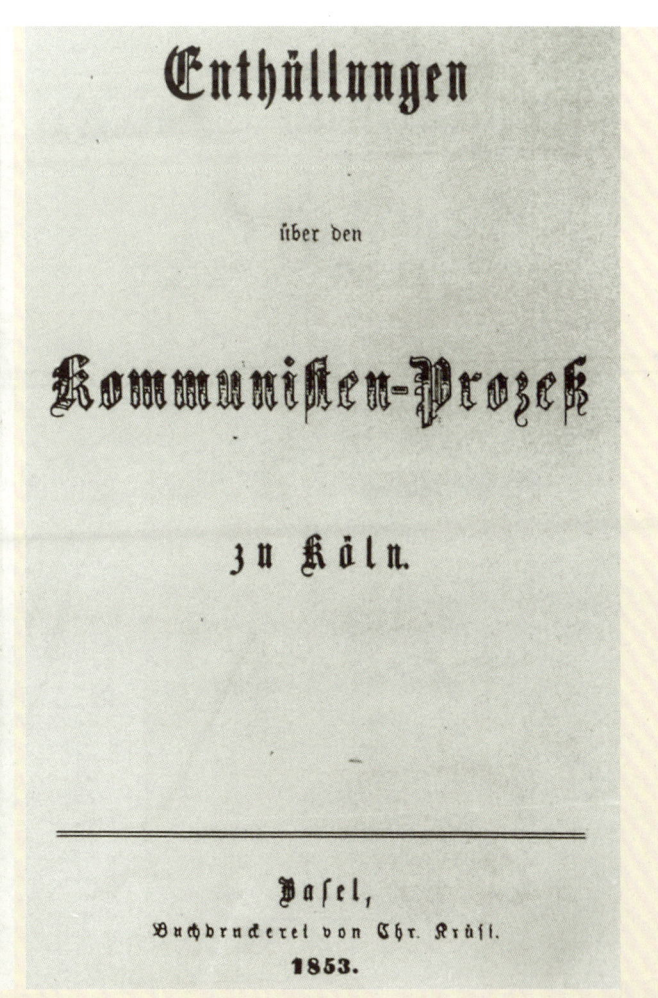

| 总结革命经验　丰富和发展革命理论

> "马克思派"在夜以继日地工作，脑袋和手脚一刻也闲不下来。……我们这里现在建立了整套办事机构。两三个人写东西，另一些人跑腿，还有一些人筹集便士，以便使写东西的人能够生活下去，并能把前所未闻的丑行的证据端到旧的官方世界的面前。
>
> ——燕妮·马克思1852年10月28日给阿·克路斯的信

马克思得知战友被捕的消息后，立即同恩格斯联系，商量营救办法。他们通过投书报刊、发表声明、提供辩护材料等办法揭露普鲁士当局蓄意迫害的阴谋。马克思夫人燕妮也积极参与了营救工作。（23-27）

23. 1852年10月28日马克思、恩格斯等人写的题为《科隆案件》的声明，这篇声明驳斥了资产阶级报刊对共产党人的诽谤。
24. 马克思写的《揭露科隆共产党人案件》，文中揭露了普鲁士当局在迫害共产党人时所采用的卑劣手法。

25. 刊登马克思、恩格斯等人声明的部分英国报刊的报头
26. 1852—1853年普鲁士警察局档案中的马克思案卷和恩格斯案卷

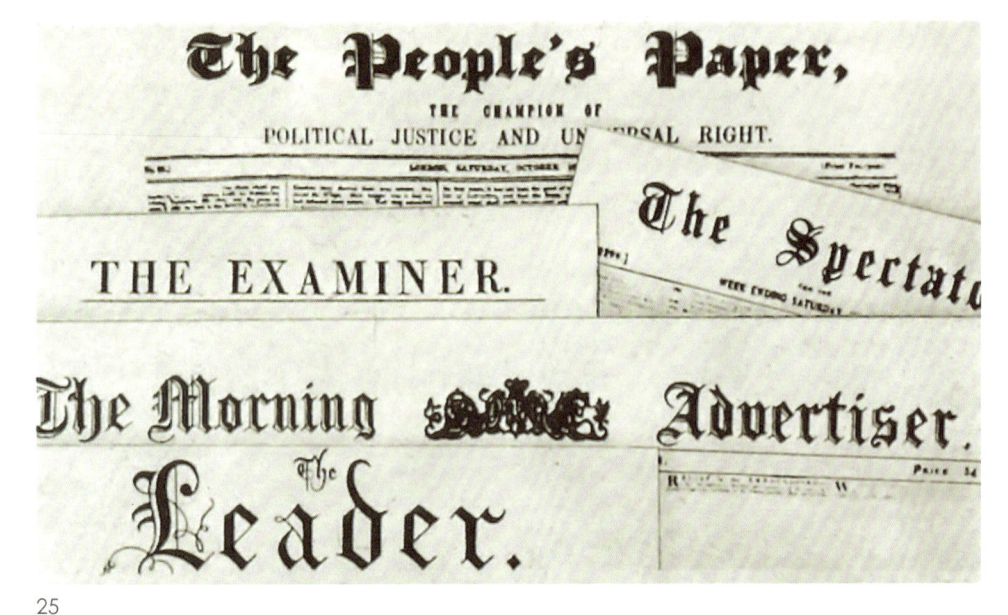

25

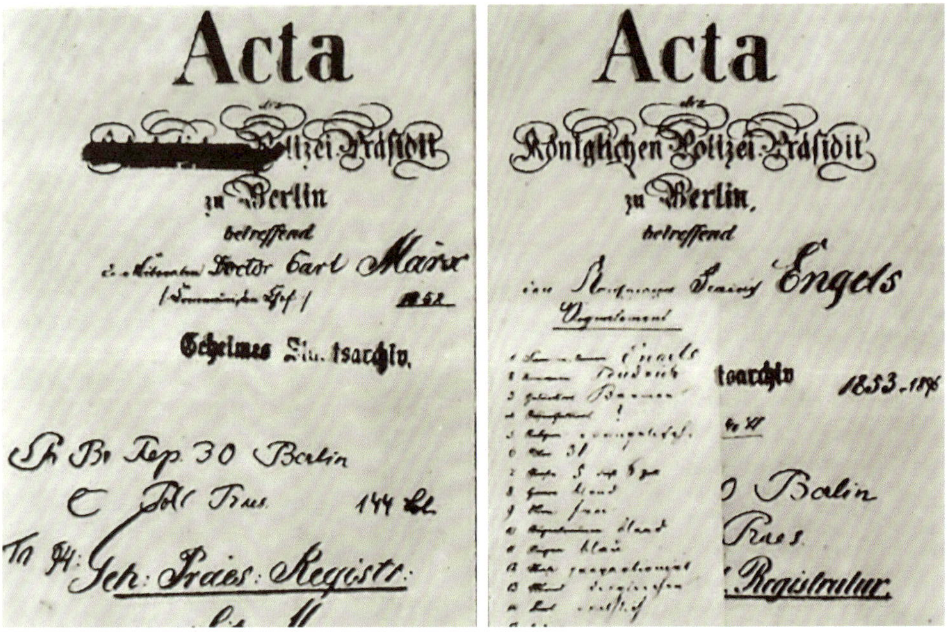

26

27. 为营救战友积极工作（油画） 闻立鹏

1850年11月，恩格斯离别马克思，迁居曼彻斯特，重新回到欧门—恩格斯公司，以便为在艰难窘困中坚持理论研究和革命活动的马克思提供经济上的援助。在此后将近20年的时间里，分居两地的马克思和恩格斯保持密切的书信往来，就国际形势和工人运动中的重大问题交换看法，并对各种理论问题进行深入探讨。这些书信丰富了马克思主义理论宝库。（28-31）

28. 马克思1851年1月7日给恩格斯的信，信中探讨了地租问题。
29. 恩格斯1853年6月6日给马克思的信，信中论述了土地所有制问题。

| 总结革命经验　丰富和发展革命理论　119

1870 年以前他住在曼彻斯特，马克思住在伦敦，但这并没有妨碍他们保持最密切的精神上的联系；他们差不多每天都通信。这两位朋友在通信中交换意见和知识，继续共同创立科学社会主义。

——列宁《弗里德里希·恩格斯》

30. 恩格斯在曼彻斯特的住宅
31. 恩格斯（1861 年摄于巴门）

中国的连绵不断的起义已经延续了约十年之久，现在汇合成了一场惊心动魄的革命。
——马克思《中国革命和欧洲革命》

32. 瞻望亚洲曙光（中国画） 高莽

| 总结革命经验 丰富和发展革命理论 121

从青年时代起，马克思一直密切关注中国的前途和命运，并对此进行了仔细的考察和深入的研究。19世纪50年代，马克思和恩格斯发表了一系列论述中国问题的文章。他们义正辞严地谴责西方列强侵占中国领土、掠夺中国资源、残害中国人民的"海盗行径"，揭穿西方新闻媒体散布的种种谎言，高度评价中国人民反抗侵略的斗争，认为"这是'保卫社稷和家园'的战争，这是一场维护中华民族生存的人民战争"。他们还从经济、政治、社会和文化角度，分析了近代中国走向衰落、濒临危亡的内因和外因，预言中华民族必将在伟大的革命变革中崛起，成为开启整个东方世界新纪元的曙光，并指出未来中国的社会主义必将具有自身的特点。（32-34）

33. 1853年6月14日《纽约每日论坛报》报头及马克思的文章《中国革命和欧洲革命》
34. 第二次鸦片战争

> 当我们把目光从资产阶级文明的故乡转向殖民地的时候，资产阶级文明的极端伪善和它的野蛮本性就赤裸裸地呈现在我们面前，它在故乡还装出一副体面的样子，而在殖民地它就丝毫不加掩饰了。
>
> ——马克思《不列颠在印度统治的未来结果》

在密切关注中国问题的同时，马克思还深入研究印度问题，撰写了《不列颠在印度的统治》和《不列颠在印度统治的未来结果》等著名文章。他在文章中严厉地鞭挞英国的殖民政策，深刻地揭露英国的侵略行径给印度人民造成的巨大灾难；同时还分析了英国殖民统治给印度政治、经济和社会生活带来的巨大变化，指出它动摇了东方专制制度的基础，必然引发一场前所未有的社会革命。马克思联系无产阶级革命的前景来考察民族殖民地问题，指出只有在伟大的社会革命支配了资产阶级时代的成果，支配了世界市场和现代生产力，并且使这一切都服从于最先进的民族的共同监督的时候，工人阶级和全人类的解放才有可能真正实现。（35-36）

---

35. 1853年6月25日《纽约每日论坛报》报头及马克思的文章《不列颠在印度的统治》
36. 英军镇压印度起义

1863年1月，波兰爆发起义，波兰民族解放运动进入高潮。马克思高度评价这次起义，认为这是在欧洲"揭开了革命的纪元"。马克思积极参加声援波兰人民的一系列活动。1865年3月，他出席在伦敦举行的纪念波兰起义两周年大会；1867年1月，他又作为国际工人协会的代表出席纪念波兰起义四周年的大会，并发表演说。（37—39）

---

37. 马克思起草的伦敦德意志工人教育协会支援波兰的呼吁书
38. 1863年波兰起义者锻造武器

39. 马克思在伦敦纪念波兰起义四周年大会上（石版画） 文国璋

| 总结革命经验　丰富和发展革命理论

1861年春，美国爆发内战。马克思认为，美国南部和北部之间的斗争，是奴隶制度与自由劳动制度之间的斗争，"这个斗争之所以爆发，是因为这两种制度再也不能在北美大陆上一起和平相处"。马克思密切关注美国的局势，并写了多篇政论文章。（40-41）

40

40. 1862年3月27日《新闻报》发表的马克思和恩格斯的文章《美国内战》
41. 1863年7月1—3日的宾夕法尼亚州葛底斯堡战役

41

> 共产主义者同盟的盟员在科隆被判罪以后,马克思离开了政治鼓动工作,一方面在10年内专心研究英国博物馆图书馆中政治经济学方面的丰富藏书,另一方面又为《纽约每日论坛报》写稿,该报在美国国内战争爆发以前,不仅经常刊载由他署名的通讯,而且发表了他写的许多论欧洲和亚洲形势的社论。
>
> ——恩格斯《卡尔·马克思》

从1851年起,马克思在潜心研究经济学的同时,为《纽约每日论坛报》、《人民报》、《新奥得报》、《新闻报》等写稿,发表了大量时评和政论文章,还为《美国新百科全书》撰写有关军事问题的词条。(42-43)

42. 马克思曾为之撰稿的报纸和辞书
43. 燕妮·马克思关于向报刊寄送马克思和恩格斯文章的记载

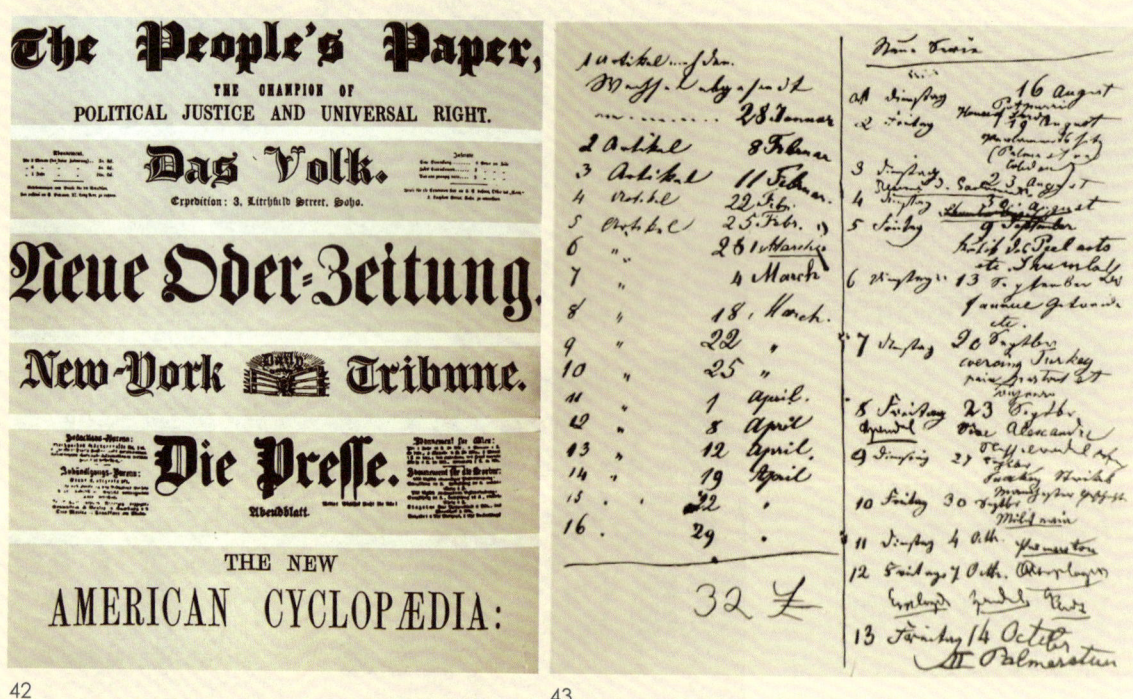

| 总结革命经验 丰富和发展革命理论 | 127

> 我必须不惜任何代价走向自己的目标,不允许资产阶级社会把我变成赚钱的机器。
> ——马克思 1859 年 2 月 1 日给约·魏德迈的信

19 世纪 50 年代,黑暗的反动势力统治着欧洲。马克思一家没有固定收入,生活极其艰难困苦,有时甚至连买面包、付房租、订报纸、买邮票和信纸的钱都没有。但是这一切丝毫没有改变马克思坚定不移的革命信念和豁达开朗的乐观精神。(44-45)

切尔西区安德森街 4 号(1849 年 10 月—1850 年 3 月)

索霍区第恩街 64 号(1850 年 4—12 月)

索霍区第恩街 28 号(1850 年 12 月—1856 年 9 月)

哈弗斯托克小山梅特兰公园路格拉弗顿坊 46 号,原门牌号 9 号(1856 年 10 月—1868 年)

44. 马克思在伦敦的住所

我们手头没有这笔钱，于是就来了两个法警，将我不多的全部家当——床铺衣物等——甚至连我那可怜的孩子的摇篮以及眼泪汪汪地站在旁边的女孩们的比较好的玩具都查封了。他们威胁说两个钟头以后要把全部家当都拿走。那时忍受着乳房疼痛的我就只有同我那冻得发抖的孩子们睡光地板了。
——燕妮·马克思1850年5月20日给约·魏德迈的信

45. 逼债（油画）朱乃正

| 总结革命经验　丰富和发展革命理论

在艰苦的生活和斗争环境中，马克思始终坚持刻苦钻研，并要求战友们也努力学习，为从事革命斗争积累知识。（46-47）

46. 虚心向工人学习（素描）　潘鸿海

学习！学习！这就是他经常向我们大声疾呼的绝对命令。他自己就是这方面的榜样，你只要一见这位伟大的智者永不停息的顽强的学习精神，也会有这样的感觉。

——威廉·李卜克内西《纪念卡尔·马克思——生平与回忆》

47. 绝对命令——学习！（油画）　尹戎生

马克思夜以继日地从事革命活动和理论研究。繁重的任务没有压倒他,反而使他在工作和生活中显得更加坚定沉着、从容不迫、热情开朗。他喜欢在工作之余与友人对弈,或者同孩子们一起阅读文学作品。有时候,他还同家人和朋友结伴郊游。(48-50)

48. 阅读莎士比亚作品(中国画) 甘正伦 王庆明

49

49. 对弈（素描） 张文新
50. 星期日郊游（中国画） 林墉

> 斗争是他的生命要素。很少有人像他那样满腔热情、坚韧不拔和卓有成效地进行斗争。
> ——恩格斯《在马克思墓前的讲话》

在艰难困苦的岁月，马克思一家保持着乐观的精神，填写《自白》就是他们全家喜爱的活动。马克思和燕妮留下的《自白》从一个侧面反映了他们的信念、品格和情怀。（51-52）

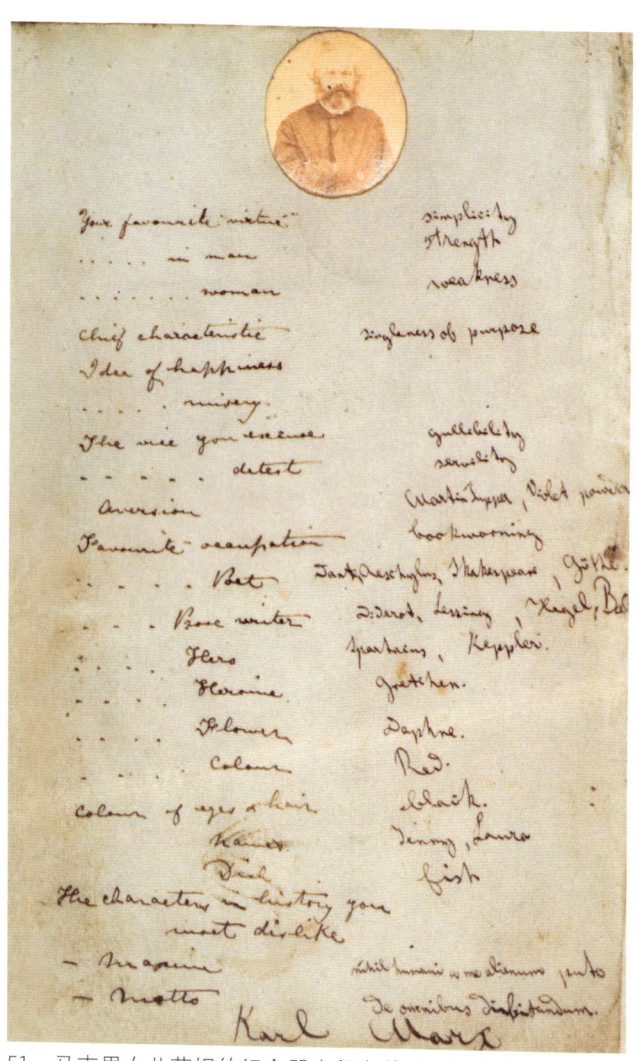

51. 马克思女儿燕妮的纪念册中保存的马克思的《自白》

马克思的《自白》

您喜爱的优点……纯朴
　　男人的优点……刚强
　　女人的优点……柔弱
您的特点……目标始终如一
您对幸福的理解……（空白）
您对不幸的理解……（空白）
您能原谅的缺点……轻信
您厌恶的缺点……逢迎
您讨厌的……马丁·塔珀、堇菜粉
您喜欢做的事……啃书本
您喜爱的诗人……但丁、埃斯库罗斯、
　　莎士比亚、歌德
您喜爱的著作家……狄德罗、莱辛、黑格尔、
　　巴尔扎克
您喜爱的男英雄……斯巴达克、开普勒
您喜爱的女英雄……甘泪卿
您喜爱的花……瑞香
您喜爱的颜色……红色
您喜爱的眼睛和头发的颜色……黑色
您喜爱的名字……燕妮、劳拉
您喜爱的菜……鱼
您厌恶的历史人物……（空白）
您喜爱的座右铭……人所具有的我都具有
您喜爱的格言……怀疑一切

1843年，在马克思第一次走上社会舞台担任旧《莱茵报》的主编，以及该报被普鲁士政府查封以后，他们就结婚了。从这一天起，她不仅和丈夫共患难、同辛劳、同斗争，而且以高度的自觉和炽烈的热情积极投身其中。

——恩格斯《在燕妮·马克思墓前的讲话》

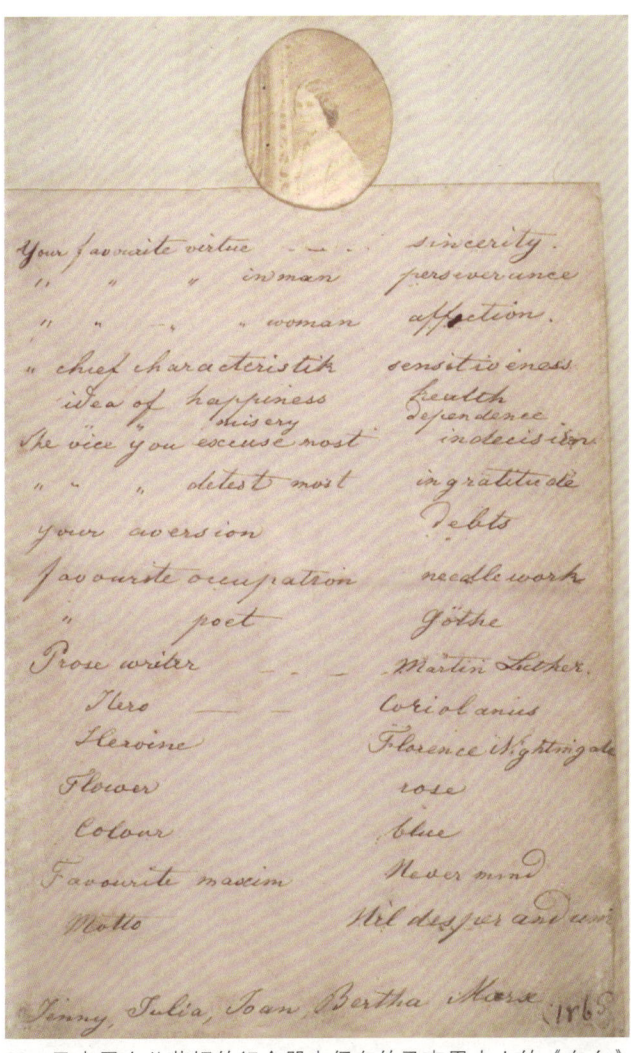

马克思夫人燕妮的《自白》

您喜爱的优点……真诚
　男人的优点……坚定
　女人的优点……热忱
您的特点……感觉敏锐
您对幸福的理解……健康
您对不幸的理解……依附别人
您能原谅的缺点……犹豫不决
您厌恶的缺点……忘恩负义
您讨厌的……债务
您喜欢做的事……缝纫
您喜爱的诗人……歌德
您喜爱的著作家……马丁·路德
您喜爱的男英雄……科里奥兰努斯
您喜爱的女英雄……弗洛伦斯·南丁格尔
您喜爱的花……玫瑰
您喜爱的颜色……蓝色
您喜爱的座右铭……纵有万难，处之泰然
您喜爱的格言……永不绝望

52. 马克思女儿燕妮的纪念册中保存的马克思夫人的《自白》

136　马克思画传 | 1818—1883 |

> **马克思及其一家饱受贫困的折磨。如果不是恩格斯牺牲自己而不断给予资助,马克思不但无法写成《资本论》,而且势必会死于贫困。**
> ——列宁《卡尔·马克思》

恩格斯是马克思志同道合的战友,也是马克思一家人的亲密朋友。在最困难的时刻,他始终给马克思一家提供真诚无私的帮助。(53-55)

53

> 当恩格斯来信说他要从曼彻斯特到伦敦来的时候,马克思一家都为此大大欢庆,老是在谈这件事,而当恩格斯来的那一天,马克思等得不耐烦,甚至工作不下去,两个朋友抽烟喝酒,通宵畅谈他们分别后所发生的一切事情。
>
> ——保尔·拉法格《忆马克思》

53. 马克思携小女儿爱琳娜在曼彻斯特恩格斯家做客(工笔画) 杨刚
54. 马克思、恩格斯和马克思的三个女儿燕妮、劳拉和爱琳娜(1864年5月)
55. 一家人(木刻) 李以泰

1855年秋，马克思到曼彻斯特恩格斯家做客。11月，诗人格奥尔格·维尔特在欧洲大陆长期旅行后也来到曼彻斯特，三位老战友欢聚一堂，维尔特兴致勃勃地向马克思和恩格斯讲述旅途见闻。（56）

56. 与诗人聚会（油画） 潘世勋

1857年7月，恩格斯到海滨疗养。马克思对自己最亲密的战友的健康极为关怀，于10月初专程前往泽西岛圣赫利尔探望恩格斯，并同恩格斯一起去看望正在患病的老战友康拉德·施拉姆。（57-58）

57. 探望亲密战友（中国画）
    谢志高
58. 康拉德·施拉姆（1822—1858），德国新闻工作者，共产主义者同盟盟员，《新莱茵报。政治经济评论》的发行负责人。

> 马克思比我们大家都站得高些,看得远些,观察得多些和快些。马克思是天才,我们至多是能手。没有马克思,我们的理论远不会是现在这个样子。所以,这个理论用他的名字命名是理所当然的。
> ——恩格斯为《路德维希·费尔巴哈和德国古典哲学的终结》一文加的脚注

年复一年,在艰巨复杂的革命斗争中,马克思和恩格斯风雨同舟、肝胆相照;在攻坚克难的理论探索中,马克思和恩格斯相互切磋、相互砥砺。列宁曾经这样描述这两位伟大的革命家和思想家在共同事业中建立的深厚友谊:"古老传说中有各种非常动人的友谊故事。欧洲无产阶级可以说,它的科学是由这两位学者和战士创造的,他们的关系超过了古人关于人类友谊的一切最动人的传说。"马克思衷心感谢恩格斯对他的无私帮助和深切关怀,高度评价恩格斯的理论造诣和渊博学识,称赞他"是一部真正的百科全书";而恩格斯则反复强调,科学社会主义的理论基石是由马克思奠定的,马克思是"出色的第一小提琴手",而他自己则甘当"第二提琴手"。恩格斯的由衷之言,不仅反映了他的谦逊品格和宽广胸怀,而且体现了实事求是的科学态度。(59-60)

59. 马克思(1861年),这是已知的马克思最早的照片。

60. 恩格斯(19世纪60年代中期)

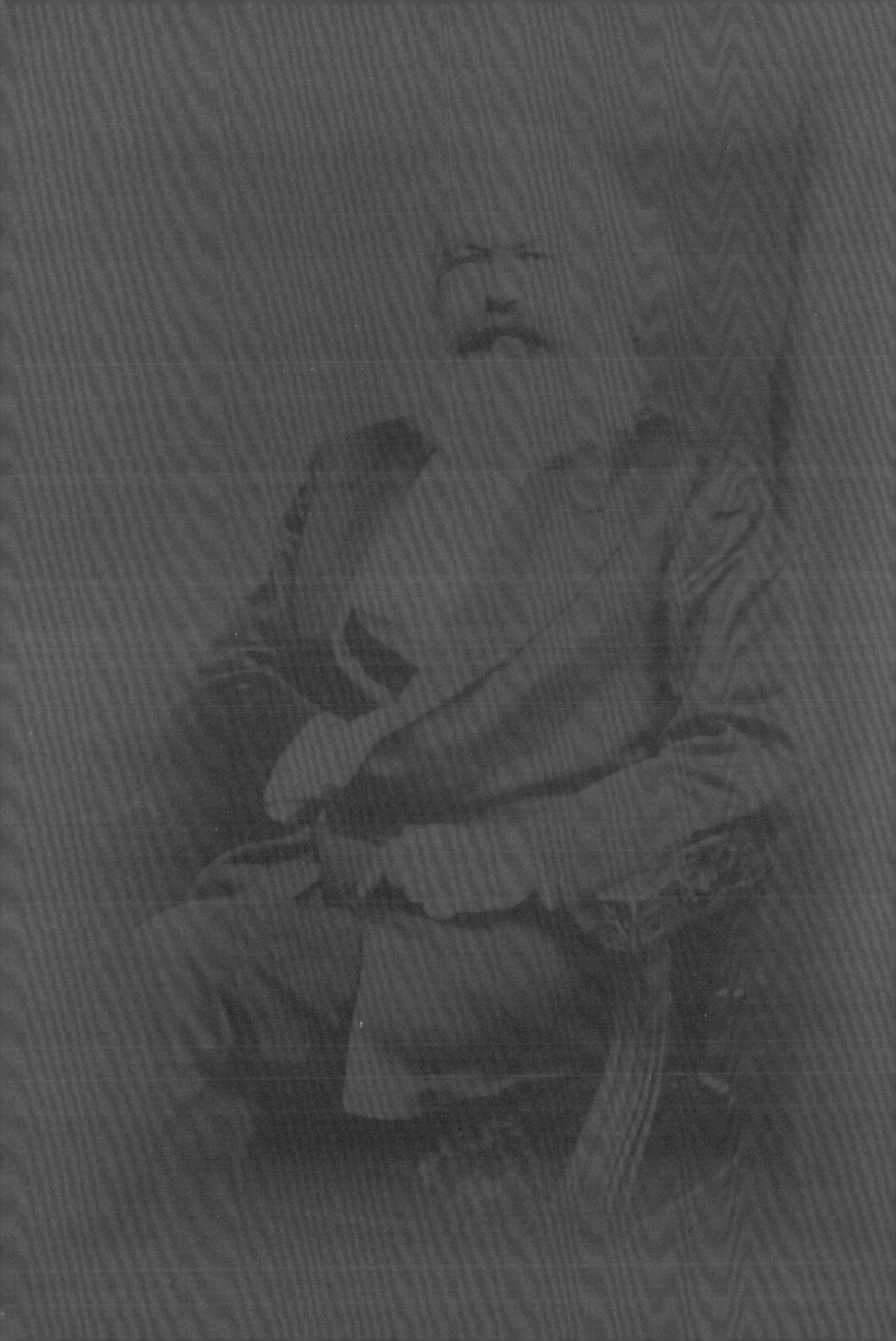

第六章
划时代巨著《资本论》的创作

马克思从19世纪40年代初开始，一直孜孜不倦地从事政治经济学研究。在50年代和60年代，他把主要精力投入这项重要工作，写作巨著《资本论》。1857—1858年间，他以《政治经济学批判》为题写了一部篇幅巨大的经济学手稿。这是《资本论》的最初稿本。在这部手稿中他完成了剩余价值理论的创立，从而实现了他一生中的第二个伟大发现。1859年，他出版了《政治经济学批判。第一分册》，并在这部著作的序言中对他的第一个伟大发现——唯物史观作了经典表述。

1861—1863年间，他写了一部篇幅更为庞大的经济学手稿。这是《资本论》的第二个稿本，涵盖《资本论》第一卷的主要内容和第二、三卷的部分内容，还包括理论史部分，即剩余价值理论部分。

1862年，马克思决定以《资本论》为标题、以《政治经济学批判》为副标题发表自己的著作。1863—1865年间他写了《资本论》第一、二、三册的手稿。这是《资本论》的第三个稿本。1866年开始，他着手进行《资本论》第一册即第一卷的付排工作。1867年《资本论》第一卷由汉堡迈斯纳出版社出版。

《资本论》第一卷出版后，马克思对第一版的内容和篇章结构作了修订，在1872年7月—1873年5月期间以分册形式出了第二版。马克思还亲自校订并修改了1872—1875年期间出版的《资本论》第一卷法文版。

马克思逝世后，《资本论》第二、三卷经恩格斯整理编辑，分别于1885年和1894年出版。

《资本论》是一部具有划时代意义的巨著。马克思在这部著作中用唯物史观和唯物辩证法揭示了资本主义社会的经济运动规律和资本主义产生、发展、灭亡的规律，阐述了劳动价值理论和剩余价值理论，揭露了资本主义剥削的秘密，根据对资本主义内在矛盾的分析论证了资本主义为共产主义取代的历史必然性，为科学社会主义奠定了牢固的理论基础。这部著作在政治经济学领域实现了革命性的变革，标志着马克思主义政治经济学的创立。这部著作还包含马克思主义哲学和科学社会主义的内容，以及有关政治、法律、历史、教育、道德、宗教、科学技术、文学艺术和生态环境问题的精辟论述，是马克思主义的理论宝库，为工人阶级和劳动人民推翻旧世界、建设新社会提供了强大的思想武器。

　　马克思为创作《资本论》付出了毕生心血。在长达数十年的辛勤工作中，他克服了常人无法想象的困难。反动当局的迫害、物质生活的窘困、各种疾病的困扰，使他在研究和写作过程中遇到重重障碍。为了无产阶级和人类解放事业，马克思以坚韧不拔的毅力迎接挑战，一方面积极承担指导工人运动的重任，一方面夜以继日地从事撰写《资本论》的工作。他在给恩格斯的信中说："我现在发狂似地通宵总结我的经济学研究"，"我的工作量很大，多半都要工作到早晨四点钟"。繁重的工作损害了马克思的健康，但他无暇顾及个人安危与得失，他说："我必须对党负责，不让这部著作为肝病期间出现的那种低沉、呆板的笔调所损害。"他自始至终一丝不苟，精益求精，反复斟酌，一再修改，使这部巨著成为革命性和科学性完美结合的"艺术的整体"。马克思创作《资本论》的过程，体现了一个伟大革命家和思想家的崇高精神境界。

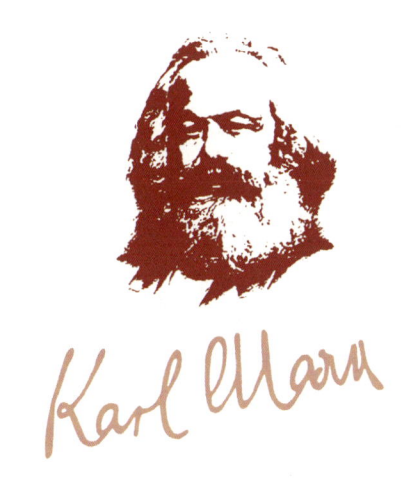

19世纪上半叶，随着工业革命的完成，资本主义生产方式逐步在西欧主要国家占据支配地位，资本主义基本矛盾日益显现。英国是当时最发达、最典型的资本主义国家，这为马克思研究资本主义经济运动规律提供了有利的条件。（01-03）

01．19世纪的工业城市曼彻斯特
02．1850年前后英格兰一家纺织厂的内景
03．19世纪德国开姆尼茨一家工厂的车间

物理学家是在自然过程表现得最确实、最少受干扰的地方观察自然过程的,或者,如有可能,是在保证过程以其纯粹形态进行的条件下从事实验的。我要在本书研究的,是资本主义生产方式以及和它相适应的生产关系和交换关系。到现在为止,这种生产方式的典型地点是英国。
　　——马克思《资本论》第1卷德文第1版序言

马克思废寝忘食地从事经济学研究。在创作《资本论》的过程中，他广泛阅读并大量引证各种文献，为此他经常去英国博物馆。有一个时期他几乎每天都在那里潜心钻研，从早晨9点直到晚上7点。（04-06）

04. 19世纪60年代的英国博物馆阅览厅
05. 伦敦的英国博物馆

从早晨9点到晚上7点,我通常是在英国博物馆里。我正在研究的材料头绪繁多,虽然竭尽一切力量,还是不能在6—8个星期之内结束这一工作。而且其间常常还有种种实际干扰,这是在贫困条件下过日子所不可避免的。
——马克思1851年6月27日给约·魏德迈的信

06. 马克思在英国博物馆查阅资料(素描) 明科夫 罗曼诺夫

马克思十分重视科学技术，高度评价科学技术进步对政治革命的意义。1850年7月的一天，他在街上的陈列窗里看到一个电力机车模型，回来兴奋地对李卜克内西说："这件事的后果是难以估计的。经济上的革命出现以后，随之而来的必定是一场政治上的革命。因为后者只是前者的表现而已。"（07-08）

07. 1851年伦敦万国工业博览会，马克思参观了这次展览。

在马克思看来，科学是一种在历史上起推动作用的、革命的力量。任何一门理论科学中的每一个新发现——它的实际应用也许还根本无法预见——都使马克思感到衷心喜悦。

——恩格斯《在马克思墓前的讲话》

08. "经济革命之后必定会发生政治革命"（木刻） 张怀江

马克思非常关心自然科学的最新进展，他经常同著名化学家卡尔·肖莱马讨论问题。1868年5月中旬，肖莱马去伦敦参加英国皇家学会会议时，专门探望了马克思。（09-11）

09. 卡尔·肖莱马（1834—1892），德国化学家，马克思和恩格斯的朋友。
10. 马克思关于化学、地质学的手稿

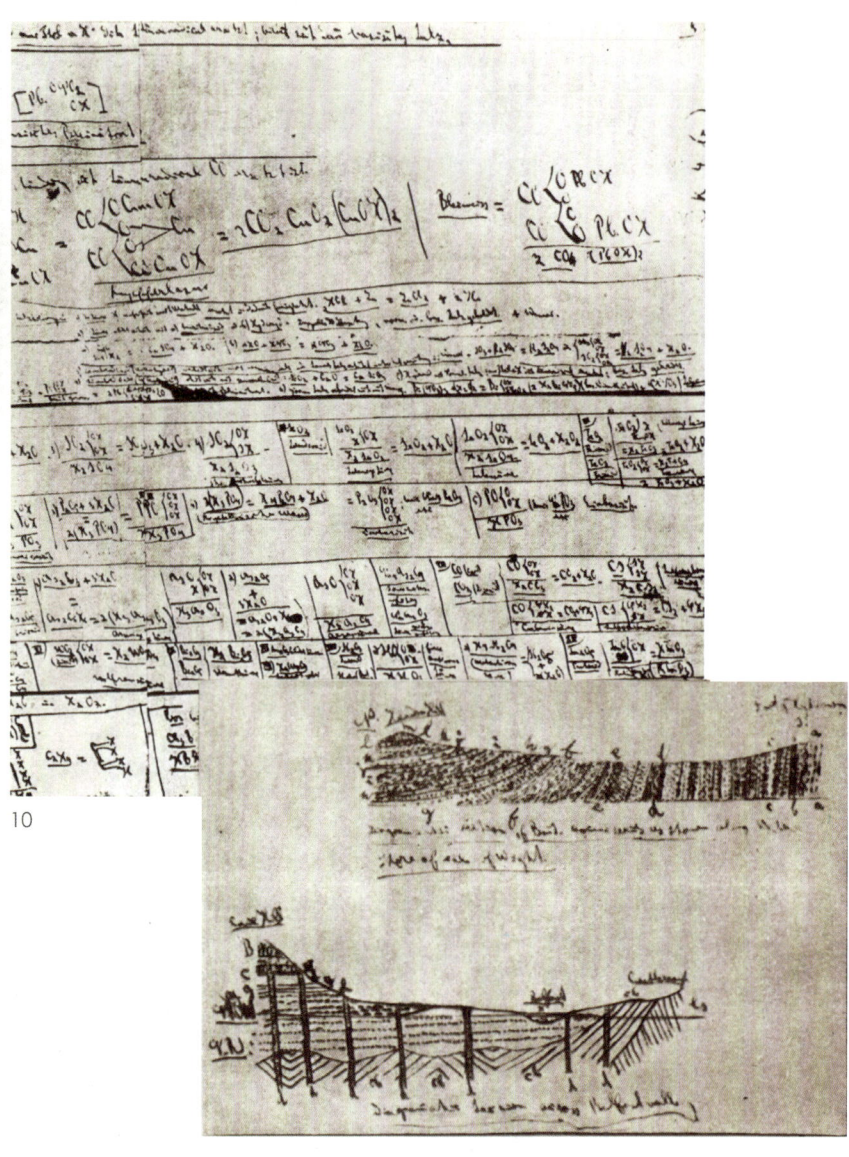

11. 马克思与肖莱马一八六八年在伦敦（中国画） 韩国臻

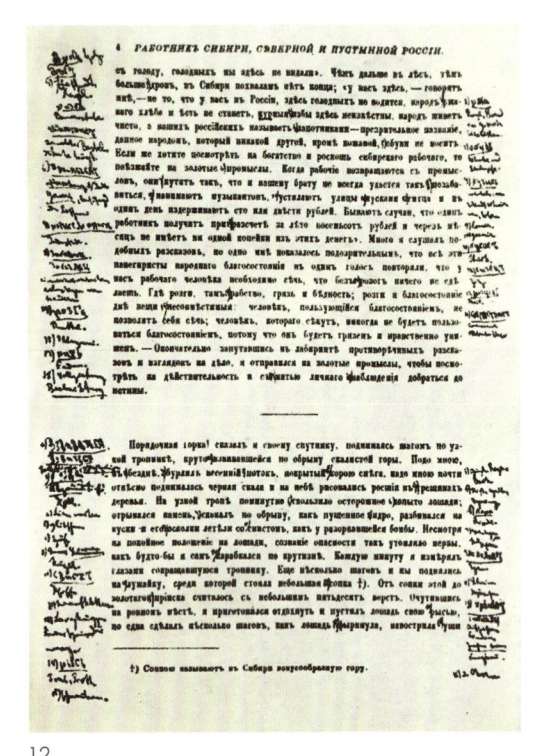

马克思把外语看做"人生斗争的一种武器",他先后学习和掌握了十多种外语。由于工作和斗争的需要,1869年底他又开始学习俄语,虽年过半百,但学习的劲头仍不减当年。(12-13)

12. 弗列罗夫斯基《俄国工人阶级状况》的一页,上面有马克思的批注。马克思认为"这是第一部说出俄国经济状况真相的著作",这一著作促使马克思认真学习俄语。
13. 马克思学习俄语时作的语法图表

在这些日子里,我之所以能忍受这一切可怕的痛苦,是因为时刻想念着你,想念着你的友谊,时刻希望我们两人还要在世间共同做一些有意义的事情。
——马克思 1855 年 4 月 12 日给恩格斯的信

马克思在写作《资本论》时,经常就一些理论难题与恩格斯交换意见。(14-15)

14. 伟大的友谊(中国画) 鸥洋 杨之光

至于我的工作，我愿意把全部实情告诉你。再写三章就可以结束理论部分（前三册）。然后还得写第四册，即历史文献部分；……但是我不能下决心在一个完整的东西还没有摆在我面前时，就送出任何一部分。不论我的著作有什么缺点，它们却有一个长处，即它们是一个艺术的整体。

——马克思 1865 年 7 月 31 日给恩格斯的信

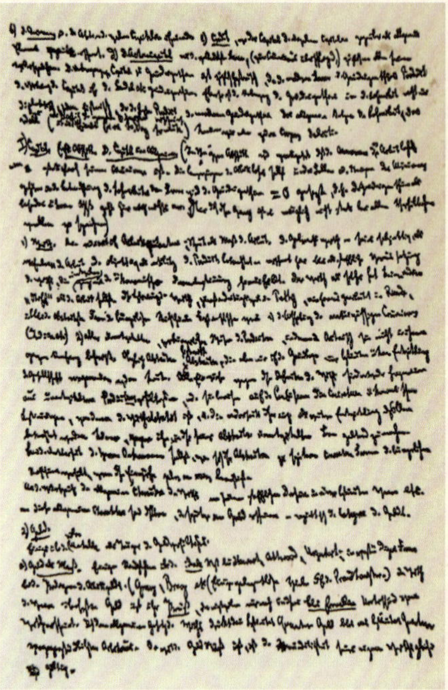

马克思 1858 年 4 月 2 日给恩格斯的信，信中论述了经济学著作的写作计划。

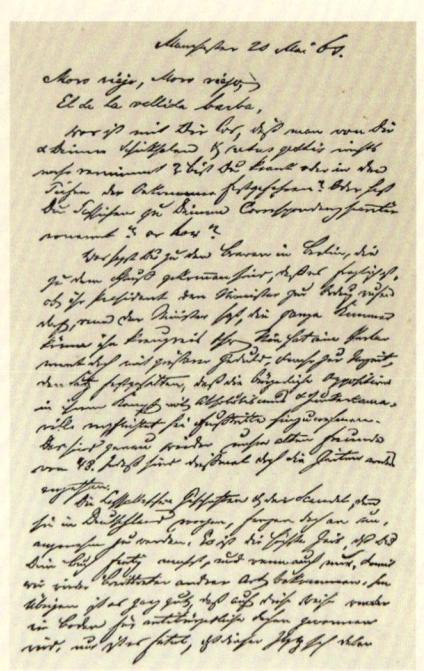

恩格斯 1863 年 5 月 20 日给马克思的信，信中建议马克思及时完成自己的著作。

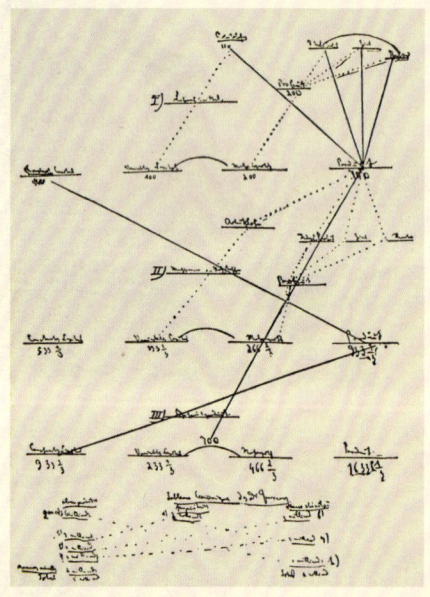

马克思 1863 年 7 月 6 日给恩格斯的信中所附的社会再生产过程图表

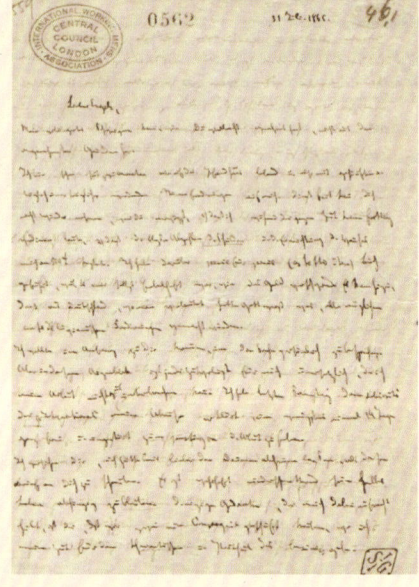

马克思 1865 年 7 月 31 日给恩格斯的信，信中介绍了《资本论》的写作情况。

15. 马克思和恩格斯关于《资本论》的通信

| 划时代巨著《资本论》的创作　155

> 我现在发狂似地通宵总结我的经济学研究,为的是在洪水之前至少把一些基本问题搞清楚。
> ——马克思1857年12月8日给恩格斯的信

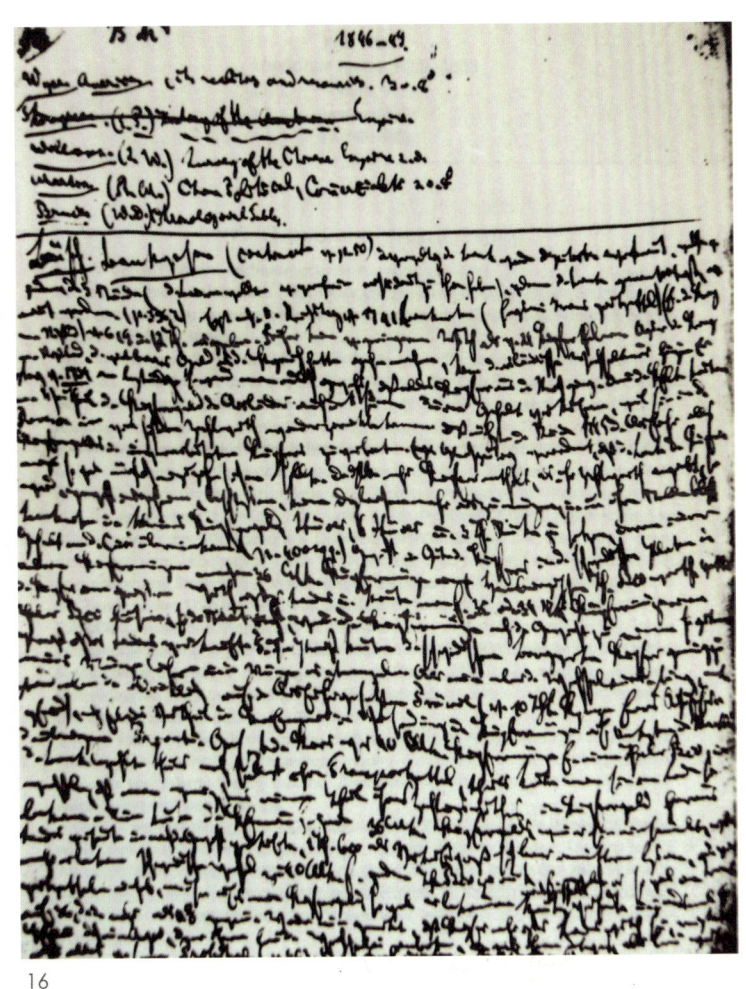

1850—1853年,马克思为研究经济学写了大量笔记,即《伦敦笔记》。他在这些笔记中就货币、信用、危机、地租、价值理论等许多经济学问题进行了广泛研究,取得了丰硕成果,为后来创作《资本论》奠定了坚实的基础。(16-17)

16. 《伦敦笔记》第Ⅳ笔记本中的一页手稿
17. 刊载《伦敦笔记》的《马克思恩格斯全集》历史考证版(MEGA²)卷次

在我所写的一切东西中，我从文体上感觉出了肝病的影响。而我有双重理由不允许这部著作由于医疗上的原因而受到损害：1. 它是 15 年的即我一生中的黄金时代的研究成果。2. 这部著作第一次科学地表述了关于社会关系的重要观点。因此，我必须对党负责，不让这部著作为肝病期间出现的那种低沉、呆板的笔调所损害。

——马克思 1858 年 11 月 12 日给斐·拉萨尔的信

马克思在创作《资本论》的过程中撰写了大量手稿。1857—1858 年，他写了一部篇幅宏大的《政治经济学批判（1857—1858 年手稿）》。这是《资本论》的第一个稿本。（18-19）

18. 1857—1858 年经济学手稿的一页
19. 1857—1858 年经济学手稿第Ⅶ笔记本的封里

> 人们在自己生活的社会生产中发生一定的、必然的、不以他们的意志为转移的关系,即同他们的物质生产力的一定发展阶段相适合的生产关系。这些生产关系的总和构成社会的经济结构,即有法律的和政治的上层建筑竖立其上并有一定的社会意识形式与之相适应的现实基础。
>
> ——马克思《〈政治经济学批判〉序言》

马克思原计划把他的经济学著作分六册出版。1859年,他出版了《政治经济学批判。第一分册》。他为该书撰写的序言具有重要的理论意义,对唯物史观作了经典表述。(20-21)

20.《政治经济学批判。第一分册》1859年柏林版扉页
21.《〈政治经济学批判〉序言》

> *我一直在坟墓的边缘徘徊。因此，我不得不利用我还能工作的每时每刻来完成我的著作，为了它，我已经牺牲了我的健康、幸福和家庭。*
>
> *——马克思1867年4月30日给齐·迈耶尔的信*

1861—1863年，马克思写了一部新的手稿：《政治经济学批判（1861—1863年手稿）》。这是《资本论》的第二个稿本。1862年马克思决定以《资本论》为标题、以《政治经济学批判》为副标题发表自己的著作。1863—1865年，马克思写了《资本论》第一、二、三册的手稿，这是《资本论》的第三个稿本。与此同时，马克思作为1864年成立的国际工人协会的实际首脑和灵魂，还承担了繁重的领导协会的工作。（22-24）

22. 1861—1863年经济学手稿的一页
23. 1863—1865年撰写的《资本论》手稿的一页

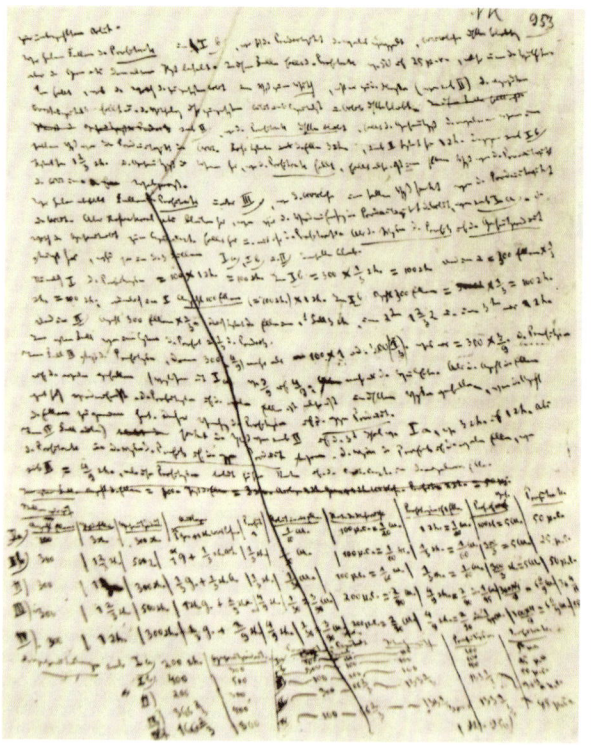

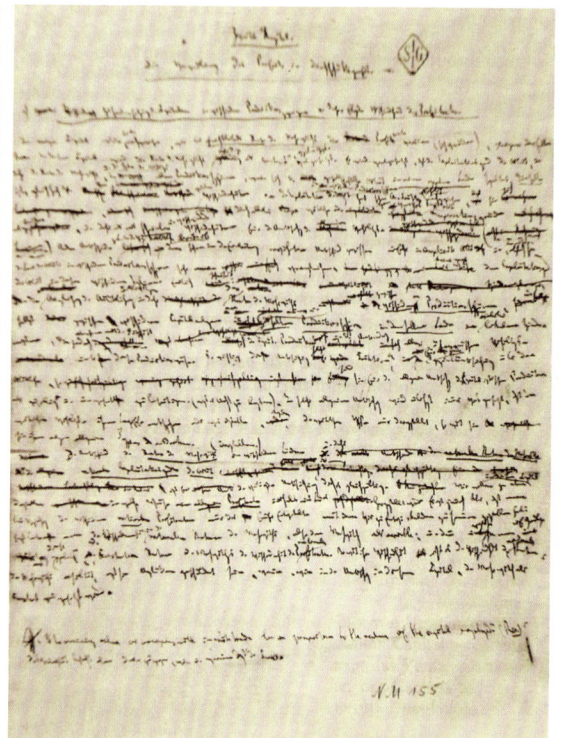

> 我的见解,不管人们对它怎样评论,不管它多么不合乎统治阶级的自私的偏见,却是多年诚实研究的结果。但是在科学的入口处,正像在地狱的入口处一样,必须提出这样的要求:"这里必须根绝一切犹豫;这里任何怯懦都无济于事。"
> ——马克思《〈政治经济学批判〉序言》

24. 忘我地工作(木刻) 许钦松

> *这样，这一卷就完成了。这本书能够完成，完全要归功于你！没有你为我作的牺牲，我是不可能完成这三卷书的繁重工作的。我满怀感激的心情拥抱你！*
> ——马克思1867年8月16日给恩格斯的信

1867年8月16日深夜两点，马克思看完了《资本论》第一卷最后一个印张的校样。他抑制不住内心的激动，连夜写信给自己的亲密战友恩格斯，向他报告这一喜讯。（25-26）

---

25. 马克思1867年8月16日给恩格斯的信
26. 向最忠诚的朋友报捷——《资本论》第1卷完成（中国画）姚有多

26

> 生产资料的积聚和劳动的社会化,达到了同它们的资本主义外壳不能相容的地步。这个外壳就要炸毁了。资本主义私有制的丧钟就要响了。剥夺者就要被剥夺了。
>
> ——马克思《资本论》第1卷德文第1版

1867年9月,马克思划时代的巨著《资本论》第一卷在汉堡出版。(27)

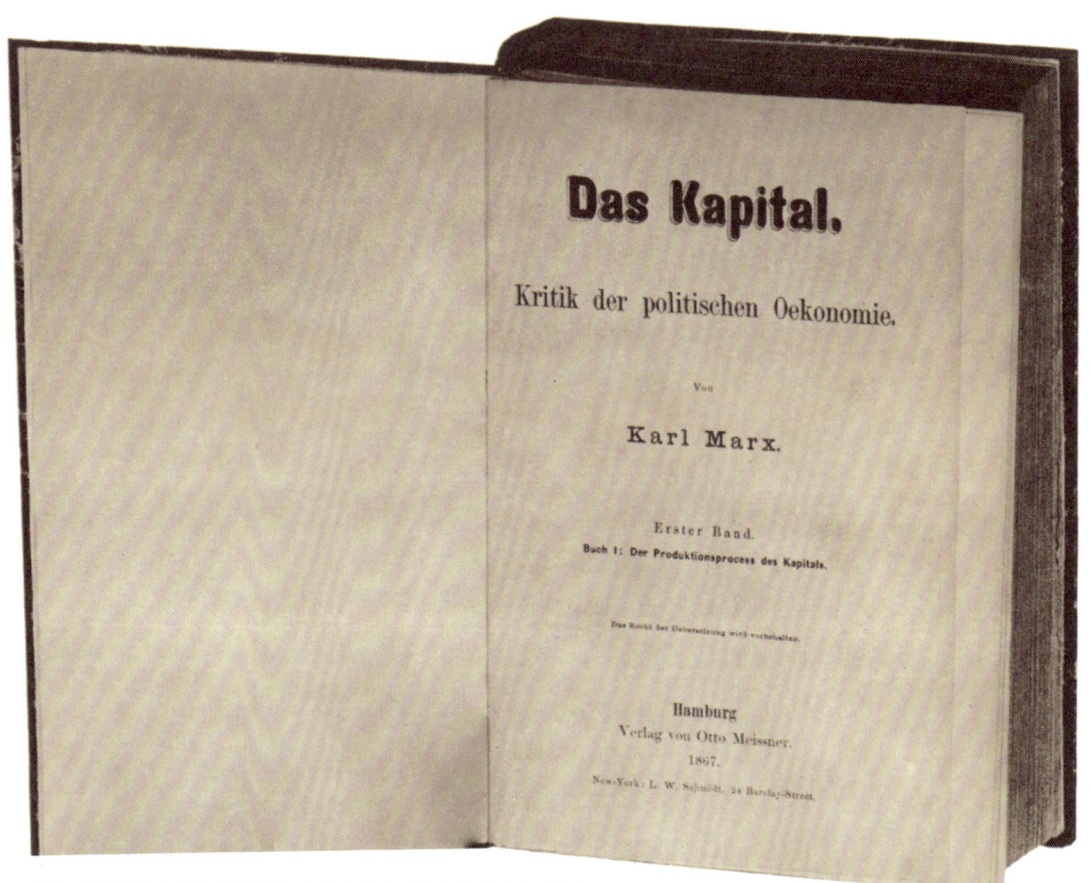

27. 1867年在汉堡出版的《资本论》第1卷第1版扉页

马克思把《资本论》第一卷献给自己的亲密战友威廉·沃尔弗。在长期的革命斗争中，马克思、恩格斯同沃尔弗建立了诚挚的友谊。他们高度评价沃尔弗"对艰深理论问题的清楚理解"、"对人民群众的一切压迫者的强烈憎恨"，以及他那"刚毅而又沉着的气质"和"无可怀疑的绝对忠诚"。（28-29）

---

28. 《资本论》第 1 卷中印有马克思献词的一页
29. 威廉·沃尔弗（1809—1864），德国无产阶级革命家和政论家，共产主义者同盟创始人之一，曾任《新莱茵报》编辑。

马克思的献词

献给
我的难以忘怀的朋友
勇敢的忠实的高尚的无产阶级先锋战士
威廉·沃尔弗
1809 年 6 月 21 日生于塔尔瑙
1864 年 5 月 9 日死于曼彻斯特流亡生活中

马克思将《资本论》第一卷赠给他的战友路德维希·库格曼，并亲笔题词。1867年《资本论》第一卷出版后，资产阶级以沉默来抵制这部著作的社会影响。库格曼在恩格斯的启发和引导下，为打破资产阶级的封锁、向社会各界介绍《资本论》的理论观点做了大量的工作。马克思与库格曼一家保持着密切的联系。1862—1874年间库格曼经常向马克思请教有关经济学方面的问题，马克思多次写信给予答复，并具体介绍了创作《资本论》的情况。这些书信是研究马克思主义发展史和《资本论》创作史的珍贵文献。（30-32）

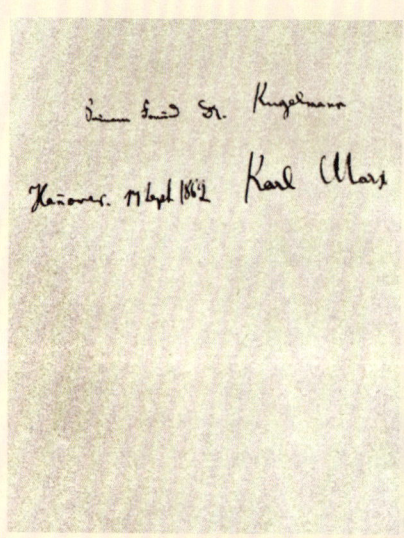

30. 马克思在赠给库格曼的《资本论》上的题词
31. 路德维希·库格曼（1828—1902），德国医生，1848年革命的参加者，国际工人协会会员。
32. 库格曼的夫人盖尔特鲁黛·库格曼和女儿弗兰契斯卡·库格曼

> *承蒙寄赠巨著《资本论》，谨致谢意。……尽管我们的研究领域是如此不同，但我相信，我们两人都热诚期望扩大知识领域，而这无疑将最终造福于人类。*
>
> *——达尔文 1873 年 10 月 1 日给马克思的信*

1873 年 6 月 16 日，马克思把《资本论》第一卷德文第二版赠给达尔文，并亲笔题词。1873 年 10 月 1 日，达尔文回信向马克思表示感谢。

马克思十分钦佩生物进化论的奠基人达尔文，称他的著作《物种起源》"为我们的观点提供了自然史的基础"。（33-35）

---

33. 马克思赠给达尔文的《资本论》第 1 卷德文第 2 版，上面有马克思的亲笔题词："赠给查理·达尔文先生。您真诚的钦慕者卡尔·马克思。1873 年 6 月 16 日于伦敦梅特兰公园路摩德纳别墅 1 号。"
34. 达尔文给马克思的回信
35. 查理·罗伯特·达尔文（1809—1882），英国自然科学家，生物进化论的奠基人。

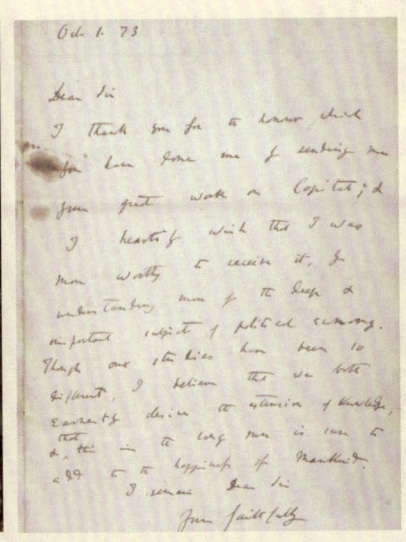

《资本论》第一卷出版后，陆续被译成俄、法、英等文字。马克思生前对《资本论》第一卷不断进行修订，于1872年出版了德文第二版。马克思逝世后，由他修订过的德文第三版正式出版。1890年，由恩格斯修订的德文第四版问世，这是后来通用的版本。（36-41）

36.《资本论》第 1 卷 1872 年法文版扉页
37.《资本论》第 1 卷 1872 年德文第 2 版扉页
38.《资本论》第 1 卷 1883 年德文第 3 版扉页
39.《资本论》第 1 卷 1887 年英文版扉页
40.《资本论》第 1 卷 1890 年德文第 4 版扉页
41.《资本论》第 1 卷 1872 年俄文版扉页

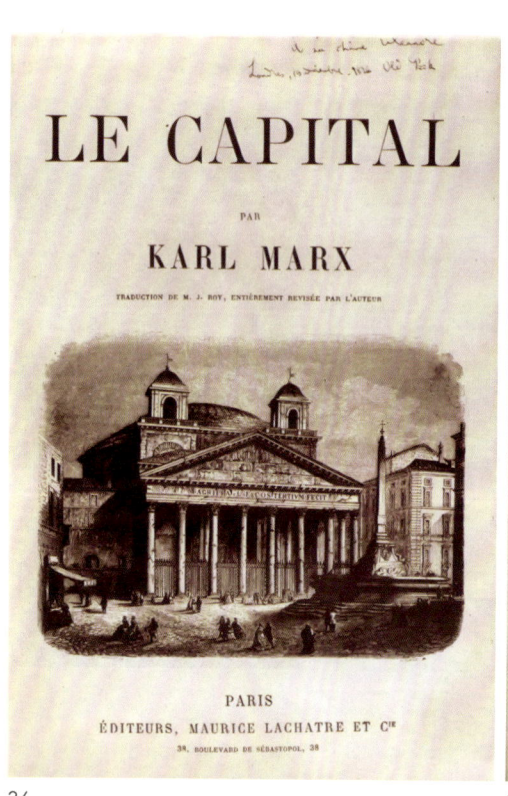

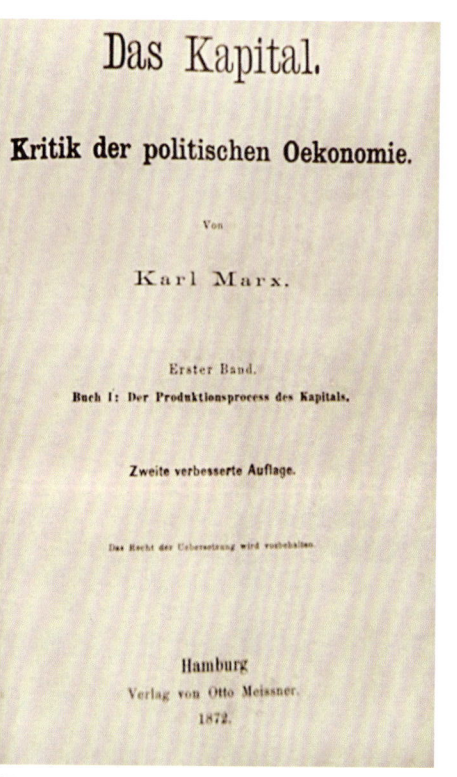

自从政治经济学提出了劳动是一切财富和一切价值的源泉这个原理以后，就不可避免地产生了一个问题：雇佣工人拿到的不是他的劳动所生产的价值总额，而必须把其中的一部分交给资本家，这一情况怎么能和上面的原理相容呢？不论是资产阶级经济学家或是社会主义者都力图对这个问题作出有科学根据的答复，但都徒劳无功，直到最后才由马克思作出了解答。

——恩格斯《卡尔·马克思》

38　39

40　41

> 自从世界上有资本家和工人以来,没有一本书像我们面前这本书那样,对于工人具有如此重要的意义。资本和劳动的关系,是我们全部现代社会体系所围绕旋转的轴心,这种关系在这里第一次得到了科学的说明,而这种说明之透彻和精辟,只有一个德国人才能做得到。
> ——恩格斯《卡·马克思〈资本论〉第一卷书评》

《资本论》问世后,资产阶级学术界和舆论界以沉默来抵制这部著作。为了冲破这种无形的封锁,恩格斯在报刊上发表了一系列书评,广泛宣传《资本论》。他以宽广的理论视野、深邃的历史眼光和明白易懂的表述方式,阐明了这部著作的思想精髓、实践意义、科学品格和历史地位,努力让工人阶级及时了解和掌握马克思锻造的理论武器,更加自觉地进行革命斗争。(42)

42. 1868 年 3 月 21 日《民主周报》上刊载的恩格斯为《资本论》第 1 卷写的书评

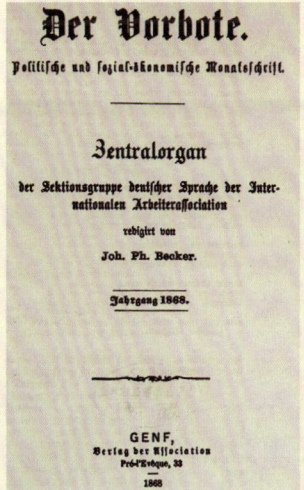

> 《资本论》在大陆上常常被称为"工人阶级的圣经"。任何一个熟悉工人运动的人都不会否认：本书所作的结论日益成为伟大的工人阶级运动的基本原则。
>
> ——恩格斯为马克思《资本论》第1卷1887年英文版写的序言

《资本论》的意义很快为先进工人所理解。1868年9月11日召开的国际工人协会布鲁塞尔代表大会通过决议，倡议各国工人学习《资本论》。决议肯定了马克思的理论成就，并建议把《资本论》译成其他文字。决议指出："卡尔·马克思的功绩是不可估量的，他是政治经济学家当中科学地分析了资本并揭示了资本的各个组成部分的第一人。"（43-46）

---

43. 《先驱》1868年第10期关于国际工人协会布鲁塞尔代表大会德国代表团倡议学习《资本论》的报道
44. 《先驱》1869年第2期关于国际工人协会布鲁塞尔代表大会倡议各国工人学习《资本论》的报道
45. 国际工人协会瑞士德语区支部联合会机关刊物《先驱》
46. 柏林警察局1872年关于《资本论》的案卷

我现在像马一样地工作着，因为我必须利用我还能工作的时间，痈现在依然存在，尽管它只使我感到局部疼痛，而没有影响脑袋。

　　　　　　　——马克思1865年5月20日给恩格斯的信

马克思完成《资本论》第一卷后，继续写作和修订《资本论》第二卷和第三卷，留下了大量手稿。马克思逝世后，编辑出版《资本论》第二、三卷的任务落到恩格斯的肩上。恩格斯放下了自己的研究工作，将主要精力投入到整理马克思的《资本论》遗稿，经过多年艰苦的工作，分别于1885年和1894年出版了《资本论》第二卷和第三卷。（47—54）

47.《资本论》第2卷手稿中的一页
48.《资本论》第2卷第3篇编辑稿第195页，左栏为恩格斯的助手奥斯卡尔·艾森加尔滕抄写的文字，恩格斯作了修改和补充
49.《资本论》第2卷1885年汉堡版扉页

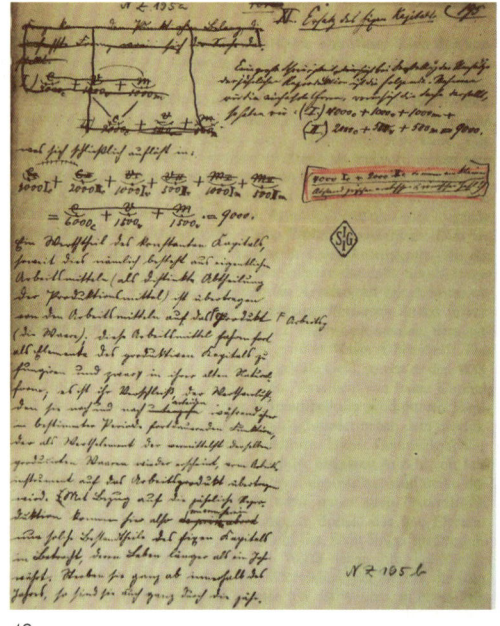

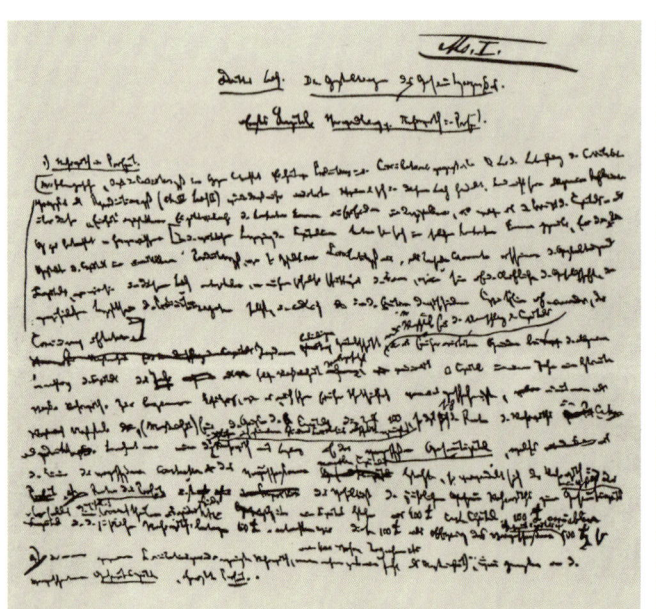

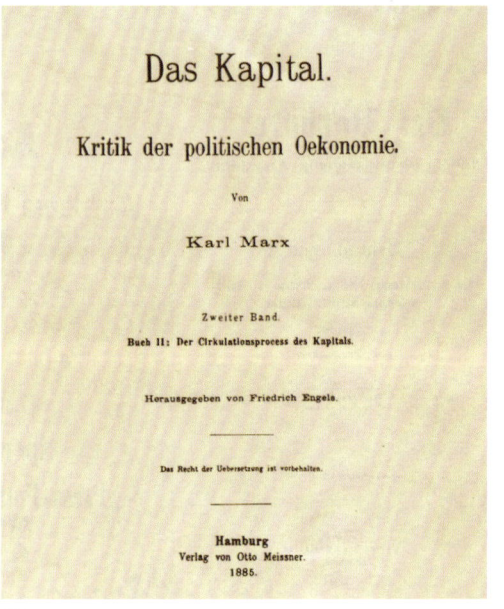

> 这需要花费不少的劳动,因为像马克思这样的人,他的每一个字都贵似金玉。但是,我喜欢这种劳动,因为我又和我的老朋友在一起了。
>
> ——恩格斯 1883 年 5 月 22 日给约·菲·贝克尔的信

50. 整理遗稿(木刻) 古元

51. 恩格斯口授《资本论》手稿（中国画）　姚有多

> 整理这两卷《资本论》,是一件很费力的工作。奥地利社会民主党人阿德勒说得很对:恩格斯出版《资本论》第2卷和第3卷,就是替他的天才朋友建立了一座庄严宏伟的纪念碑,无意中也把自己的名字不可磨灭地铭刻在上面了。
>
> ——列宁《弗里德里希·恩格斯》

52. 《资本论》第3卷手稿中的一页
53. 《资本论》第3卷初编稿的一页,上面有恩格斯所作的修改。
54. 《资本论》第3卷1894年汉堡版上册扉页

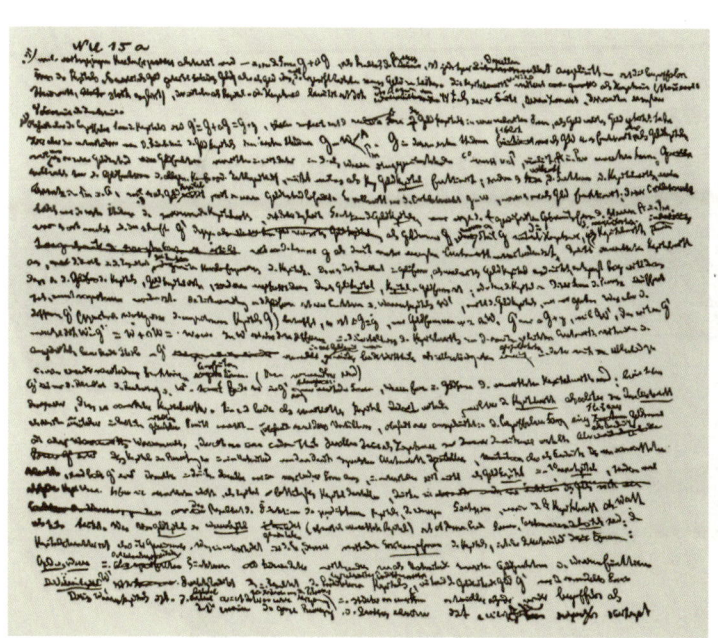

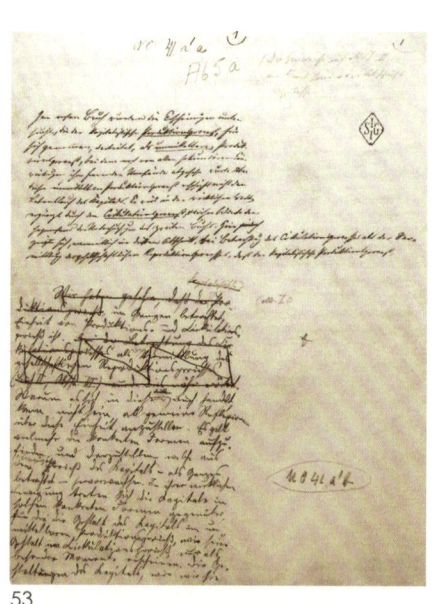

马克思和恩格斯逝世后,《资本论》及其手稿的重要版本陆续出版。卡尔·考茨基1905—1910年编辑出版了马克思作为《资本论》第四卷写的《剩余价值理论》。苏共中央马克思恩格斯列宁研究院1939年、1941年出版了他的另一部重要经济学手稿《1857—1858年手稿》,书名为《政治经济学批判大纲》。《马克思恩格斯全集》历史考证版(MEGA²)首次全文收录了《资本论》及其手稿。(55-57)

55. 1905—1910年卡尔·考茨基编辑出版的马克思的《剩余价值理论》
56. 苏共中央马克思恩格斯列宁研究院1939年、1941年出版的马克思的《1857—1858年手稿》(共两册),书名为《政治经济学批判大纲》。
57. 《马克思恩格斯全集》历史考证版(MEGA²)第2部分——《资本论》及其手稿

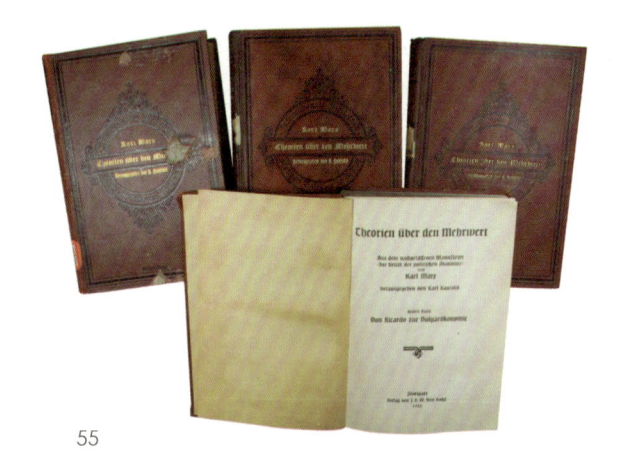

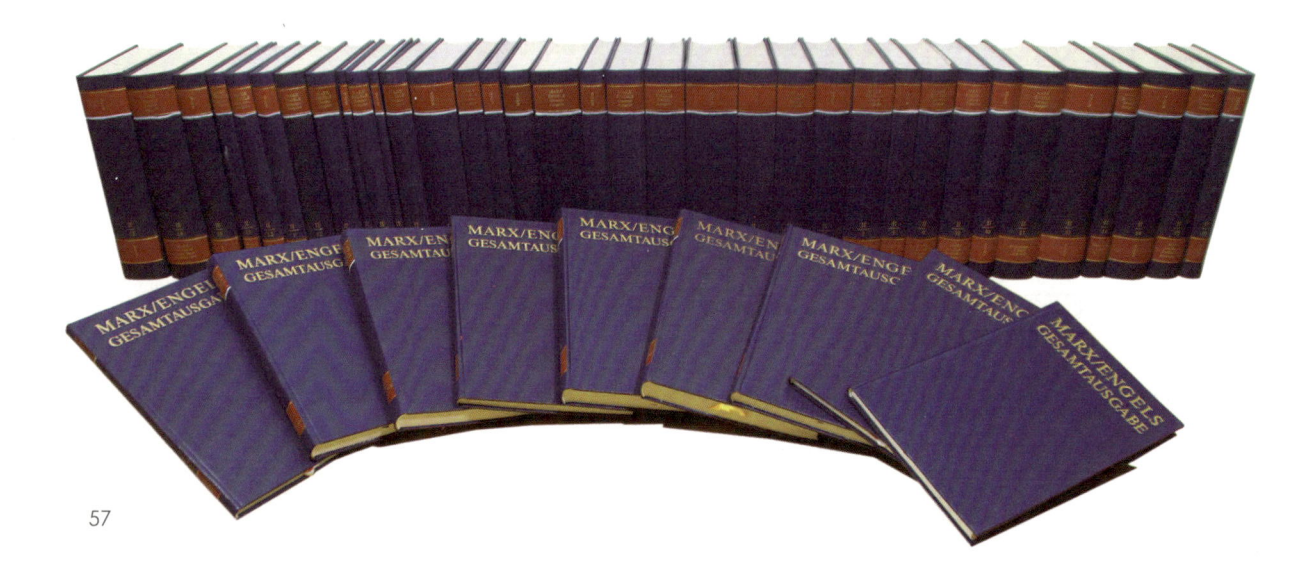

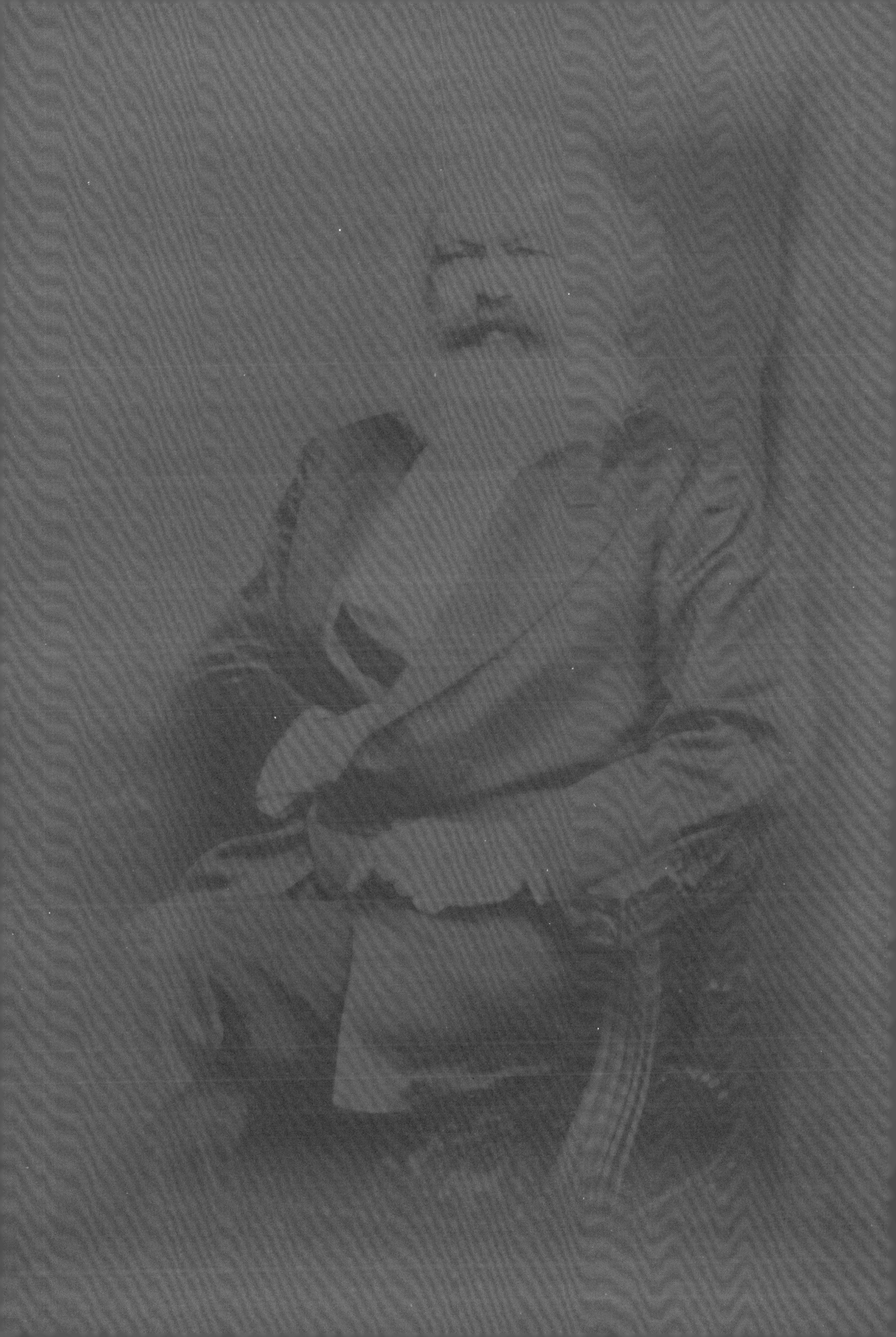

第七章
国际工人协会的灵魂

19世纪50年代末60年代初，欧洲工人运动重新高涨，各国工人阶级在反对资产阶级的斗争中迫切需要相互支持和团结合作。1864年9月28日，在伦敦圣马丁堂举行的有英、法、德、意、波兰和瑞士等国工人代表参加的国际工人会议上，国际工人协会（简称国际，后通称第一国际）宣告成立。马克思出席了这次会议并被选入领导机构临时委员会（后改称中央委员会，以后又改称总委员会）。马克思是国际工人协会的灵魂和实际领袖。1870年恩格斯移居伦敦后，在马克思的提议下，被选入国际总委员会，并先后担任多个国家的通讯书记。恩格斯凭借卓越的理论水平、丰富的实践经验和非凡的语言才能，成为马克思最得力的助手。

马克思起草了国际工人协会的成立宣言、临时章程和其他重要文件，为协会制定了斗争纲领、斗争策略和组织原则。马克思在成立宣言中回顾了1848年以来工人阶级的斗争历程，阐述了资本主义制度下资产阶级和无产阶级对立的必然性，指出夺取政权已成为工人阶级的伟大使命。在临时章程中，马克思强调工人阶级的解放应当由工人阶级自己去争取，工人阶级的解放斗争是要消灭一切阶级统治；国际工人协会应成为各国工人团体为追求共同目标，争取工人阶级得到保护、发展和彻底解放而进行联络和合作的中心。

马克思领导国际工人协会为发展壮大工人运动、促进各国工人阶级的国际团结做了卓有成效的工作。马克思通过国际工人协会声援各国工人的罢工运动，抗议反动当局对罢工工人的镇压和迫害，积极支持和推进一切有助于工人阶级解放的政治运动。马克思十分重视国际工人协会的思想理论建设。他在中央委员会会议上作的《工资、价格和利润》的报告，揭露了资本家对工人剥削的秘密，阐明了工人阶级开展经济斗争的重要性和必要性，强调必须把经济斗争和政治斗争结合起来。马克思领导国际工人协会发扬无产阶级国际主义精神，大力声援被压迫民族的解放运动。

马克思在国际工人协会内部领导了反对工联主义、蒲鲁东主义、拉萨尔主义和巴枯宁主义的斗争，引导各国工人积极支持巴黎公社的伟大创举，并结合巴黎公社革命的经验进一步广泛地宣传科学社会主义理论，提高工人阶级的觉悟。在第一国际时期，马克思把各个国家的工人运动凝聚成了团结一致的革命力量；同时培养了一批无产阶级先进战士，为后来各国建立无产阶级政党准备了骨干力量。正如恩格斯所说，马克思在国际工人协会中所做的工作，是他一生"全部活动的顶峰"。

01

1864年9月28日,英、法、德、意、波兰和瑞士等国的几百名工人代表在伦敦圣马丁堂举行集会,宣告成立国际工人协会。会议由爱·比斯利担任主席。马克思参加了大会,并被选入协会的领导机构。马克思为国际工人协会起草了成立宣言、临时章程等重要文件。(01-11)

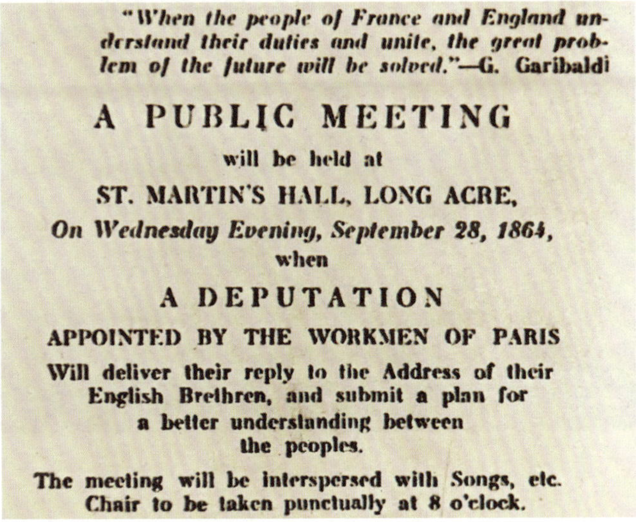

01. 马克思(1867年)
02. 伦敦圣马丁堂
03. 圣马丁堂音乐厅,国际工人协会成立大会在此召开。
04. 1864年9月28日的开会通知
05. 爱德华·斯宾塞·比斯利(1831—1915),英国历史学家和政治活动家,国际工人协会成立大会的主席。

06. 在国际工人协会成立大会上（素描） 顾盼

07. 国际工人协会总委员会的部分委员

欧仁·杜邦（1831—1881），法国工人，1848年巴黎六月起义的参加者，国际工人运动活动家。

弗里德里希·列斯纳（1825—1910），德国裁缝，共产主义者同盟盟员，国际工人运动活动家。

海尔曼·荣克（1830—1901），瑞士钟表匠，国际工人运动活动家。

约翰·格奥尔格·埃卡留斯（1818—1889），德国裁缝，共产主义者同盟盟员，伦敦德意志工人教育协会的领导人之一，国际工人运动活动家。

乔治·奥哲尔（1820—1877），英国鞋匠，英国工联伦敦理事会创建人之一。

本杰明·鲁克拉夫特（1809—1897），英国木匠，英国工联领袖之一。

罗伯特·阿普尔加思（1834—1924），英国工人，英国工联领袖之一。

考埃尔·威廉·弗雷德里克·斯特普尼（1820—1872），英国工人运动活动家。

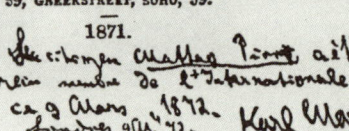

夺取政权已成为工人阶级的伟大使命。工人们似乎已经了解到这一点，因为英国、德国、意大利和法国都同时活跃起来了，并且同时都在努力从政治上改组工人政党。

工人的一个成功因素就是他们的人数；但是只有当工人通过组织而联合起来并获得知识的指导时，人数才能起举足轻重的作用。

——马克思《国际工人协会成立宣言》

08. 《国际工人协会成立宣言和临时章程》第 1 版扉页
09. 《国际工人协会的共同章程和组织条例》法文版扉页，上面有马克思的签名。

| 国际工人协会的灵魂　　183

> 工人阶级的解放应该由工人阶级自己去争取；工人阶级的解放斗争不是要争取阶级特权和垄断权，而是要争取平等的权利和义务，并消灭一切阶级统治。
> ——马克思《国际工人协会共同章程》

10. 马克思1864年11月4日给恩格斯的信，信中详细介绍了国际工人协会成立和起草成立宣言、临时章程的经过。
11. 恩格斯的国际工人协会会员证和会费卡

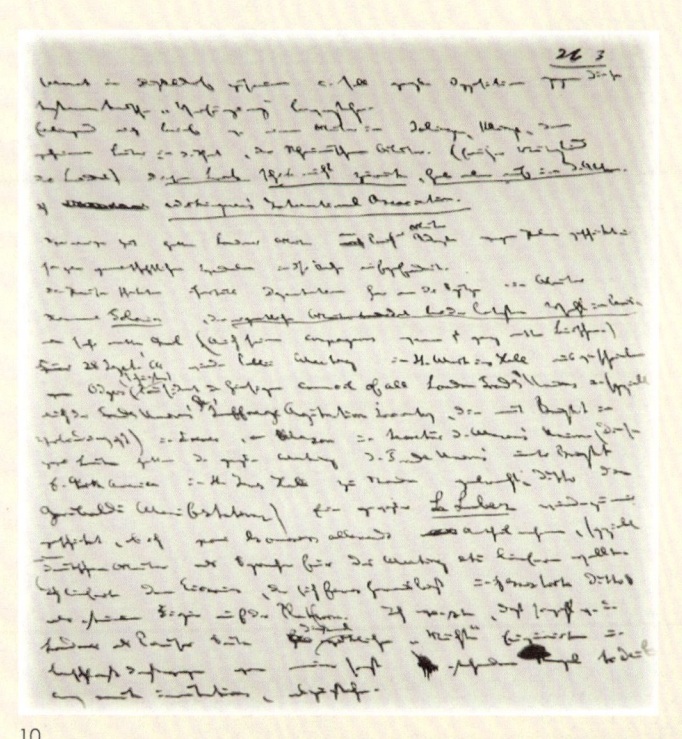

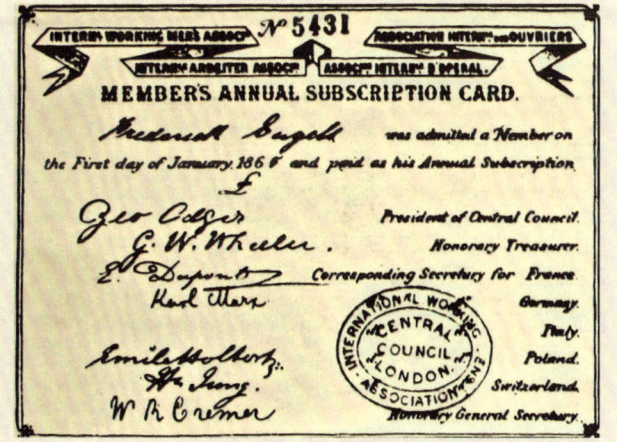

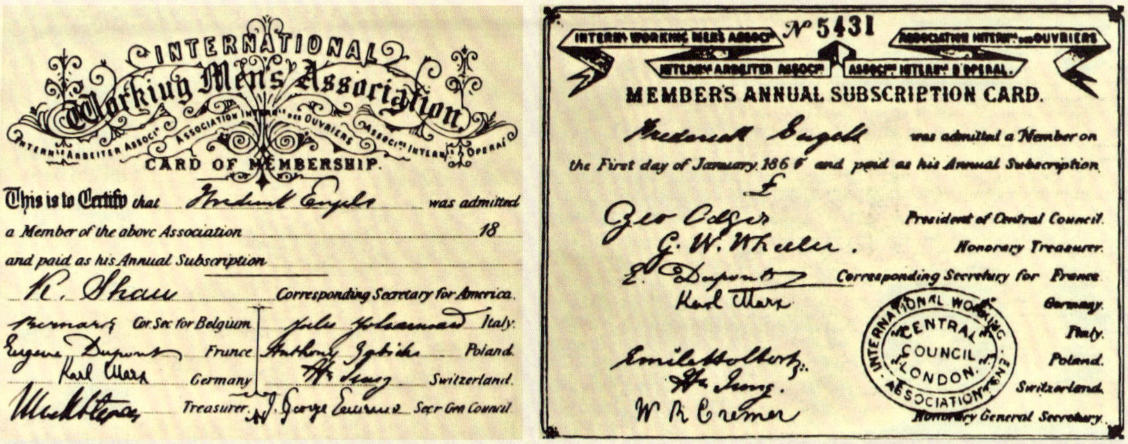

> 1864年成立了国际工人协会。许多人，特别是法国人都曾经自命为该协会的创始人。不言而喻，像这样的组织不可能是由一个人创立的。但是有一点是毫无疑义的：在所有的参加者当中只有一个人清楚地懂得正在发生什么和应该建立什么；他就是早在1848年就向世界发出"全世界无产者，联合起来！"这一号召的人。
>
> ——恩格斯《马克思，亨利希·卡尔》

国际工人协会成立后，影响日益扩大，在许多国家和地区建立了支部，并多次召开代表大会和代表会议。（12-17）

12. 1865年夏伦敦出版的国际工人协会中央委员会传单，呼吁工人团体加入国际工人协会。
13. 国际各支部分布图
14. 国际巴塞尔支部的旗帜
15. 国际巴黎支部最初的会址，巴黎格拉维埃街44号。

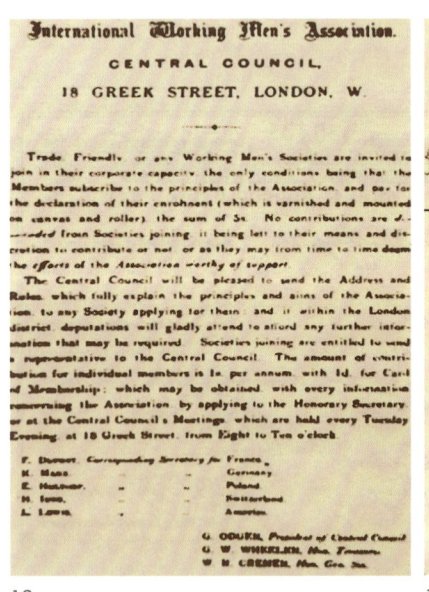

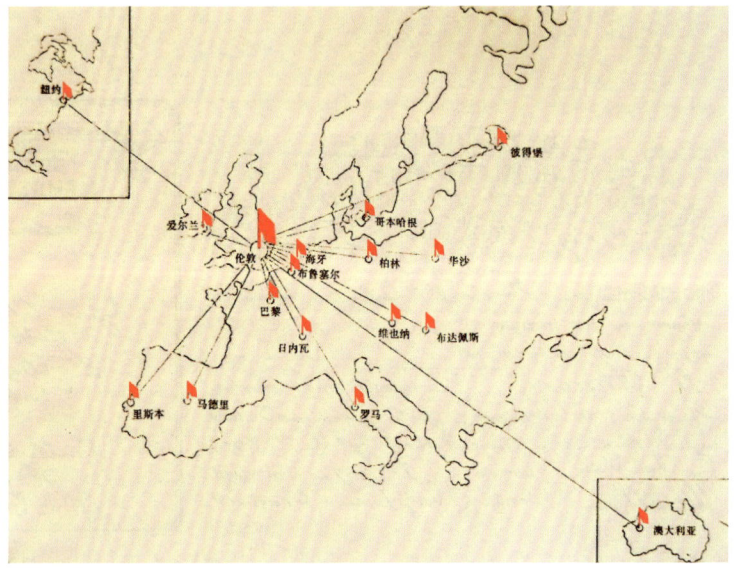

从这一届起到海牙代表大会时止，每届总委员会的灵魂都是马克思。国际总委员会所发表的一切文件，从1864年的成立宣言直到1871年关于法兰西内战的宣言，几乎都是由他起草的。叙述马克思在国际中的活动，就等于撰写欧洲工人还记忆犹新的这个协会本身的历史。

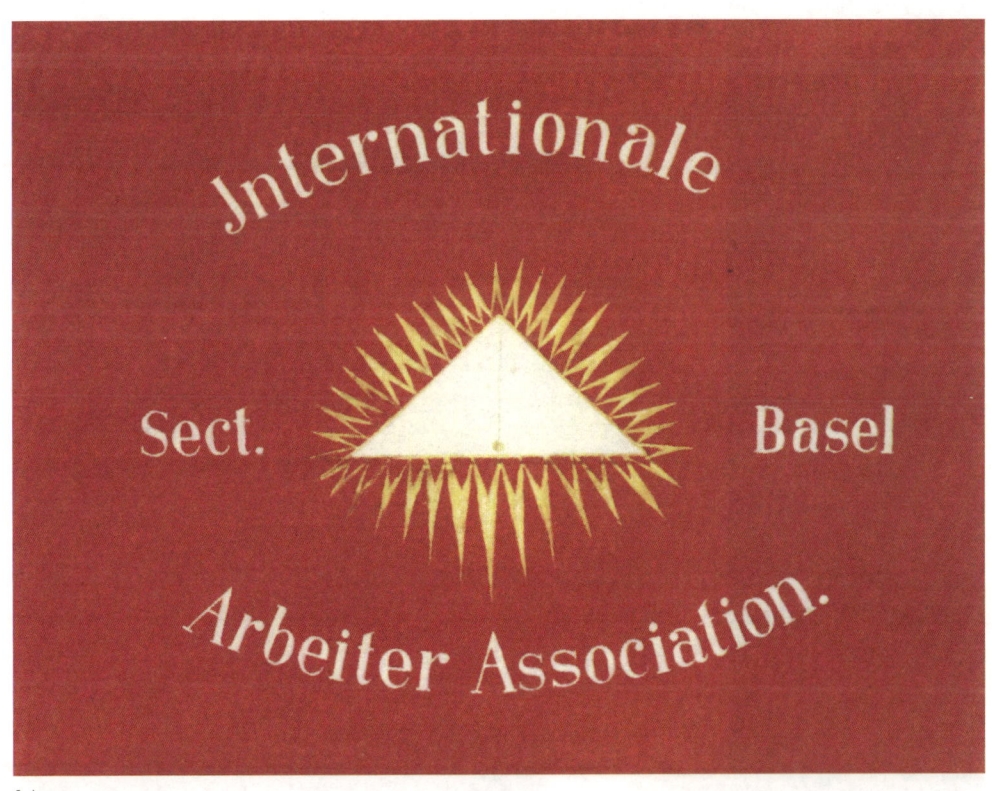

——恩格斯《卡尔·马克思》

16. 1866年国际日内瓦代表大会的代表合影

17. 1869年国际巴塞尔代表大会的代表合影

| 国际工人协会的灵魂　187

> 昨夜我到清晨四点才上床。除写书以外，国际协会也占去了我的许多时间，因为实际上我是它的首脑。
> ——马克思 1865 年 3 月 13 日给恩格斯的信

马克思紧张地投入国际工人协会的工作，为此付出了大量时间和精力。他经常夜以继日地出席总委员会的会议，研究解决协会的各种重大问题。与此同时，他还就政治和理论问题作报告，并负责起草各种会议文件，对推动国际工人协会成为具有广泛群众性的工人组织起了重要作用。在此期间，马克思继续从事《资本论》创作，常常"累得不可开交"。然而，他以巨大的热情和顽强的毅力克服重重困难，挑起了革命实践和理论研究这两副重担。（18-20）

---

18. 国际工人协会出版或发表文献的各种报刊
19. 1864—1866 年国际总委员会会址，伦敦希腊街 18 号。
20. 1868—1872 年国际总委员会会址，伦敦海-霍耳博恩街 256 号。

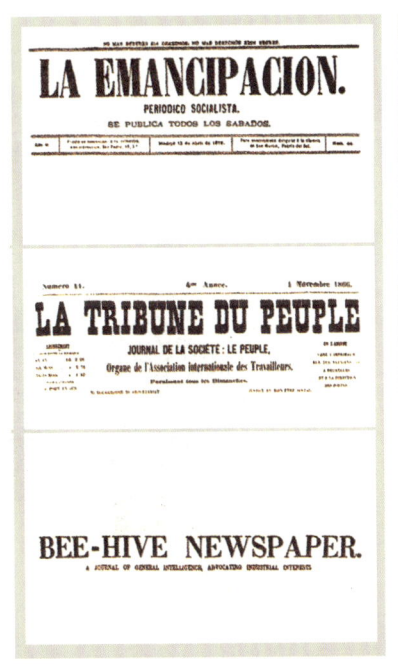

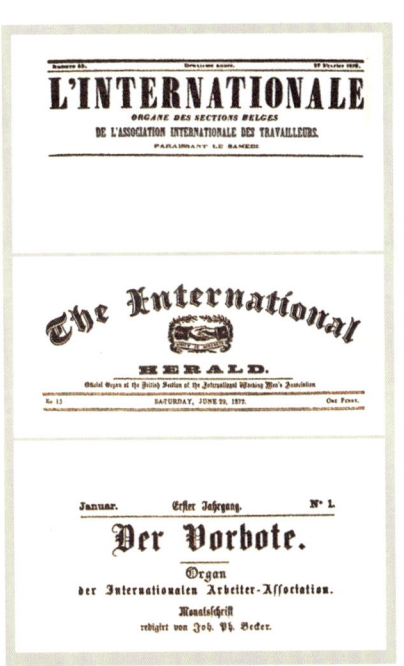

领导国际工人协会和创作《资本论》的双重工作使马克思付出巨大精力，他严重的慢性病又复发了。过度疲劳的马克思决定暂时休息一下。1865年3月19日—4月8日，他在荷兰扎尔特博默尔姨父家中休养。在此期间，马克思仍然时刻关心政治问题。他同具有民主主义思想的姨父菲力浦斯讨论美国内战的结局，德国统一的前景，以及波兰问题和意大利问题。（21-23）

21. 莱昂·菲力浦斯（1794—1866），荷兰商人，马克思的姨父。
22. 安东尼达·菲力浦斯（1837前后—1885），莱昂·菲力浦斯的女儿，国际荷兰支部成员。
23. 19世纪60年代的扎尔特博默尔

19世纪60—70年代，马克思领导国际工人协会支持和指导欧洲各国的工人运动，有力地促进了国际工人运动的发展和马克思主义的传播。马克思还代表国际工人协会总委员会起草文件，声援各国的罢工运动，对受到迫害的工人进行救助，揭露资产阶级政府的凶残面目和反动本质。（24-28）

24. 1866年7月，伦敦海德公园集会工人与警察发生冲突。
25. 1866年伦敦海德公园工人集会要求获得普选权
26. 法国巴黎制糖厂的罢工
27. 国际比利时支部募捐的捐款人名单
28. 1869年4月9日，比利时矿工和冶金工人与军队发生冲突。

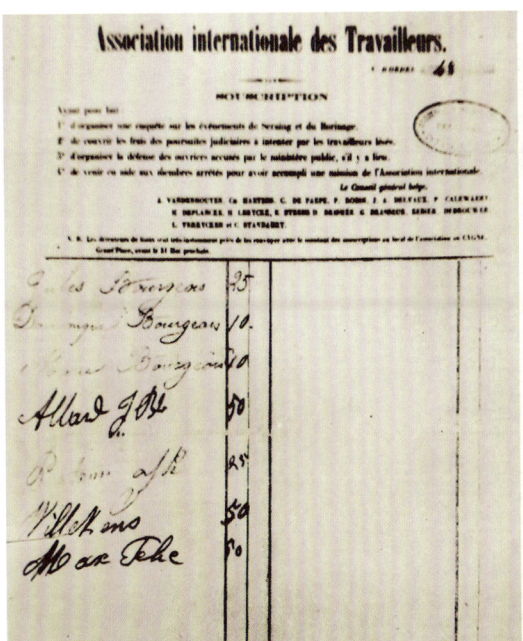

> 他们应当懂得：现代制度给他们带来一切贫困，同时又造成对社会进行经济改造所必需的种种物质条件和社会形式。他们应当摒弃"做一天公平的工作，得一天公平的工资！"这种保守的格言，要在自己的旗帜上写上革命的口号："消灭雇佣劳动制度！"
>
> ——马克思《工资、价格和利润》

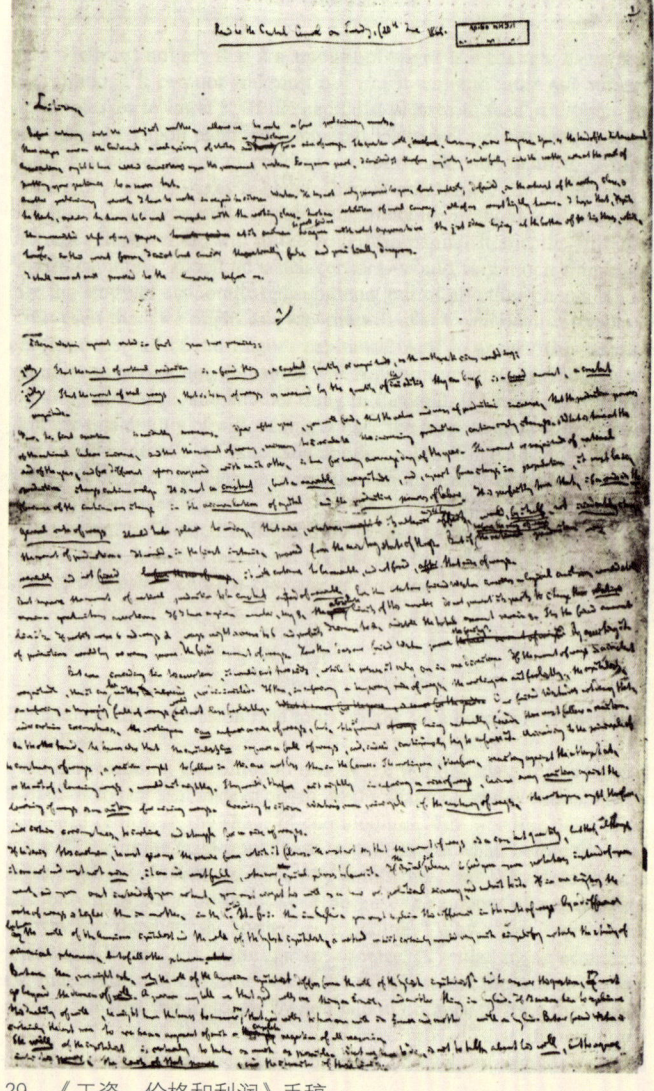

1865年6月20日和27日，马克思为批驳国际工人协会内部否定工人阶级经济斗争作用的错误观点，在中央委员会会议上作了《工资、价格和利润》的报告。他在报告中通俗易懂地阐述了《资本论》的一些重要原理，论证了工人阶级开展经济斗争的必要性和重要性，同时强调要把经济斗争和政治斗争结合起来，"消灭雇佣劳动制度！"（29）

29.《工资、价格和利润》手稿

> 马克思把各个国家的工人运动统一起来，竭力把各种非无产阶级的即马克思主义以前的社会主义（马志尼、蒲鲁东、巴枯宁、英国的自由派工联主义、德国拉萨尔右倾分子等等）纳入共同行动的轨道，并同所有这些派别和学派的理论进行斗争，从而为各个国家的工人阶级制定了统一的无产阶级斗争策略。
>
> ——列宁《卡尔·马克思》

1869年10月，在国际总委员会的参与下，土地和劳动同盟在伦敦成立。在该同盟的纲领中，除一般民主主义的要求外，还提出了土地国有化、缩短工作日等要求。马克思认为同盟的成立"是巴塞尔代表大会的结果之一"。（30-31）

30. 马克思的土地和劳动同盟盟员证（1869年11月30日）
31. 国际总委员会会议出席登记表（1871年1—3月）

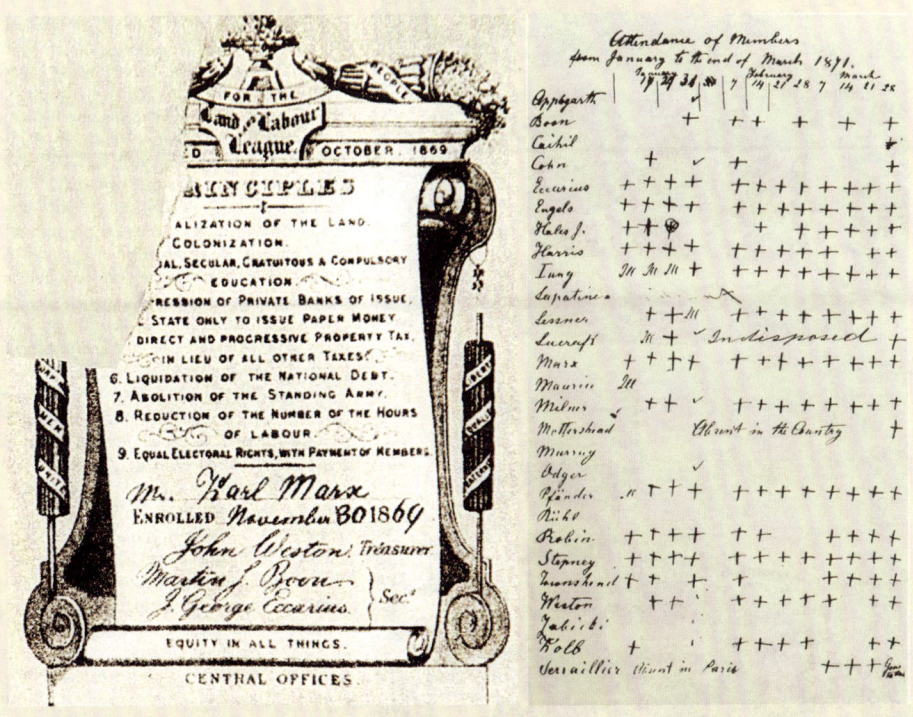

爱尔兰问题不单纯是个民族问题，而是一个土地问题和生存问题。不革命，即灭亡，这就是当前的口号。所有爱尔兰人都深信，如果应该有所行动的话，那就得立即动手。

——马克思关于爱尔兰问题的报告的记录

19世纪60年代中后期，爱尔兰的民族解放运动日益高涨。马克思密切关注爱尔兰的政治和社会形势，推动国际总委员会多次讨论爱尔兰问题，积极支持爱尔兰的民族解放运动。（32-34）

32. 英国政府驱赶爱尔兰佃户
33. 1867年在都柏林审判芬尼社社员的法庭现场
34. 国际总委员会关于支持爱尔兰民族解放运动的决议

| 国际工人协会的灵魂

> 欧洲的工人坚信，正如美国独立战争开创了资产阶级统治的新纪元一样，美国的反奴隶制战争将开创工人阶级统治的新纪元。他们认为，由工人阶级忠诚的儿子阿伯拉罕·林肯来领导他的国家进行解放被奴役种族和改造社会制度的史无先例的战斗，是即将到来的时代的先声。
>
> ——马克思《致美国总统阿伯拉罕·林肯》

马克思一直关注美国内战的进程，支持美国废除奴隶制的斗争。林肯连任总统后，马克思受国际工人协会中央委员会的委托，起草了致林肯的贺信。（35-36）

---

35. 马克思1864年11月代表国际工人协会中央委员会起草的祝贺林肯再度当选美国总统的信
36. 阿伯拉罕·林肯（1809—1865），美国国务活动家，共和党创始人之一，美国总统（1861—1865）。

为了制定欧洲无产阶级的共同理论纲领,组织反对国际资产阶级的斗争,马克思及其战友在国际内部批判了工联主义、拉萨尔主义、蒲鲁东主义、巴枯宁主义等错误思潮。(37-39)

37. 马克思《论蒲鲁东(给约·巴·施韦泽的信)》。马克思在1865年1月25日给恩格斯的信中谈到,他对蒲鲁东的批判实际上也是针对拉萨尔的。
38. 皮埃尔·约瑟夫·蒲鲁东(1809—1865),法国政论家、经济学家和社会学家,小资产阶级思想家。图为当时的漫画。
39. 斐迪南·拉萨尔(1825—1864),全德工人联合会第一任主席(1863),拉萨尔主义创始人。

1870年9月，恩格斯在告别了"可诅咒的商业"之后，由曼彻斯特移居伦敦，从此他和马克思又朝夕相处，为无产阶级解放事业并肩战斗。在马克思的提议下，恩格斯被选入国际总委员会，并先后担任多个国家的通讯书记。（40）

40. 19世纪70年代的马克思和恩格斯（素描） 茹科夫

在国际工人协会精神的鼓舞下，1871年3—5月，巴黎工人和其他劳动人民建立了世界上第一个无产阶级政权——巴黎公社，但遭到凡尔赛政府军的血腥镇压。公社失败后，以巴枯宁为首的无政府主义分子对国际工人协会的团结造成严重威胁。马克思和恩格斯领导国际工人协会同他们进行了一系列坚决的斗争。1871年9月17—23日，国际工人协会在伦敦举行秘密代表会议，讨论在新形势下工人阶级的政治行动问题。马克思和恩格斯批判了主张放弃政治行动的无政府主义观点，阐明了无产阶级建立独立政党的必要性，并强调指出："工人的政党不应当成为某一个资产阶级政党的尾巴，而应当成为一个独立的政党，它有自己的目的和自己的政治"。在他们的努力下，会议通过了无产阶级必须建立独立政党的决议。（41-42）

41. 1871年9月17—23日在伦敦举行的国际工人协会代表会议决议
42. 在伦敦代表会议上（油画） 李台还

> 同那些耽于幻想和相互争斗的宗派组织相反,国际是在反对资本家和土地占有者、反对他们的组织成为国家的阶级统治的共同斗争中联合起来的全世界无产阶级的真正的、战斗的组织。
> ——马克思恩格斯《所谓国际内部的分裂》

伦敦代表会议后,巴枯宁分子加紧进行分裂活动。马克思和恩格斯写了《所谓国际内部的分裂》一文,揭露了巴枯宁分子的真正目的及其分裂工人运动的宗派活动。(43-44)

43. 马克思和恩格斯的小册子《所谓国际内部的分裂》扉页
44. 米哈伊尔·亚历山大罗维奇·巴枯宁(1814—1876),俄国无政府主义和民粹主义创始人,国际工人协会中无政府主义派别的首领。

在马克思和恩格斯的领导下，国际工人协会内部掀起了反对巴枯宁分子分裂活动的斗争，然而巴枯宁宗派集团依然十分猖獗，一场决定性的斗争迫在眉睫。1872年5月28日，马克思在总委员会会议上提出召开国际工人协会代表大会。根据马克思和恩格斯的建议，代表大会定于当年9月在荷兰海牙举行。马克思深知这次大会任务繁重、意义深远，他从6月起就和恩格斯一起进行紧张的筹备工作。（45-46）

---

45. 1872年6月18日国际总委员会会议记录的一页，上面记有马克思提出的关于下次会议讨论海牙代表大会筹备工作的建议。
46. 马克思在国际总委员会会议上发言（素描）
明科夫　罗曼诺夫

| 国际工人协会的灵魂

> 这次国际代表大会（9月2日在海牙开幕）将关系到国际的存亡，在我退出以前，我至少要使国际不被腐败分子所占据。
> ——马克思1872年7月29日给路·库格曼的信

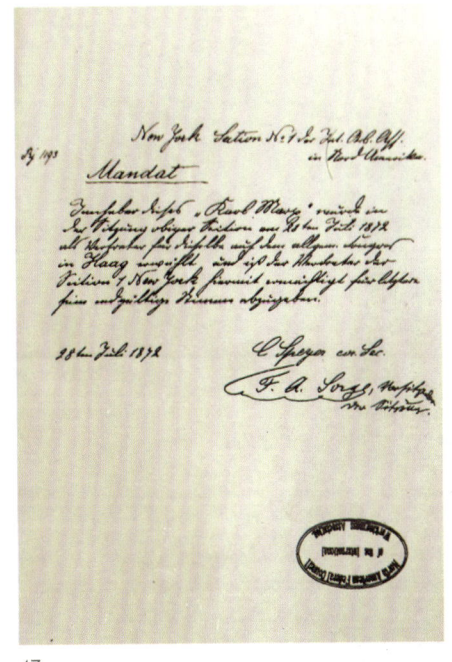

1872年9月1日，马克思和恩格斯一起来到海牙参加国际工人协会代表大会。（47-49）

47. 1872年7月28日国际工人协会纽约德国人第一支部发给马克思出席海牙代表大会的委托书
48. 1870年前后的海牙

49. 抵达海牙（中国画） 马振声

至于我个人,我将继续自己的事业,为创立这种对未来具有如此良好作用的所有工人的团结而不倦地努力。不,我不会退出国际,我将一如既往,把自己的余生贡献出来,争取我们深信迟早会导致无产阶级在全世界统治的那种社会思想的胜利。
——马克思《关于海牙代表大会》

在1872年9月2—7日召开的国际工人协会海牙代表大会上,马克思代表总委员会作了工作报告。恩格斯代表总委员会向大会提交了揭露巴枯宁派秘密团体社会主义民主同盟的报告。会议经过激烈斗争,挫败了巴枯宁分子的分裂阴谋,决定把巴枯宁等开除出国际。大会批准了伦敦代表会议关于无产阶级必须建立独立政党的决议,并且决定把总委员会驻地迁往纽约。(50-51)

50. 马克思在国际工人协会海牙代表大会上发言 (绘画) 热兹尼科夫
51. 恩格斯在国际工人协会海牙代表大会上发言 (素描) 茹科夫

海牙代表大会后，马克思和恩格斯撰写了《社会主义民主同盟和国际工人协会》一书，根据大量实际材料，进一步揭露巴枯宁分子的种种阴谋诡计，总结国际在理论上和组织上对巴枯宁分子的斗争。（52-54）

52.《社会主义民主同盟和国际工人协会》扉页
53. 1872年在伦敦出版的海牙代表大会决议单行本扉页
54. 海牙代表大会结束后代表们步出会场（当时的版画）

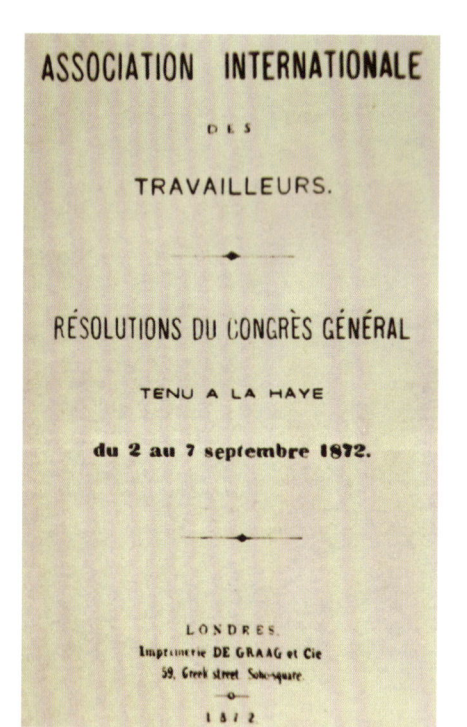

> 马克思认为同工人晤谈具有莫大的意义。他找的是那些并非奉承他而是真诚地对待他的人。他认为倾听工人们对于运动的意见非常重要。任何时候,他都愿意同工人们讨论重大的政治经济问题,并且很快就能知道他们对这些问题的理解是否充分。他们对这些问题理解得越充分,他就越高兴。
>
> ——弗里德里希·列斯纳《1848年前后》

国际工人协会成立后,马克思在伦敦的家成为各国工人运动活动家经常聚会的地方。马克思特别喜欢同来访的工人谈心。他一方面引导他们理解和掌握革命的理论,一方面虚心学习他们的斗争经验,认真倾听他们的意见和建议。在他看来,普通工人的朴素语言中往往蕴含着极其深刻的见解。(55-56)

55. 伦敦梅特兰公园路摩德纳别墅1号,马克思一家从1864年至1875年在此居住了11年。
56. 马克思在伦敦的工作室(模型)

马克思的妻子和女儿们积极支持他在国际工人协会的工作，她们密切关注国际无产阶级革命运动，并为此作出了宝贵的贡献。在马克思家里，总是充满着真诚友好的气氛。同志们和朋友们到这里来，总是受到热诚的欢迎和款待。马克思夫妇虽然自己手头拮据，生活贫困，却经常把经济困难的同志或身患疾病的战友留在家里，照顾他们，同他们分享最后一块面包。（57-64）

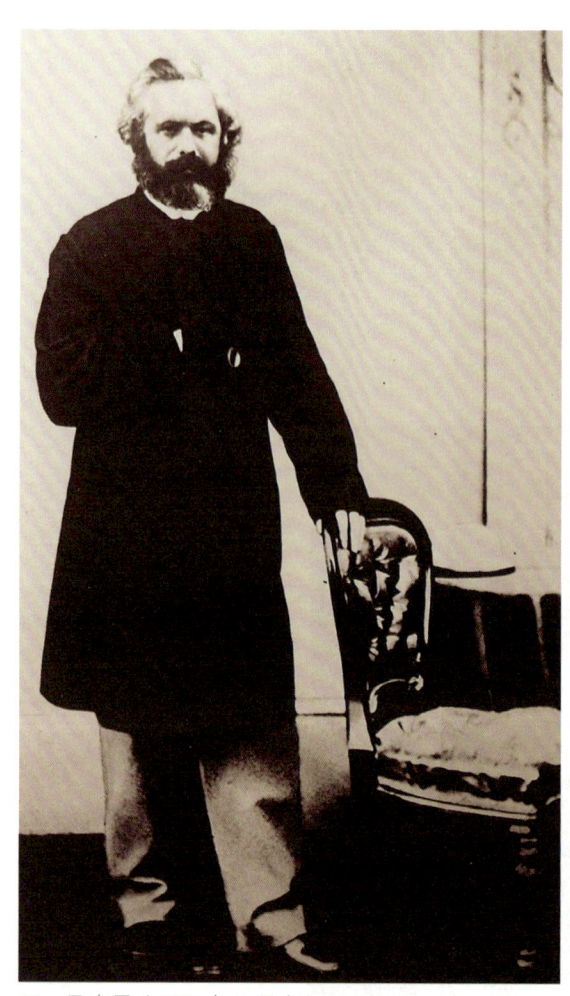

57. 马克思（1866年3月底）

58. 马克思夫人燕妮·马克思（1864年）

> 对于任何一位值得信任的同志，马克思家的大门总是敞开的。像其他许多同志一样，在他家里度过的时光使我毕生难忘。尤其是马克思夫人显得很突出，她身材颀长，异常美丽，举止文雅，然而和蔼可亲，热情好客，贤惠聪敏，没有一点高傲矜持和矫揉造作，使人觉得她仿佛就是自己的母亲或姊妹。
>
> ——弗里德里希·列斯纳《一个工人对卡尔·马克思的回忆》

59. 马克思和大女儿燕妮
60. 马克思的大女儿燕妮
61. 1872年10月10日燕妮与法国工人运动活动家沙尔·龙格举行婚礼
62. 马克思的二女儿劳拉
63. 法国工人运动活动家保尔·拉法格，1868年与劳拉结婚。
64. 马克思的小女儿爱琳娜

马克思十分重视提高广大工人的理论素养，同时非常尊重并高度评价工人群众中涌现的优秀理论家，真诚地希望和鼓励他们在工人阶级解放事业中发挥积极的作用。1869年9月，马克思在女儿燕妮的陪同下，动身到汉诺威去看望库格曼，途中专程拜访了工人理论家狄慈根。

　　马克思认为狄慈根是"最有天才的工人之一"，他的著作"包含着许多卓越的思想，而且作为一个工人的独立思考的产物来说，甚至是令人惊叹的思想"。（65-66）

---

65. 约瑟夫·狄慈根（1828—1888），德国制革工人，自学成才的哲学家，曾参加1848—1849年革命，共产主义者同盟盟员，国际工人协会会员。
66. 走访工人理论家（油画）　高莽

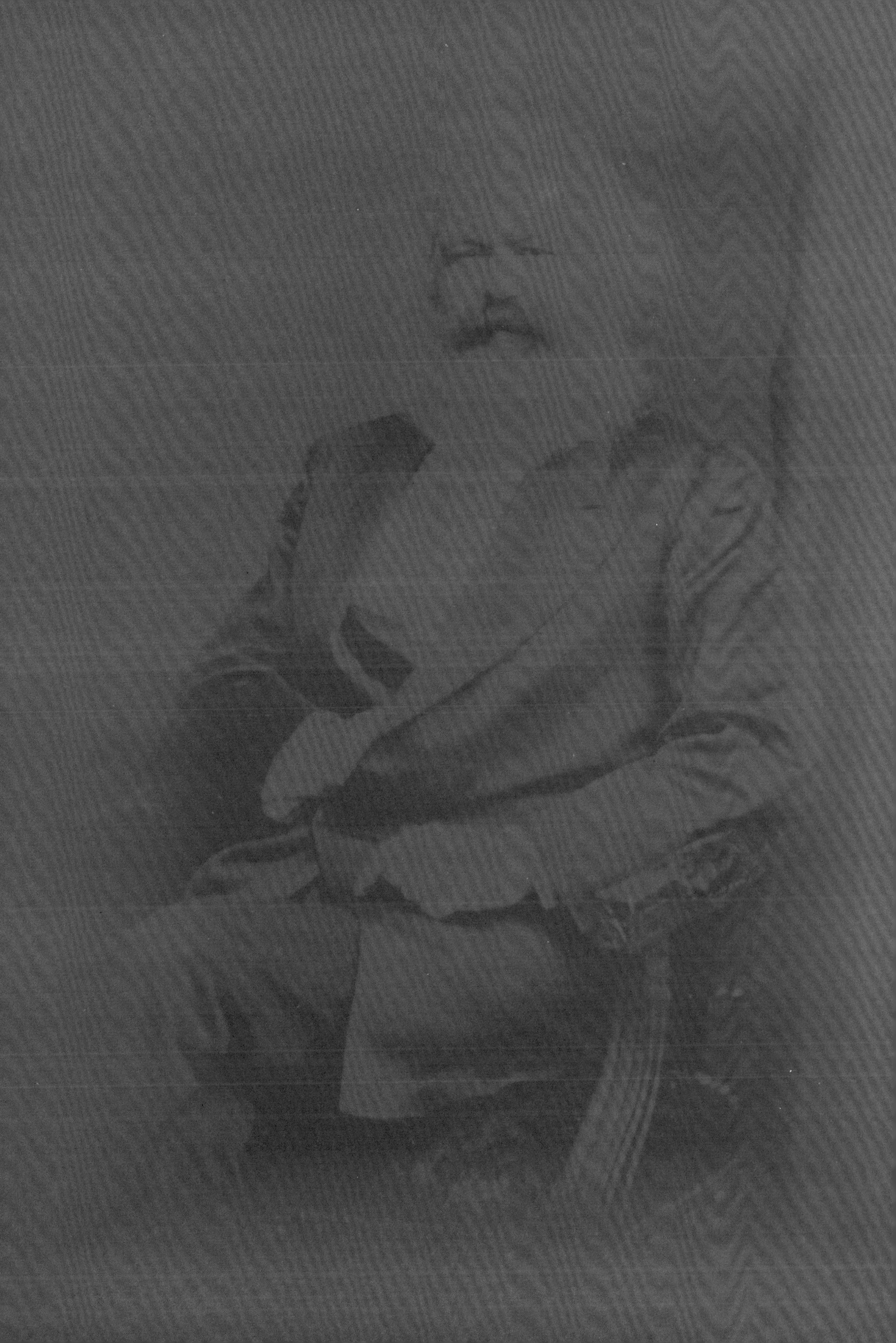

第八章
满腔热情支持巴黎公社

1870年7月19日，普法战争爆发。马克思受国际总委员会委托，先后起草了关于普法战争的两篇宣言。在第一篇宣言中，马克思阐明交战双方的目的实质上是维护本国王朝的利益；德法无产阶级应当团结一致，共同制止战争。在第二篇宣言中，马克思揭露了普鲁士政府的侵略意图，要求德国工人阶级反对侵略战争，承认法兰西共和国，同时号召法国工人阶级抓住有利时机，切实加强本阶级的组织。

1871年3月18日，巴黎爆发人民起义，推翻资产阶级政权。3月28日，巴黎公社宣告成立。马克思原先认为在起义条件不成熟的情况下，工人阶级不宜过早采取行动。但是，巴黎起义爆发后，马克思毫不犹豫地站到革命群众一边，热情支持这些"冲天的巴黎人"，指出"工人阶级反对资本家阶级及其国家的斗争，由于巴黎的斗争而进入了一个新阶段。不管这件事情的直接结果怎样，具有世界历史意义的新起点毕竟是已经取得了"。

马克思和恩格斯充分肯定巴黎公社的革命创举和伟大意义，揭露资产阶级报刊散布的各种谎言，呼吁各国无产阶级和进步力量声援巴黎人民的革命行动。马克思通过国际总委员会，向各个支部发出几百封信件，号召他们发起支持公社的运动。马克思密切关注巴黎形势的发展和公社所采取的革命措施，并向公社领导人提出许多重要建议。

巴黎公社宣告成立后，马克思仔细收集和研究有关公社活动的各种资料，并受国际工人协会总委员会的委托起草告全体会员的宣言，即《法兰西内战》。1871年5月30日，也就是巴黎最后一个街垒陷落两天后，总委员会批准了马克思宣读的《法兰西内战》定稿本。这部著作是科学社会主义的重要文献。马克思在这部著作中全面总结了巴黎公社的战斗历程和革命经验，阐述了巴黎公社的性质和伟大功绩，充分肯定了巴黎公社作为真正民主的国家政权所采取的各项措施，进一步发展了马克思主义关于阶级斗争、国家、无产阶级革命和无产阶级专政的理论。

马克思充分肯定巴黎公社的革命原则及其深远意义。他庄严宣告："公社的原则是永存的，是消灭不了的；这些原则将一再凸显出来，直到工人阶级获得解放。"巴黎公社失败后，大量的公社社员和无辜平民遭到镇压和迫害。马克思领导国际工人协会开展了积极的救助活动。

19世纪60年代中后期，随着普鲁士主导下的德国统一进程的推进，普鲁士王国与法兰西第二帝国之间的矛盾日益尖锐。1870年7月19日普法战争爆发。同年9月法军在色当会战中惨败，拿破仑第三被俘，巴黎人民推翻王朝，宣告法兰西共和国成立。（01-03）

01. 1870年8月6日普法战争的战斗场面
02. 1870年9月1—2日的色当会战
03. 1870年9月4日法兰西共和国宣告成立

> 不管当前这场可憎的战争进程如何,全世界工人阶级的联合终究会根绝一切战争。……同那个经济贫困和政治昏聩的旧社会相对立,正在诞生一个新社会,而这个新社会的国际原则将是和平,因为每一个民族都将有同一个统治者——劳动!
> ——马克思《国际工人协会总委员会关于普法战争的第一篇宣言》

普法战争爆发当天,马克思受国际总委员会委托起草了关于普法战争的宣言。色当会战之后,马克思又起草了第二篇宣言。这两篇宣言科学地分析了这场战争的性质和发展趋向,指明了德法两国工人在这场战争中的行动方向。(04-06)

04. 国际总委员会关于普法战争的第一篇宣言的传单
05. 《派尔-麦尔新闻》是伦敦出版的一家日报,刊登过总委员会关于普法战争的第一篇宣言和第二篇宣言的摘要。
06. 国际总委员会关于普法战争的第二篇宣言的德译文(马克思手迹)

法兰西共和国成立后，资产阶级的国防政府对内镇压人民，对外卖国投降，激起巴黎人民强烈不满。1871年3月18日，国民自卫军战士和巴黎人民举行武装起义，推翻资产阶级政府。3月28日，巴黎公社宣告成立。马克思和恩格斯得知巴黎爆发革命的消息后，坚决站在"冲天的巴黎人"一边，积极采取各种有力的措施，支持巴黎公社的革命事业。（07-14）

07. 巴黎人民武装起义取得胜利
08. 1871年3月18日肖蒙高地的守卫者
09. 巴黎蒙马特尔高地国民自卫军的大炮
10. 坚决站在"冲天的巴黎人"一边（油画）张文新

满腔热情支持巴黎公社

11. 1871年3月28日巴黎公社宣告成立
12. 人民的扫帚（漫画），图中象征着人民怒火的大扫帚正在把梯也尔、维努瓦、法夫尔、特罗胥等人赶出巴黎。
13. 国民自卫军中央委员会3月19日关于通过选举成立巴黎公社的告人民书

14. 巴黎公社部分委员

莱奥·弗兰克尔（1844—1896），匈牙利工人运动活动家，国际总委员会委员。

路易·欧仁·瓦尔兰（1839—1871），法国工人运动活动家，国际巴黎支部联合会主席。

路易·奥古斯特·布朗基（1805—1881），法国革命家，布朗基主义创始人，缺席当选为公社委员。

爱德华·玛丽·瓦扬（1840—1915），法国工人运动活动家，国际总委员会委员。

埃米尔·德西雷·弗朗索瓦·埃德（1843—1888），法国工人运动活动家，国际巴黎支部成员。

泰奥菲尔·沙尔·吉尔·费雷（1846—1871），法国工人运动活动家。

拉乌尔·里果（1846—1871），法国工人运动活动家。

古斯塔夫·保尔·弗路朗斯（1838—1871），法国工人运动活动家。

加布里埃尔·朗维埃（1828—1879），法国工人运动活动家，国际总委员会委员。

> 如果你查阅一下我的《雾月十八日》的最后一章,你就会看到,我认为法国革命的下一次尝试不应该再像以前那样把官僚军事机器从一些人的手里转到另一些人的手里,而应该把它打碎,这正是大陆上任何一次真正的人民革命的先决条件。这也正是我们英勇的巴黎党内同志们的尝试。这些巴黎人,具有何等的灵活性,何等的历史主动性,何等的自我牺牲精神!
>
> ——马克思1871年4月12日给路·库格曼的信

马克思对巴黎公社的事业十分关心,通过各种渠道了解公社的情况,并给公社提出建议,公社的领导人也常常主动征求马克思的意见。(15)

15. 马克思托人转达对公社的建议(水粉画) 汤小铭

公社是想要消灭那种将多数人的劳动变为少数人的财富的阶级所有制。它是想要剥夺剥夺者。它是想要把现在主要用做奴役和剥削劳动的手段的生产资料，即土地和资本完全变成自由的和联合的劳动的工具，从而使个人所有制成为现实。

——马克思《法兰西内战》

巴黎公社成立后，为把公社建成真正民主的国家政权而采取了一系列重要措施，其中最主要的是：公社代表并维护工人阶级和劳动群众的根本利益，从而保证权力始终掌握在人民手中；由选举产生的公社权力机构和人民代表必须对选民负责，履行人民公仆的职责；公社是实干的而不是议会式的机构，一切公职人员都只能领取相当于熟练工人工资的报酬，而且在必要的情况下随时可以罢免；武装力量按民主原则组织；法官和审判官均由选举产生，对选民负责，并且可以罢免；一切教育机构对人民免费开放，完全不受教会和国家的干涉，从而使人人都能受教育。（16-21）

---

16. 根据公社的决定，拆除旺多姆广场上象征民族沙文主义的凯旋柱。
17. 根据巴黎公社的法令，劳动人民从当铺里无偿拿回自己的生产工具和物品。
18. 公社委员会举行会议
19. 1871年3月29日发布的巴黎公社成立宣言

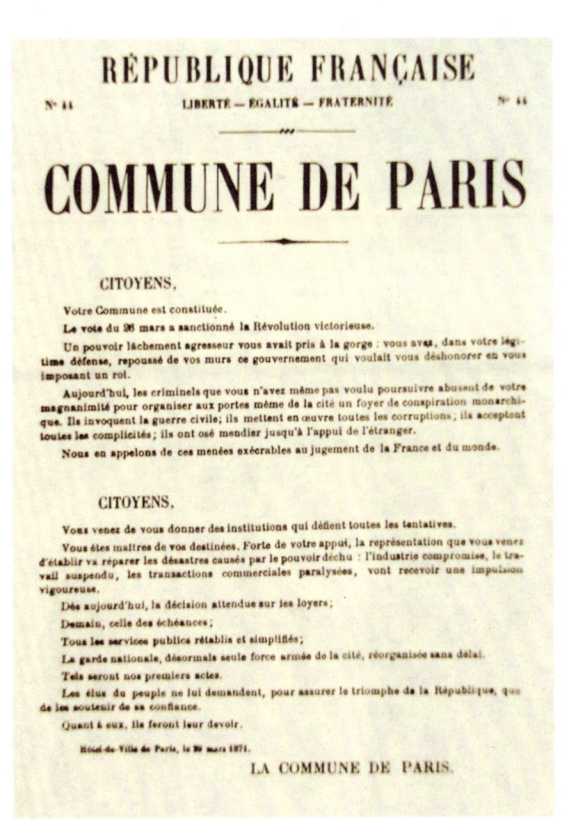

20. 在巴黎被围困的情况下，公社施放气球，散发《告法国人民书》、《告农村劳动者书》。
21. 英国工人在海德公园集会，声援巴黎公社。

> 不管怎样，巴黎的这次起义，即使它会被旧社会的豺狼、瘟猪和下贱的走狗们镇压下去，它还是我们党从巴黎六月起义以来最光荣的业绩。
>
> ——马克思 1871 年 4 月 12 日给路·库格曼的信

盘踞在凡尔赛的梯也尔反动政府勾结普鲁士军队，向巴黎公社疯狂反扑。公社战士们为捍卫公社事业进行了英勇不屈的斗争。1871 年 5 月 28 日，巴黎公社最终失败。（22-27）

22. 雅罗斯拉夫·东布罗夫斯基（1836—1871），波兰军官，革命民主主义者，公社武装力量总司令。
23. 瓦列里·符卢勃列夫斯基（1836—1908），波兰革命民主主义者，公社将军，国际总委员会委员和波兰通讯书记。
24. 公社社员在贝尔维尔构筑的街垒

25

工人的巴黎及其公社将永远作为新社会的光辉先驱而为人所称颂。它的英烈们已永远铭记在工人阶级的伟大心坎里。那些扼杀它的刽子手们已经被历史永远钉在耻辱柱上，不论他们的教士们怎样祷告也不能把他们解脱。

——马克思《法兰西内战》

25. 公社最后的战斗
26. 保卫公社的战斗
27. 凡尔赛分子在拉雪兹神父公墓枪杀公社社员

巴黎公社失败两天后，即5月30日，马克思在国际工人协会总委员会的会议上宣读了他撰写的总委员会宣言《法兰西内战》。这部著作科学地总结了巴黎公社的经验教训，进一步阐述和发展了马克思主义关于阶级斗争、国家、无产阶级革命和无产阶级专政的理论。（28-31）

28. 马克思（1872年上半年于伦敦）
29. 《法兰西内战》初稿手稿
30. 《法兰西内战》二稿手稿

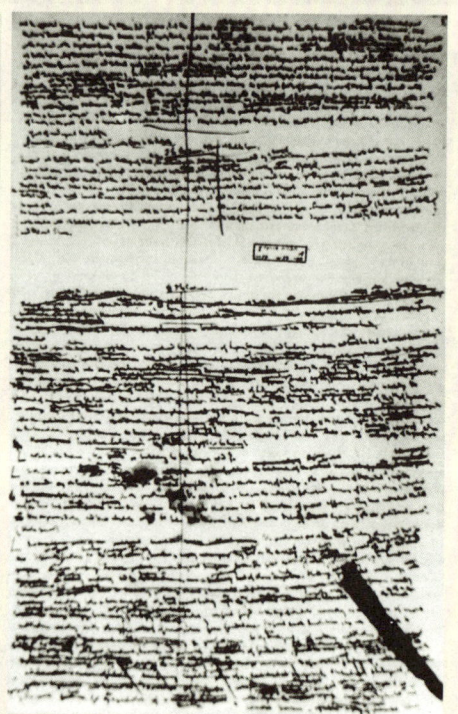

公社的真正秘密就在于：它实质上是工人阶级的政府，是生产者阶级同占有者阶级斗争的产物，是终于发现的可以使劳动在经济上获得解放的政治形式。

——马克思《法兰西内战》

31.《法兰西内战》英文第 3 版扉页

巴黎公社失败后，幸存的公社社员有些遭到审判，有些流亡国外。（32-33）

32. 反动当局对巴黎公社社员的审判
33. 在伦敦的巴黎公社流亡者

> 即使一天有48小时，我仍然是几个月也做不完我每天的工作。
>
> 国际的工作很多，加之伦敦挤满了流亡者，我们应当给以关怀。
>
> ——马克思1871年7月27日给路·库格曼的信

从1871年6月起，国际工人协会总委员会为受到凡尔赛政府迫害而流亡英国的公社社员开展大规模的救助活动，马克思是这一活动的组织者。他和恩格斯想方设法营救尚未脱险的公社社员，为他们办护照、筹路费。7月，总委员会在伦敦成立救济公社流亡者委员会，马克思积极推进委员会的工作，他的家庭成员也全心全意地投入救助活动，为流亡者安排食宿，谋求职业。公社流亡者把马克思的家看做可以得到温暖的"避难所"。（34-36）

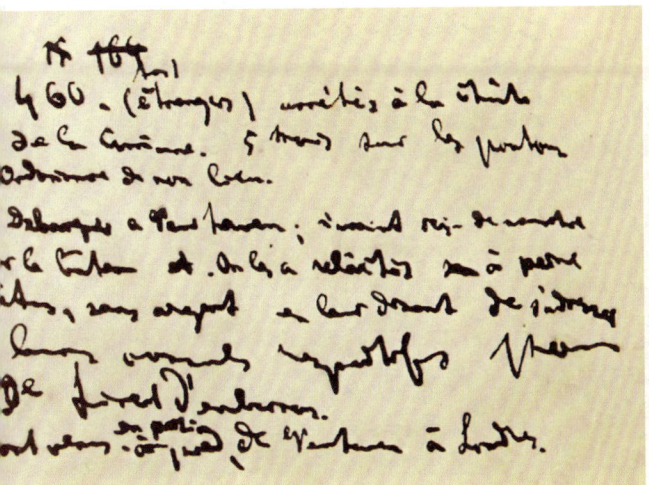

---

34. 马克思《关于流亡的公社社员状况的札记》。上面写着："在公社被镇压时有460名（外国人）被捕。他们在囚犯船上呆了5个月。"
35. 公社流亡者委员会的募捐单

36. 马克思一家热情接待公社流亡者（铜版画） 曹剑峰

斗争定会一次又一次地爆发，规模也将越来越大，最终谁将取得胜利——是少数占有者还是绝大多数劳动者——那是非常清楚的。而法国工人阶级还只是整个现代无产阶级的先锋队。

——马克思《法兰西内战》

马克思和国际工人协会对巴黎公社的支持招致反动势力的敌视，《法兰西内战》的发表更引起了资产阶级舆论的疯狂叫嚣，马克思顿时成了"伦敦受诽谤最多、受威胁最大的人"。反动势力不仅攻击、诬蔑马克思，还派暗探跟踪盯梢，监视马克思的行动。（37）

37. 伦敦受威胁最大的人（水粉画） 陈衍宁

巴黎公社遭到镇压后不久,幸存的公社委员、工人诗人欧仁·鲍狄埃创作了《国际歌》。1888年,法国工人作曲家皮埃尔·狄盖特为《国际歌》谱写了曲子,从此这首歌被译成多种语言传遍世界,成为全世界无产者和被压迫人民的战斗歌曲。(38-42)

38. 欧仁·鲍狄埃(1816—1887),法国无产阶级诗人,巴黎公社委员,《国际歌》词作者。
39. 《国际歌》原稿
40. 皮埃尔·狄盖特(1848—1932),法国工人作曲家,《国际歌》曲作者。
41. 《国际歌》曲谱的手稿
42. 中文版《国际歌》的歌词和曲谱

> 一个有觉悟的工人，不管他来到哪个国家，不管命运把他抛到哪里，不管他怎样感到自己是异邦人，言语不通，举目无亲，远离祖国，——他都可以凭《国际歌》的熟悉的曲调，给自己找到同志和朋友。
>
> ——列宁《欧仁·鲍狄埃》

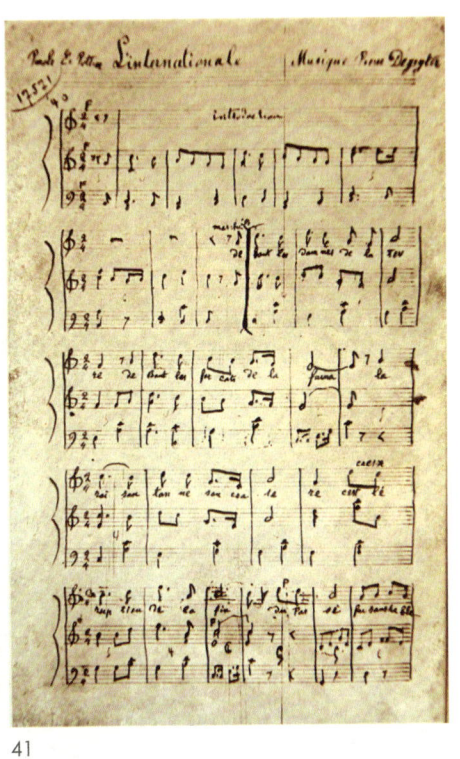

即使公社被打败，斗争也只是推迟而已。公社的原则是永存的，是消灭不了的；这些原则将一再凸显出来，直到工人阶级获得解放。

——马克思1871年5月23日在国际工人协会总委员会
　会议上关于巴黎公社的发言记录

43. 公社原则永存！（中国画）　王为政

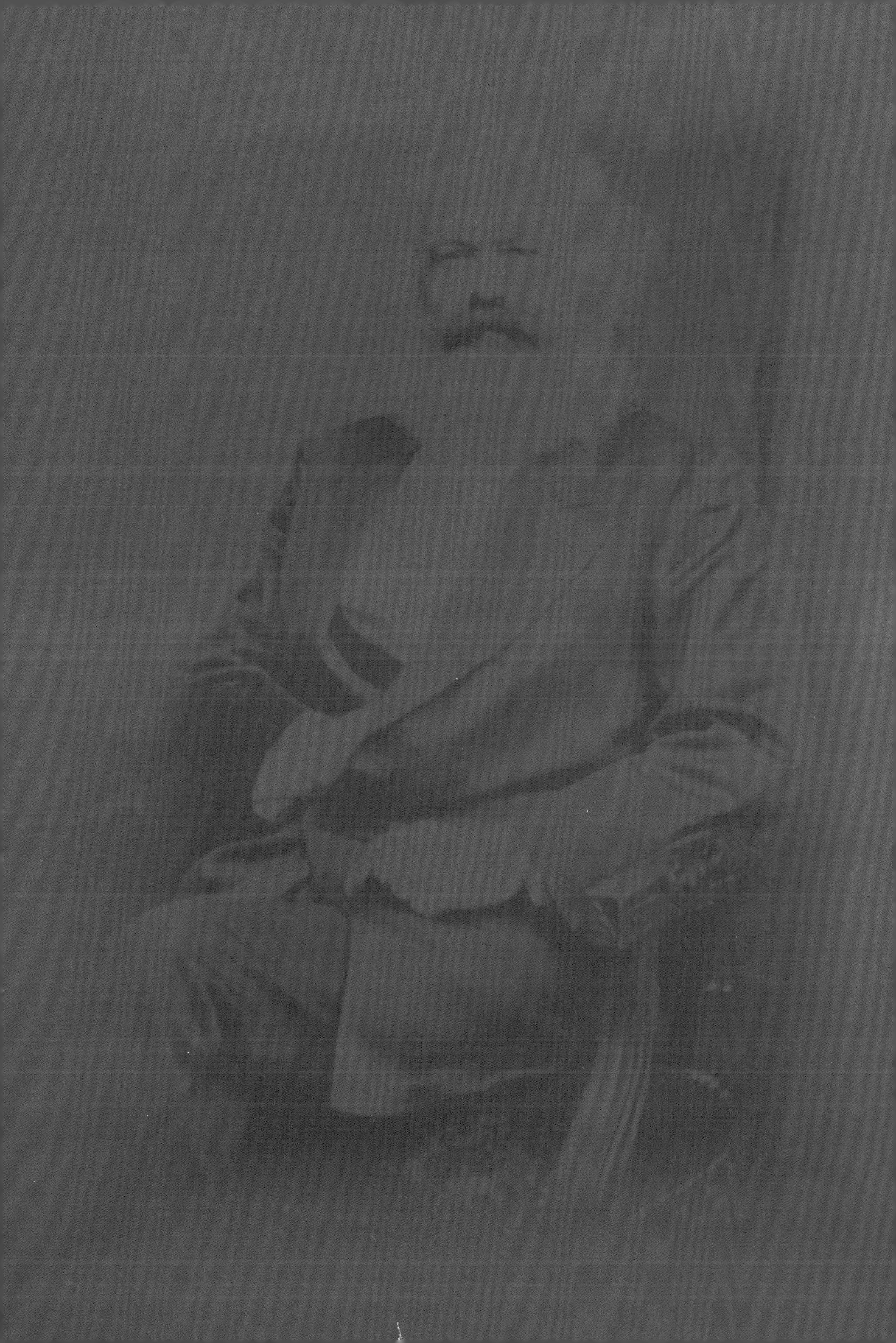

第九章
奋斗不息的最后十年

长期紧张劳累的工作，严重损害了马克思的健康。马克思在他生命的最后十年中饱受多种疾病的困扰，但是，他仍然以惊人的毅力投身无产阶级解放事业。

19世纪70年代，欧美国家的工人阶级相继建立自己的独立政党。马克思和恩格斯为指导欧美国家建立无产阶级政党倾注了大量心血。

1875年2月，德国社会民主工党（爱森纳赫派）和全德工人联合会（拉萨尔派）在哥达召开了合并预备会议，并拟订了纲领草案《德国工人党纲领》。马克思告诫爱森纳赫派在同拉萨尔派合并时不要拿原则做交易，并抱病写了《德国工人党纲领批注》（即《哥达纲领批判》），逐条批判了纲领草案中的拉萨尔主义观点，阐发了科学社会主义的基本原理，第一次提出了共产主义社会分为第一阶段和高级阶段的理论，指出在资本主义社会和共产主义社会之间有一个政治上的过渡时期，这个时期的国家只能是无产阶级的革命专政。

1876年，马克思积极支持恩格斯撰写《反杜林论》，批判杜林在哲学、政治经济学和社会主义理论领域宣扬的错误观点，以肃清杜林思想在德国社会主义工人党内的影响。马克思不仅赞同恩格斯阐述的理论观点，还亲自为《反杜林论》第二编第十章《〈批判史〉论述》撰写了初稿。

1878年10月，俾斯麦政府为镇压日益壮大的无产阶级革命运动，颁布了反社会党人非常法。马克思和恩格斯针对这部法令实施后德国党内出现的错误思想倾向，一方面批判了不顾现实条件、盲目要求向反动统治势力发动进攻的"左"倾错误，另一方面批判了要求党服从政府法令、走"合法的"改良主义道路的右倾观点，重申阶级斗争对现代社会变革的巨大作用。

1880年5月，马克思和恩格斯应法国工人党领导人的请求，帮助制定党的纲领。马克思口授了法国工人党纲领的理论部分，用精练的语言阐明了工人阶级的历史使命，指出了建立生产资料公有制和组织无产阶级独立政党的必要性。

马克思晚年继续从事《资本论》创作和政治经济学研究，同时密切关注经济文化相对落后国家的前途和命运。为此，他详细研究俄国农村公社的历史和现状，深入分析东方国家的经济和文化特征，并对俄国革命的发展前景作了科学预测。在这一时期，他广泛研读了世界史和人类史著作，热情关注自然科学的最新成果，写下了大量具有重要理论价值的笔记。

1883年3月14日，马克思逝世。

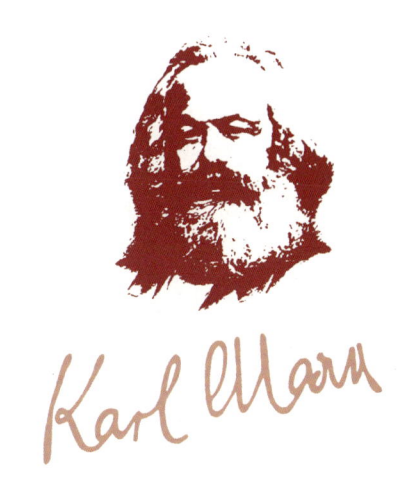

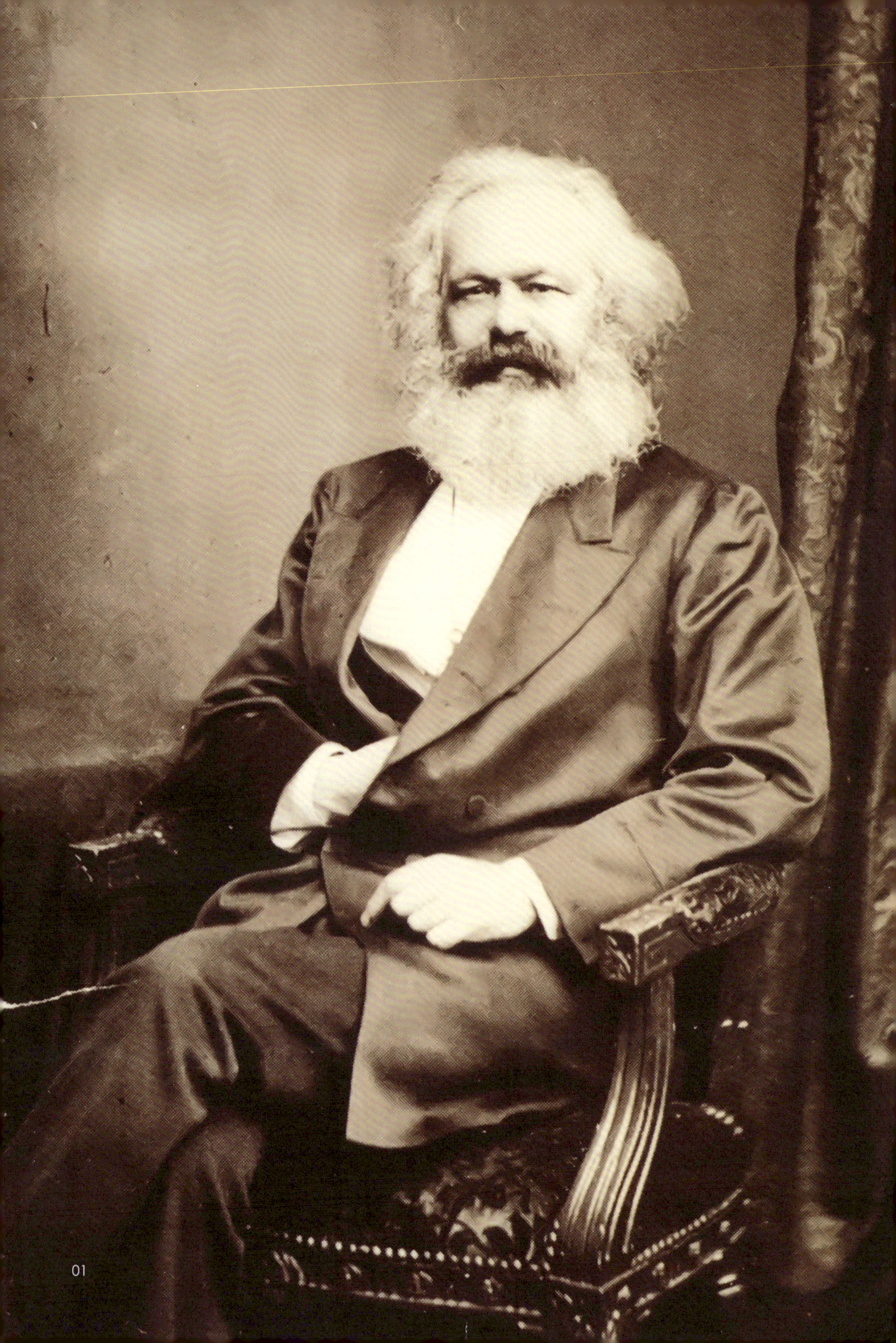

01

国际工人协会海牙代表大会后，马克思因劳累过度，身体十分虚弱。1874年8—9月，马克思在女儿爱琳娜陪同下到卡尔斯巴德疗养。9月下旬，马克思从卡尔斯巴德返回伦敦途中，在莱比锡、柏林和汉堡作短暂停留，会见了李卜克内西等德国社会民主工党的领导人。（01-07）

01. 马克思（1875年）
02. 卡尔斯巴德疗养地全景
03. 马克思的小女儿爱琳娜（杜西）
04. 马克思在卡尔斯巴德疗养期间住的日耳曼尼亚旅馆

05. 莱比锡火车站
06. 莱比锡霍赫施泰因旅馆，马克思和爱琳娜 1874 年 9 月 22—24 日在这里住过。
07. 旅馆登记簿上登记的马克思和爱琳娜的名字

| 奋斗不息的最后十年 | 237

> 在科学上没有平坦的大道，只有不畏劳苦沿着陡峭山路攀登的人，才有希望达到光辉的顶点。
> ——马克思《资本论》第 1 卷法文版序言

在 1872 年以后的几年内，尽管健康状况非常不好，马克思仍然坚持工作。除了继续撰写《资本论》第二卷和第三卷外，他还亲自校订了根据《资本论》第一卷德文第二版翻译的法文版，并进一步作了修订。他称这一版本有"独立的科学价值"。（08-10）

08.《资本论》第 1 卷法文版封面
09. 马克思 1872 年 3 月 18 日给《资本论》第 1 卷法文版出版商莫里斯·拉沙特尔的信
10.《资本论》第 1 卷法文版的一页

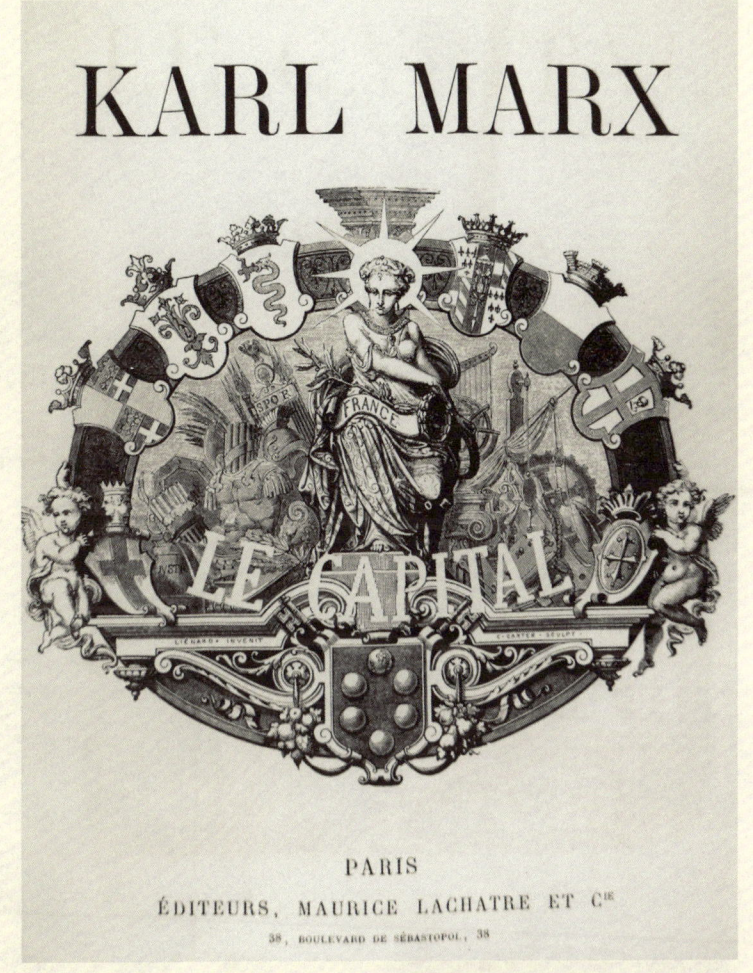

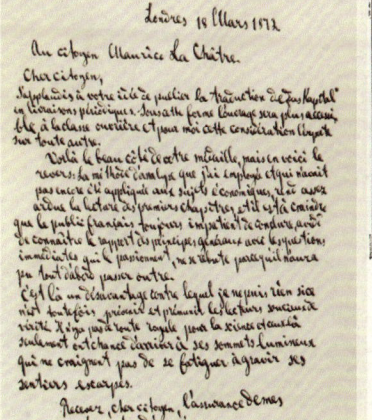

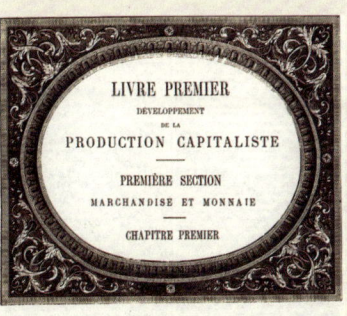

11. 马克思（1875 年于伦敦）

    1875年2月,德国社会民主工党(爱森纳赫派)和全德工人联合会(拉萨尔派)在哥达召开合并预备会议,并拟订了纲领草案。马克思抱病写了《德国工人党纲领批注》(后来通称《哥达纲领批判》),对纲领草案中的拉萨尔主义观点进行了尖锐批判。5月初,马克思将批评意见寄给了白拉克,并请他转给德国党的其他领导人。1891年,恩格斯将《哥达纲领批判》在德国社会民主党理论刊物《新时代》上公开发表。(12—19)

12. 1875年5月22—27日在哥达蒂沃利饭店举行的德国社会民主党人合并代表大会
13. 哥达蒂沃利饭店
14. 奥古斯特·倍倍尔(1840—1913),国际工人运动活动家,德国社会民主工党(爱森纳赫派)创始人和领导人之一。
15. 威廉·白拉克(1842—1880),德国社会民主工党(爱森纳赫派)创始人和领导人之一。
16. 威廉·李卜克内西(1826—1900),国际工人运动活动家,德国社会民主工党(爱森纳赫派)创始人和领导人之一。

在共产主义社会高级阶段，在迫使个人奴隶般地服从分工的情形已经消失，从而脑力劳动和体力劳动的对立也随之消失之后；在劳动已经不仅仅是谋生的手段，而且本身成了生活的第一需要之后；在随着个人的全面发展，他们的生产力也增长起来，而集体财富的一切源泉都充分涌流之后，——只有在那个时候，才能完全超出资产阶级权利的狭隘眼界，社会才能在自己的旗帜上写上：各尽所能，按需分配！

——马克思《哥达纲领批判》

17. 批判哥达纲领草案（中国画） 鸥洋 杨之光

> 一般说来，一个政党的正式纲领没有它的实际行动那样重要。但是，一个新的纲领毕竟总是一面公开树立起来的旗帜，而外界就根据它来判断这个党。
> ——恩格斯 1875 年 3 月 18—28 日给奥·倍倍尔的信

18. 马克思 1875 年 5 月 5 日给白拉克的信以及《德国工人党纲领批注》的开头部分
19. 《新时代》1890—1891 年第 9 年卷第 1 册第 18 期发表的《哥达纲领批判》和恩格斯写的序言

> 本书所阐述的世界观，绝大部分是由马克思确立和阐发的，而只有极小的部分是属于我的，所以，我的这种阐述不可能在他不了解的情况下进行，这在我们相互之间是不言而喻的。
>
> ——恩格斯《反杜林论》第 2 版序言

19 世纪 70 年代中期，德国小资产阶级社会主义者杜林的思想在德国社会主义工人党内广泛传播，给社会主义运动带来严重危害。马克思和恩格斯认为必须肃清杜林思想的影响。恩格斯花了两年时间写成《欧根·杜林先生在科学中实行的变革》（简称《反杜林论》）。马克思帮助收集了大量资料，并亲自撰写了第二编第十章《〈批判史〉论述》的初稿《评杜林〈国民经济学批判史〉》。恩格斯揭露和批判了杜林在哲学、政治经济学、社会主义理论方面的错误观点，系统阐述了马克思主义哲学、政治经济学、科学社会主义的基本原理。（20-23）

---

20. 恩格斯（1877 年）
21. 欧根·卡尔·杜林（1833—1921），德国折中主义哲学家和庸俗经济学家，小资产阶级社会主义者。
22. 《反杜林论》第 1 版扉页
23. 马克思为《反杜林论》写的《评杜林〈国民经济学批判史〉》手稿的一页

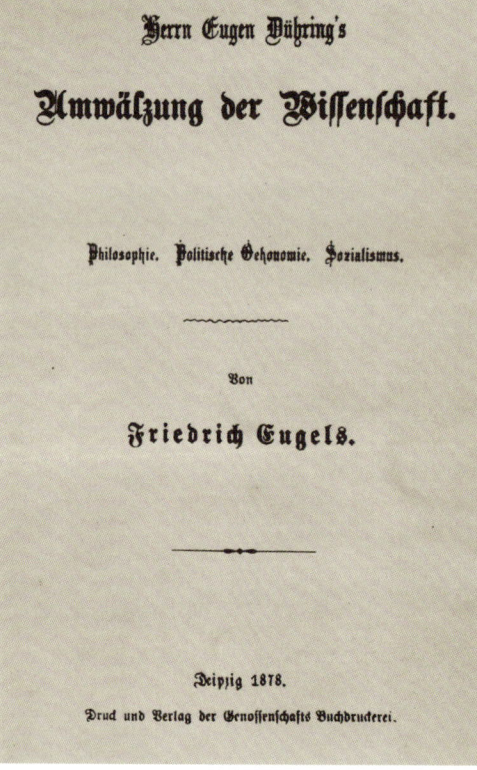

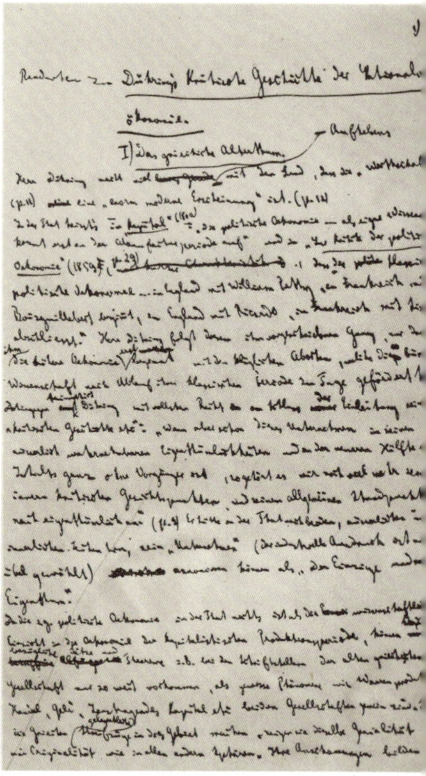

1878年10月,俾斯麦政府颁布反社会党人非常法。德国社会主义工人党被宣布为非法,党内出现了以卡尔·赫希柏格、卡尔·奥古斯特·施拉姆、爱德华·伯恩施坦为代表的右倾机会主义倾向。马克思和恩格斯给德国党的领导人写了一封通告信,批判了赫希柏格等人企图把德国党变成改良主义政党的错误主张,重申无产阶级和资产阶级之间的阶级斗争是"历史的直接动力"和"现代社会变革的巨大杠杆"。(24-26)

24. 马克思和恩格斯1879年9月17—18日给奥·倍倍尔等人通告信的第1页
25. 奥托·俾斯麦(1815—1898),普鲁士首相和德意志帝国首相。
26. 载有反社会党人非常法的1878年10月22日《帝国法律报》第34期

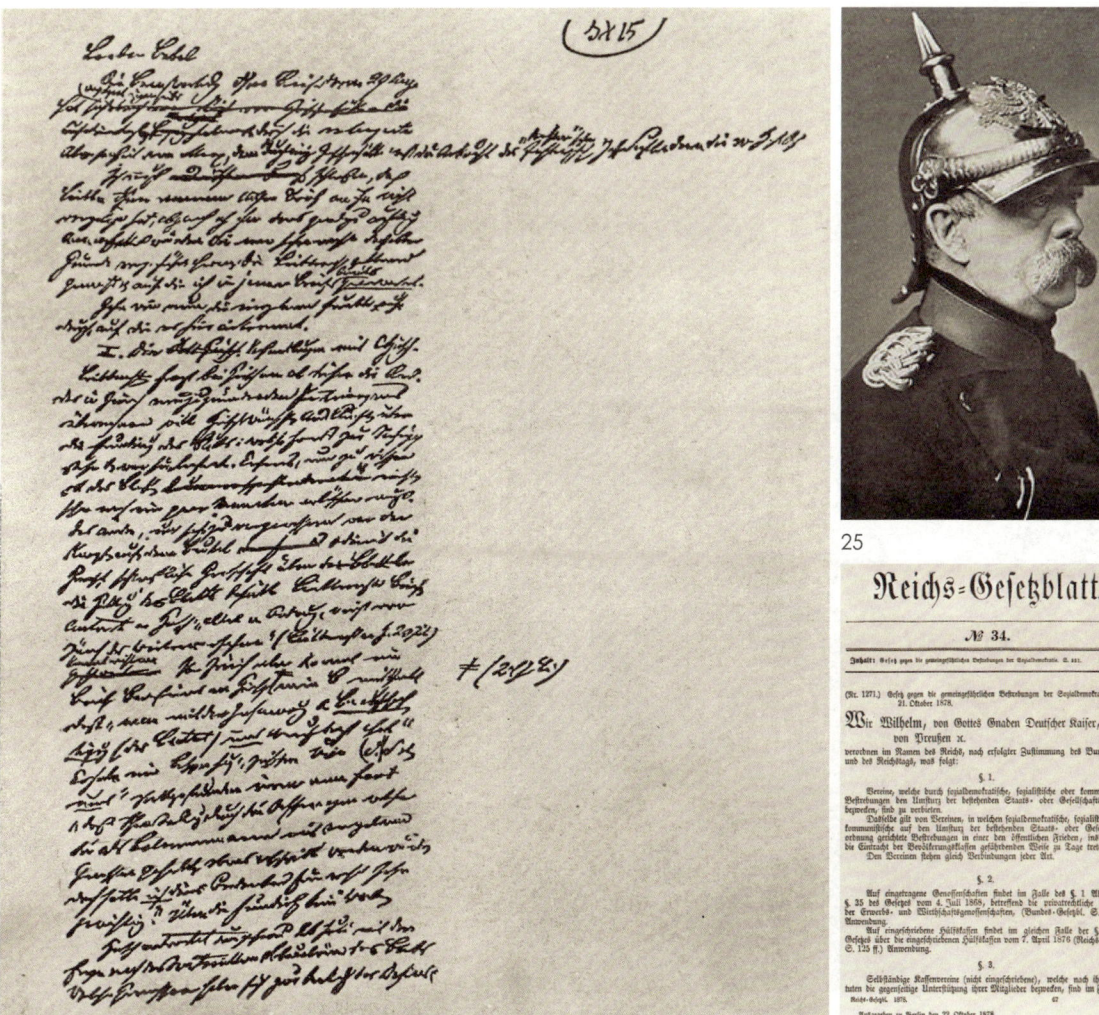

> 马克思由于在理论上和实践上的成就已经赢得了这样的地位，各国工人运动的最优秀的人物都充分信任他。他们在紧要关头都向他请教，而且总是发现他的建议是最好的。
> ——恩格斯1881年10月25日给爱·伯恩施坦的信

在马克思、恩格斯指导下，德国社会民主党对党内机会主义倾向进行了坚决斗争，并在1880年的维登代表大会上决定修改哥达纲领，确定了正确的斗争策略和斗争方向。（27-28）

---

27. 1881年李卜克内西和倍倍尔在莱比锡参加社会民主党人的秘密会议
28. 德国社会民主党维登代表大会会议记录

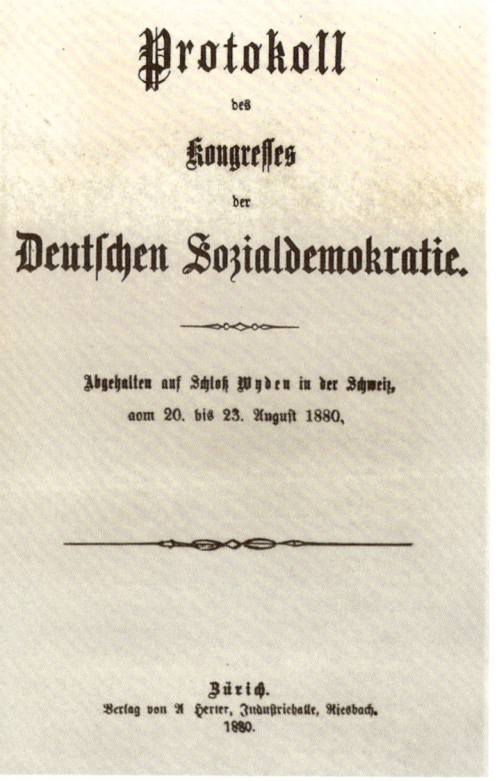

那个年代，马克思到处被人诽谤为人类最凶恶的敌人。可是我在这里却十分惊喜地看到他是多么亲切温和地同两个外孙一块儿玩，而孩子们又是多么深情地依恋着外祖父。

——奥古斯特·倍倍尔《我的一生》

1880年底，奥·倍倍尔等德国工人运动活动家先后来到伦敦，同马克思、恩格斯商讨党的事务和党报的工作，受到马克思一家的热情接待。（29）

29. 欢宴德国同志（中国画） 王庆明 甘正伦

1879年10月，法国工人社会主义者代表大会在马赛举行，会上通过了关于建立独立的工人阶级政党的决议。以茹尔·盖得为首的法国社会主义者决定，通过保尔·拉法格请求马克思和恩格斯帮助制定党的竞选纲领。1880年5月，盖得到伦敦向马克思和恩格斯请教。马克思口授了纲领的理论部分《法国工人党纲领导言（草案）》。他认为，"这个很精练的文件在导言中用短短的几行说明了共产主义的目的"，"这是把法国工人从空话的云雾中拉回现实的土地上来的一个强有力的步骤"。（30-33）

---

30. 载有马克思《法国工人党纲领导言（草案）》的1880年6月30日《平等报》第24号
31. 茹尔·盖得（1845—1922），国际工人运动活动家，法国工人党创始人之一。
32. 保尔·拉法格（1842—1911），国际工人运动活动家，法国工人党创始人之一。

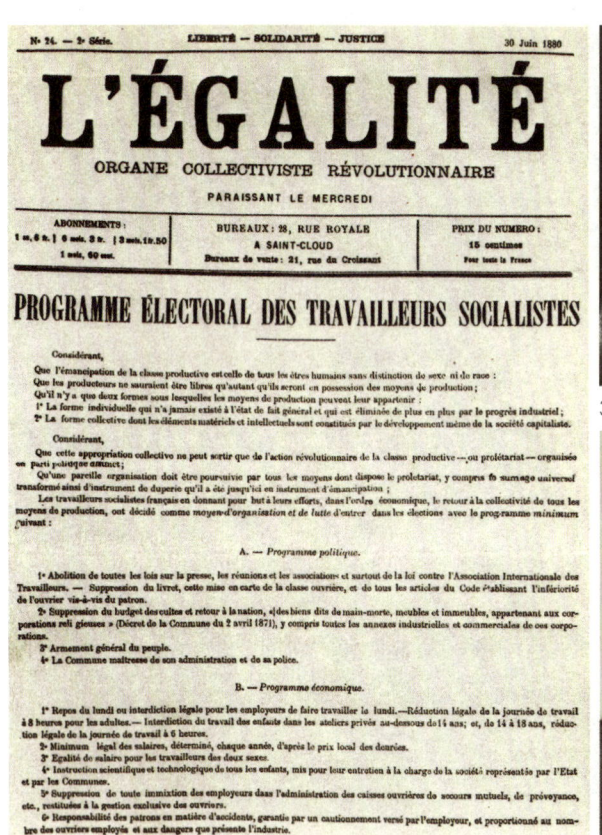

导言就是在这里,在我的房间里,我和拉法格都在场,由马克思口授,盖得笔录的:工人只有在成了他们的劳动资料的占有者时才能获得自由;这可以采取个体形式或集体形式;个体占有形式正在被经济的发展所排斥,而且将日益被排斥;所以,剩下的只是共同占有形式,等等。这真是具有充分说服力的杰作,寥寥数语就可以对群众说得一清二楚,这样的杰作是我少见的,措辞这样精练,真使我自己也为之惊叹。

——恩格斯1881年10月25日给爱·伯恩施坦的信

33. 帮助法国工人党制定纲领(素描) 潘鸿海

马克思晚年十分关注俄国和东方经济文化相对落后国家的发展道路。他同俄国的革命家和学者保持着密切的通信联系，探讨农奴制改革后俄国的发展方向和革命前景等问题，同时极其精辟地论述了社会历史研究中的科学方法问题。在《给〈祖国纪事〉杂志编辑部的信》和《给维·伊·查苏利奇的复信》等文献中，马克思坚决反对别人把他在《资本论》中关于西欧资本主义起源的历史概述变成一般发展道路的历史哲学理论，指出这样做"会给我过多的荣誉，同时也会给我过多的侮辱"。他强调，只有对不同历史环境中的历史现象分别进行深入细致的研究，然后再把它们加以比较，才能找到理解这种现象的钥匙。（34-40）

34. 马克思给俄国《祖国纪事》杂志编辑部的信的一页
35. 马克思1881年给查苏利奇的信（初稿第3页）

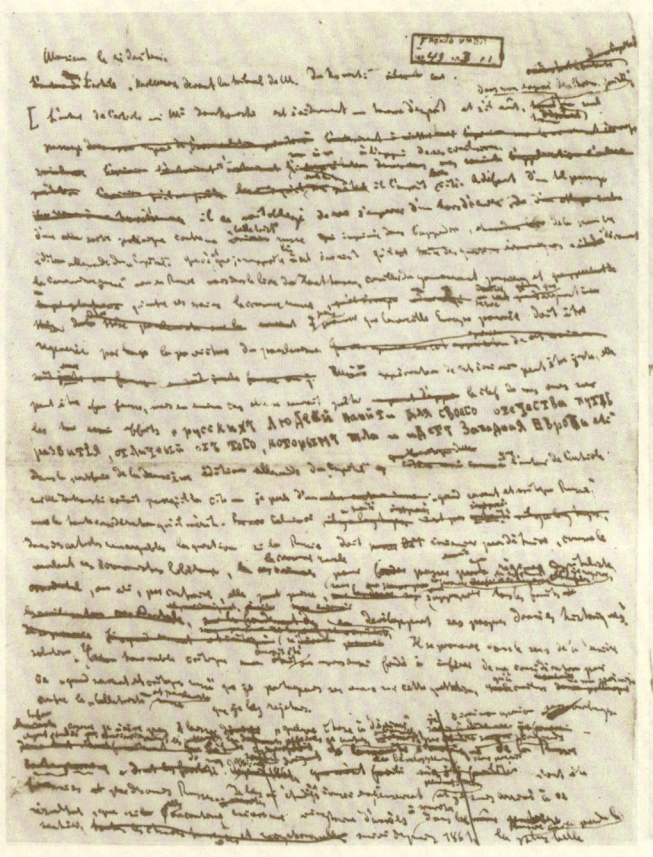

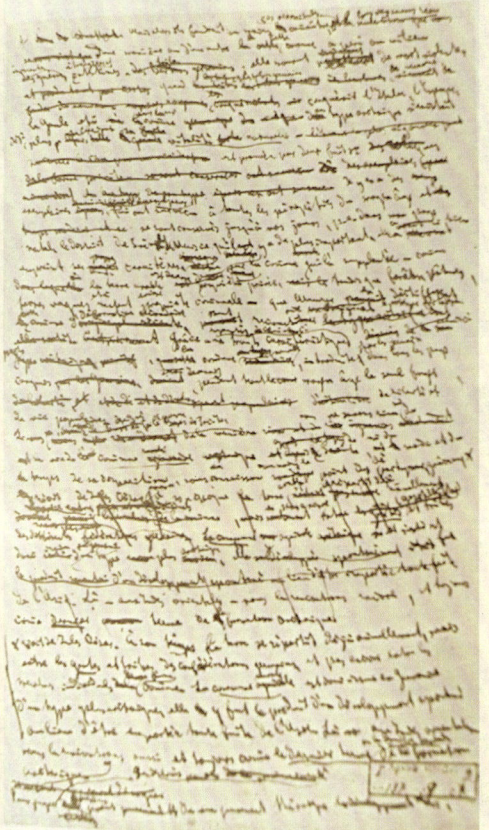

> 极为相似的事变发生在不同的历史环境中就引起了完全不同的结果。如果把这些演变中的每一个都分别加以研究，然后再把它们加以比较，我们就会很容易地找到理解这种现象的钥匙；但是，使用一般历史哲学理论这一把万能钥匙，那是永远达不到这种目的的，这种历史哲学理论的最大长处就在于它是超历史的。
>
> ——马克思《给〈祖国纪事〉杂志编辑部的信》

36. 维拉·伊万诺夫娜·查苏利奇（1851—1919），俄国民粹运动、社会民主主义运动活动家，劳动解放社创始人之一。
37. 彼得·拉甫罗维奇·拉甫罗夫（1823—1900），俄国社会学家和政论家，民粹派思想家，国际工人协会会员，巴黎公社参加者。
38. 马克西姆·马克西莫维奇·柯瓦列夫斯基（1851—1916），俄国社会学家、政治活动家、历史学家、民族学家和法学家，写有论述原始公社制度的著作。
39. 尼古拉·弗兰策维奇·丹尼尔逊（1844—1918），俄国经济学家、政论家和民粹派思想家，马克思《资本论》第1、2、3卷俄文版译者。
40. 马克思1881年写的《我的藏书中的俄国书籍》

在生命的最后十年，马克思继续在政治经济学和其他许多领域进行广泛研究，写作和修订《资本论》第二卷和第三卷，留下了大量的手稿。（41-44）

41. 马克思关于剩余价值率和利润率的数学计算（1875年）
42. 马克思关于地租问题的一页手稿（1876年）
43. 马克思《资本论》第2卷第Ⅴ稿的第27页（1877年）
44. 马克思关于扩大再生产的算式（1881年）

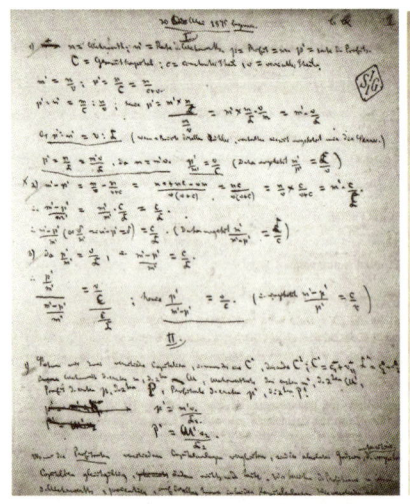

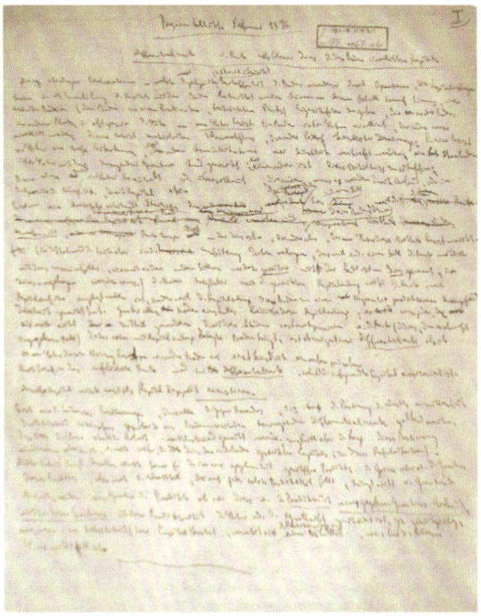

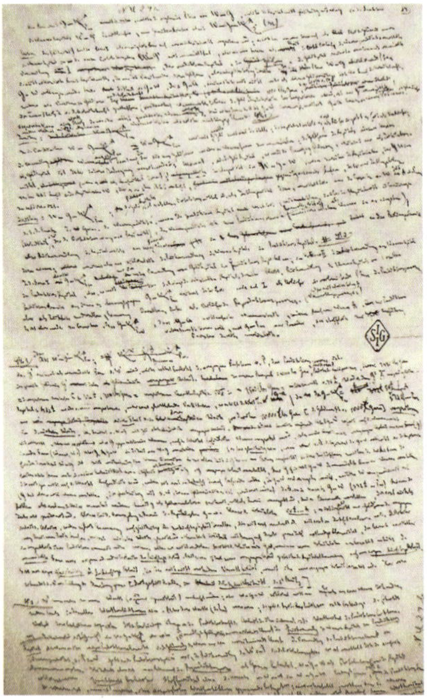

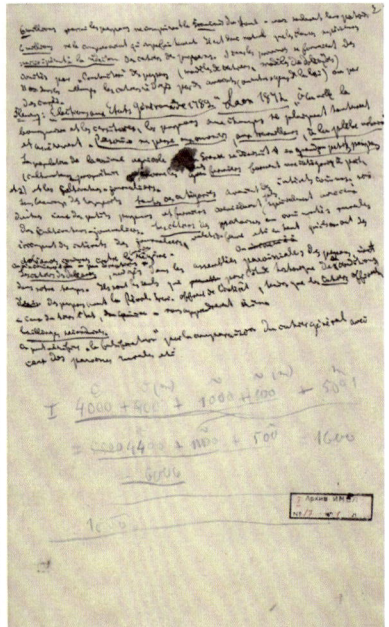

> 马克思主义这一革命无产阶级的意识形态赢得了世界历史性的意义,是因为它并没有抛弃资产阶级时代最宝贵的成就,相反却吸收和改造了两千多年来人类思想和文化发展中一切有价值的东西。
>
> ——列宁《关于无产阶级文化》

马克思晚年密切关注各个科学领域的新进展,积极吸收最新的科学成果。他广泛阅读历史学、人类学等学科的书籍,并作了大量的笔记和摘录。他对数学和自然科学始终保持着浓厚兴趣,经常对数学、化学和物理学问题进行研究。(45-52)

45. 马克思《历史学笔记》第2册的封面,标题是恩格斯加的。
46. 马克思《历史学笔记》的一页

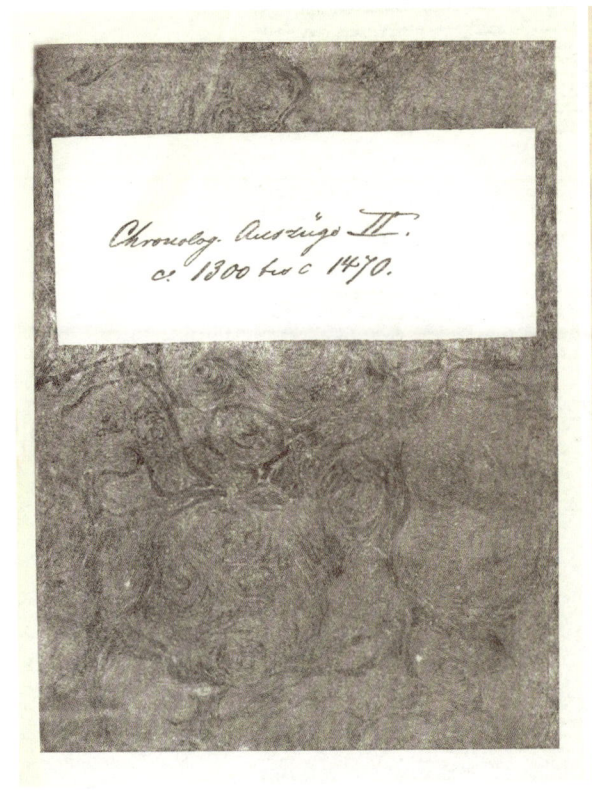

> 马克思在他所研究的每一个领域，甚至在数学领域，都有独到的发现，这样的领域是很多的，而且其中任何一个领域他都不是浅尝辄止。
>
> ——恩格斯《在马克思墓前的讲话》

47. 马克思关于导函数的一页手稿
48. 马克思关于原子理论的一页手稿
49. 马克思制作的无机化学和有机化学图表
50. 马克思关于地质学的一页手稿
51. 马克思关于物理学的一页手稿

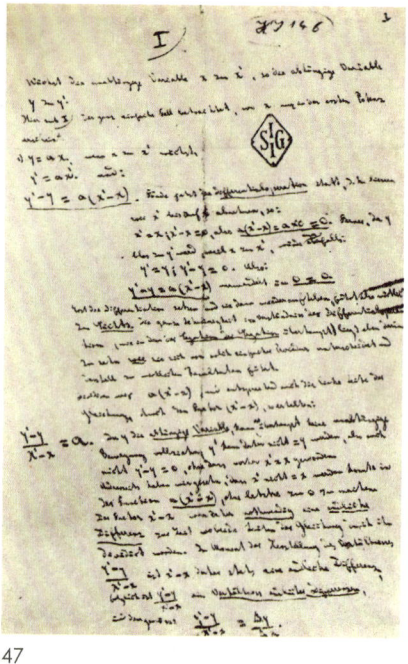

52. 马克思与数学（中国画） 刘大为

> 在论述社会的原始状况方面，现在有一本像达尔文的著作对于生物学那样具有决定意义的书，这本书当然也是马克思发现的，这就是摩尔根的《古代社会》（1877年版）。马克思谈到过这本书，但是，当时我脑子里正装着别的事情，而以后他也没有再回头研究；看来，他是很想回头再研究的，因为从他所作的十分详细的摘录中可以看出，他自己曾打算把该书介绍给德国读者。摩尔根在他自己的研究领域内独立地重新发现了马克思的唯物主义历史观，并且最后还对现代社会提出了直接的共产主义的要求。
>
> ——恩格斯1884年2月16日给卡·考茨基的信

为了深入探究人类社会发展规律，马克思密切关注古代社会史研究领域的新成果。他高度评价美国学者摩尔根的科学贡献，因为正如恩格斯所说，摩尔根在他自己的研究领域内独立地重新发现了马克思的唯物主义历史观，为揭示古代社会的历史真相提供了钥匙。马克思在病中潜心研读摩尔根的《古代社会》，作了详细摘录，写了大量批注，并准备全面阐述摩尔根的研究成果，进一步丰富历史唯物主义理论。然而这个计划没有来得及实施，马克思就与世长辞了。恩格斯后来充分利用并深入阐发马克思在对《古代社会》一书摘要中表述的思想，通过广泛的研究撰写了《家庭、私有制和国家的起源》这部重要著作，实现了马克思的遗愿。（53-55）

---

53. 马克思对《古代社会》一书的摘要
54. 路易斯·亨利·摩尔根（1818—1881），美国法学家、民族学家、考古学家和原始社会史学家。
55. 摩尔根《古代社会》1877年伦敦版扉页

| 奋斗不息的最后十年

> 他同病魔进行了顽强的斗争，因为他至死是一位战士，但他已被病魔摧毁了。他的健康状况越来越坏。他只要自私一点，完全可以把一切工作丢开不管。可是，有一种至高无上的东西支配着他，那就是对事业的献身精神。
>
> ——爱琳娜·马克思给威·李卜克内西的信

马克思晚年承担着繁重的工作，同时忍受着多种疾病的折磨。他的亲人们关心他、理解他、支持他，使他时时感受到家庭的温暖。马克思十分珍视宝贵的亲情和友情，以更加坚定的信念和惊人的毅力坚持工作，不断为无产阶级革命事业作出新的贡献。（56-61）

56. 马克思（1882年）
57. 伦敦梅特兰公园路41号，马克思一家从1875年3月起住在这里。

58. 与小外孙在一起（素描淡彩） 裘沙

亲爱的孩子，再见吧！没有任何事情比和你以及亲爱的孩子们一起度过的日子能使我更快乐的了。

——马克思 1881 年 8 月 18 日给燕妮·龙格的信

59. 马克思的小女儿爱琳娜（杜西）
60. 马克思的大女儿燕妮的儿子让·龙格（1876—1938）
61. 爱德华·艾威林（1851—1898），英国作家和政论家，英国社会主义同盟创始人之一，爱琳娜的伴侣。

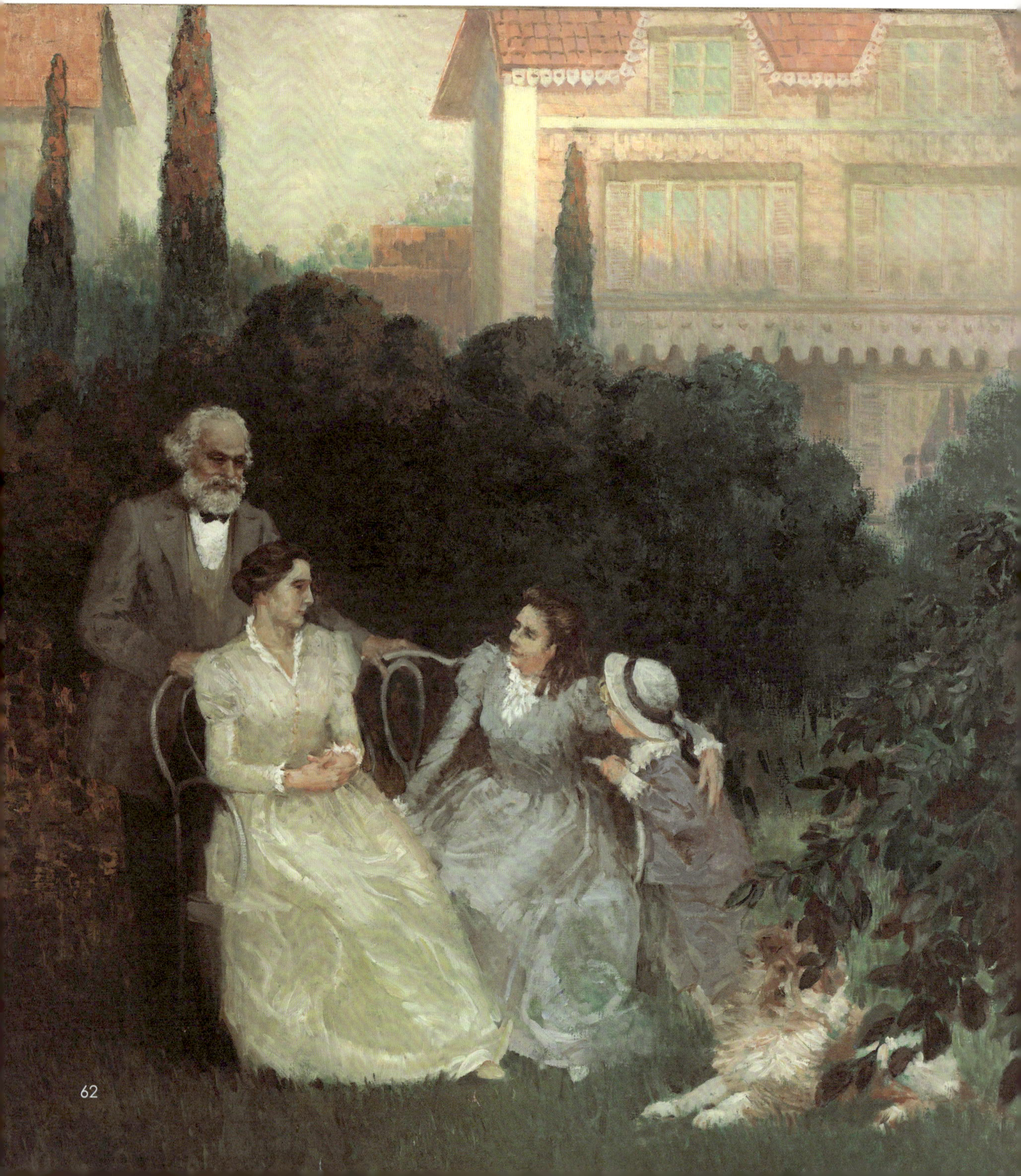

62

> 为了照顾病人,我同她一起度过了秋天,开始是在英国海边的一个小地方(伊斯特本),后来在阿让特伊(离巴黎大约有20分钟的路程)。在阿让特伊,我们能够同我们的大女儿(龙格夫人)以及她的4个对外祖父和外祖母十分依恋的小男孩(大的约5岁)生活在一起,感到非常愉快。
>
> ——马克思1881年12月13日给尼·弗·丹尼尔逊的信

1881年7月,马克思陪同患病的妻子燕妮到巴黎附近的阿让特伊作短期休养。德穆特陪伴前往。(62-64)

62. 在阿让特伊(丙烯画) 尚沪生
63. 马克思夫人燕妮·马克思
64. 海伦·德穆特(琳蘅,尼姆)(1823—1890),马克思一家的忠实朋友。

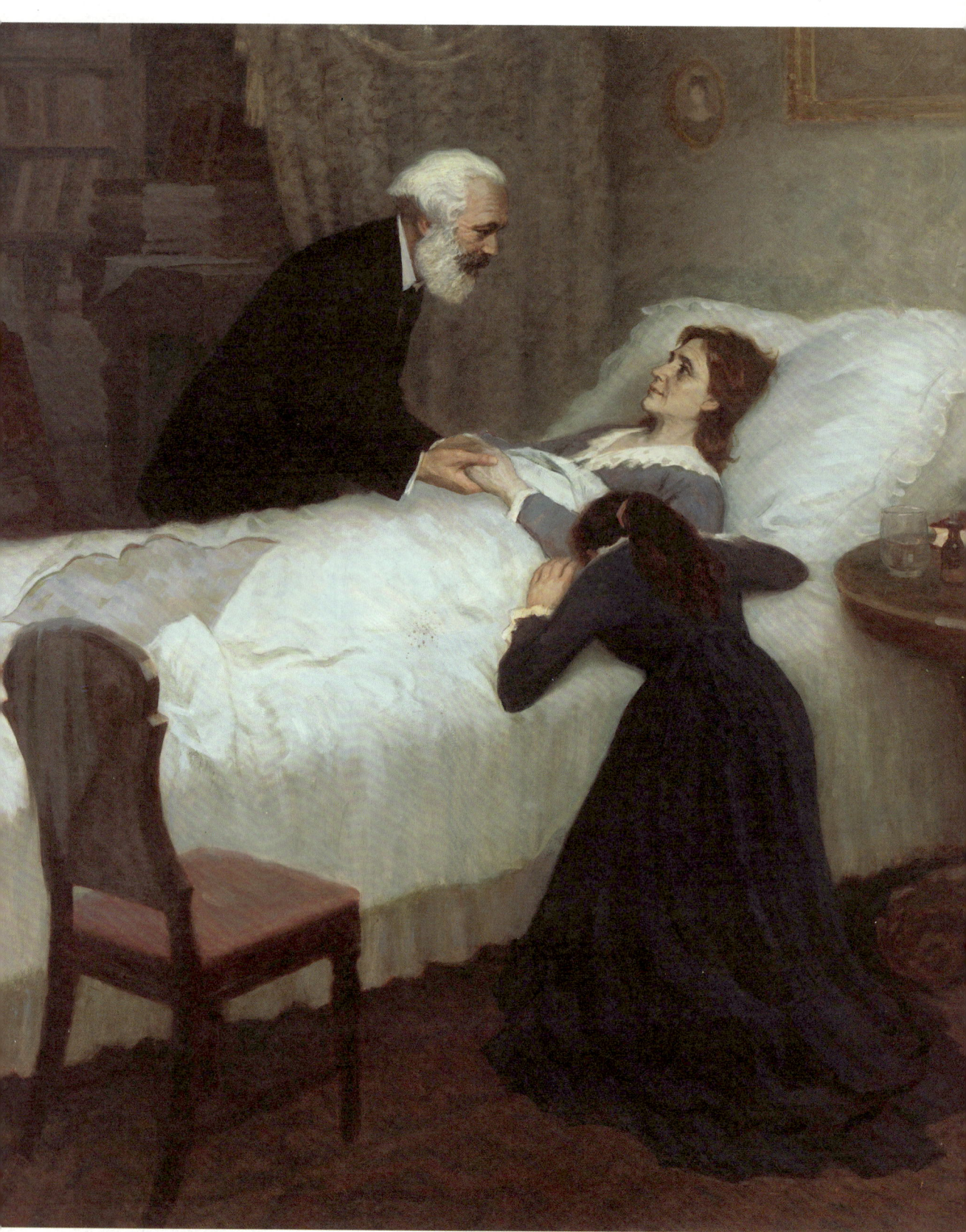

65. "卡尔，我不行了！"（油画） 杨红太

> 她在革命运动中表现出的睿智的批判精神，敏锐的政治嗅觉，充沛的精力，伟大的忘我精神，是公众看不到的，在报刊上也没有记载。她所做的一切只有和她在一起生活的人才了解。
>
> ——恩格斯《在燕妮·马克思墓前的讲话》

1881年12月2日，燕妮·马克思在受疾病长期折磨之后与世长辞。马克思失去了40年来与他患难与共、生死相依的伴侣。（65-67）

---

66. 燕妮·马克思1865年写的《动荡生活简记》手稿第1页。《简记》叙述了她和马克思从1843年6月结婚至1864年这一段的经历。
67. 晚年的燕妮·马克思

1883年1月11日，马克思的长女燕妮·龙格因病在巴黎附近的阿让特伊去世。这位沉着刚毅的女性在国际无产阶级斗争中度过了短暂的一生。恩格斯在悼念文章中写道："无产阶级失去了她这样一个英勇的战士。但是，她的悲痛万分的父亲至少还有这样一种安慰，这就是欧美千百万工人分担着他的悲痛。"（68-70）

68. 马克思的大女儿燕妮·龙格
69. 燕妮和龙格在巴黎附近阿让特伊的寓所，马克思1881年和1882年曾几次到这里小住。
70. 马克思女儿燕妮在自己的纪念册中留下的《自白》

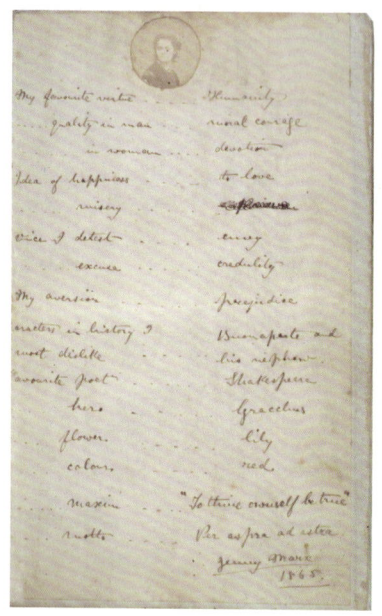

马克思女儿燕妮的《自白》

我喜爱的优点……博爱
　　男人的优点……见义勇为
　　女人的优点……忠诚
我对幸福的理解……爱
我对不幸的理解……（回答被涂抹掉）
我厌恶的缺点……妒忌
我能原谅的缺点……轻信
我讨厌的……偏见
我最不喜欢的历史人物……波拿巴和他的侄儿
我喜爱的诗人……莎士比亚
我喜爱的英雄……格拉古
我喜爱的花……百合花
我喜爱的颜色……红色
我喜爱的座右铭……"对你自己忠实"
我喜爱的格言……循此苦旅，以达天际

> 虽然今天晚上我看到他仰卧在床上,面孔已经僵硬,但是我仍然不能想象,这个天才的头脑不再用他那强有力的思想来哺育新旧大陆的无产阶级运动了。我们之所以有今天的一切,都应当归功于他;现代运动当前所取得的一切成就,都应归功于他的理论活动和实践活动;没有他,我们至今还会在黑暗中徘徊。
> ——恩格斯 1883 年 3 月 14 日给威·李卜克内西的信

1883 年 3 月 14 日下午两点三刻,国际无产阶级的革命导师马克思在工作室的座椅上与世长辞。(71)

71. 三月十四日(油画) 艾中信

马克思是属于无产阶级的。他的一生都献给全世界无产者了。全世界能够思考的、有思想的无产者都对他表示感激和尊敬。

——威廉·李卜克内西在马克思墓前发表的演说

马克思逝世后，各国工人阶级及其政党对这位伟大导师表示深切悼念。（72-74）

72. "他的英名和事业将永垂不朽！"（素描） 茹科夫
73. 1883年3月15日德国社会民主党中央机关报《社会民主党人报》刊登马克思逝世的讣告
74. 马克思的死亡证书

1883年3月17日，马克思的葬仪在伦敦海格特公墓举行。遵照逝者的遗愿，葬仪非常简朴，除亲属外，只有几位老朋友参加。恩格斯在墓前发表了讲话，高度评价了马克思作为科学家和革命家的光辉一生。（75-77）

75. 简朴的葬仪（丙烯画） 何孔德

卡尔·马克思是百年少有的杰出人物之一。查理·达尔文发现了我们星球上有机界的发展规律。马克思则发现了决定人类历史运动和发展的基本规律……马克思还发现了一个规律。就是这个规律造成了我们的社会现状和这个社会的阶级大分化——分化成资本家和雇佣工人；现在这个社会就是按照这个规律组织起来、成长起来的，一直成长到差不多已经过了时，而且就是按照这个规律，这个社会最终必将像所有以前的社会历史阶段一样灭亡。
　　　　　　　　　　　　　　——恩格斯《马克思墓前讲话草稿》

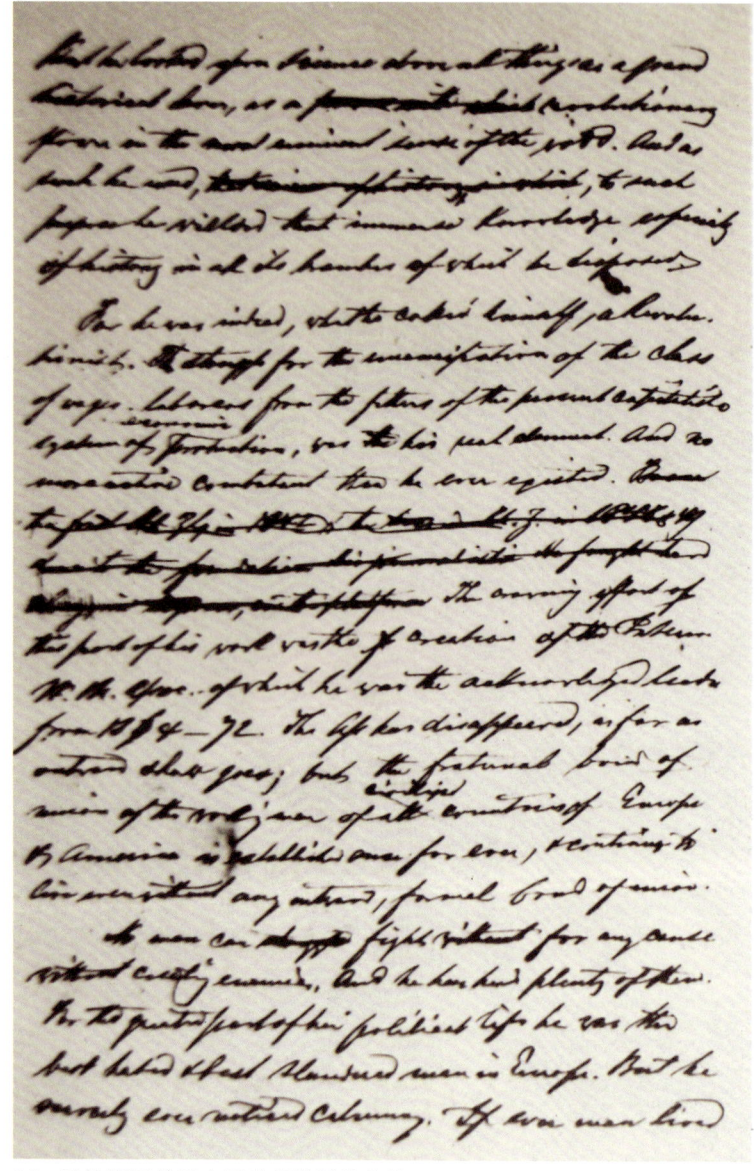

76. 恩格斯写的马克思墓前讲话的草稿

> 在整个欧洲和美洲,从西伯利亚矿井到加利福尼亚,千百万革命战友无不对他表示尊敬、爱戴和悼念,而我可以大胆地说:他可能有过许多敌人,但未必有一个私敌。他的英名和事业将永垂不朽!
>
> ——恩格斯《在马克思墓前的讲话》

77. 伦敦海格特公墓中的马克思墓

78. 1956年为纪念马克思逝世73周年在伦敦海格特公墓新修的马克思墓

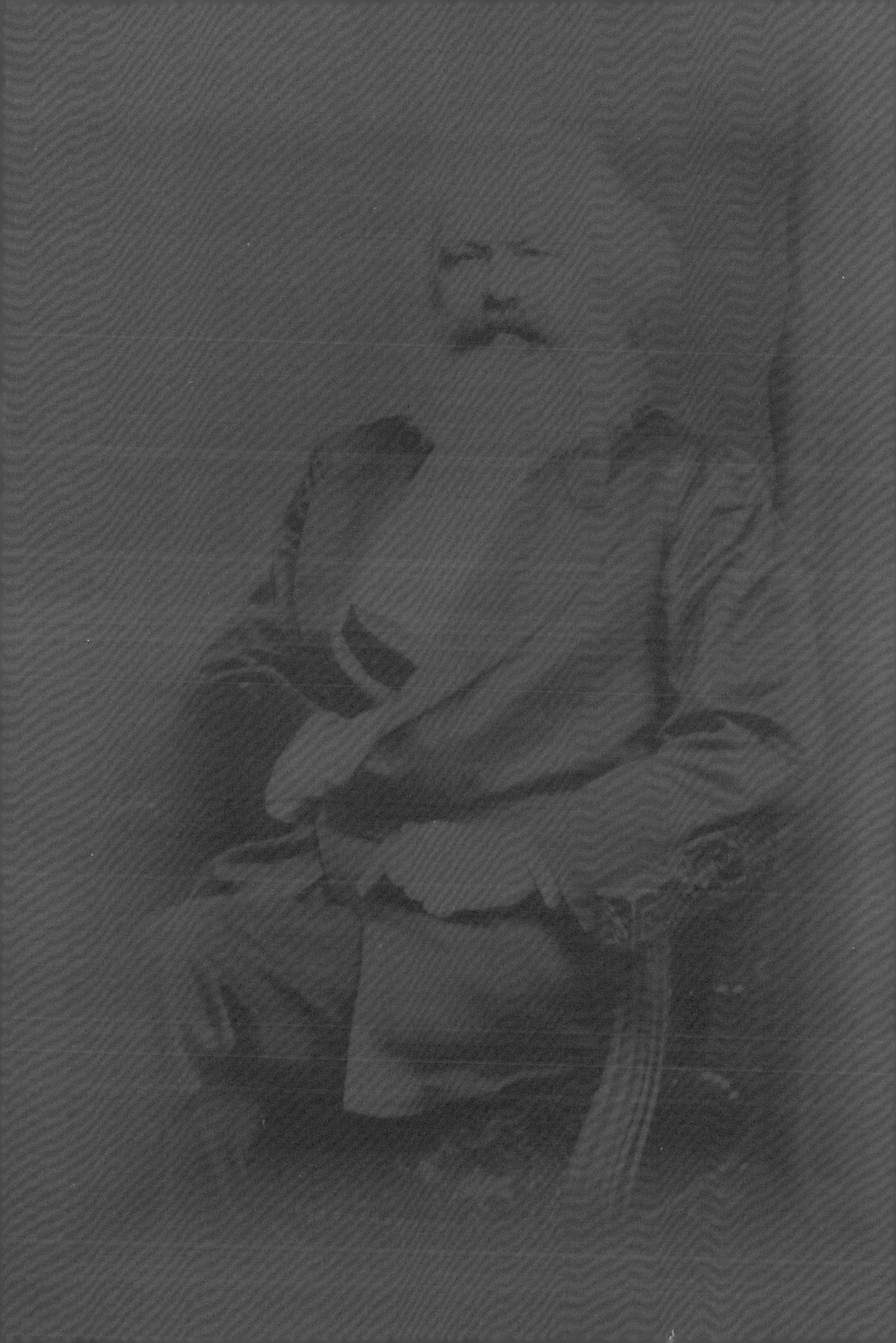

第十章
马克思恩格斯著作在中国的传播

马克思主义诞生于 19 世纪 40 年代。这一时期，中国刚刚经历了鸦片战争，深受封建王朝和西方列强双重压迫的中国人民开始为探寻民族复兴之路而进行艰辛的求索。直到 19 世纪末、20 世纪初，中国人民才零星地了解马克思恩格斯的著作。1917 年俄国十月革命胜利后，马克思恩格斯的学说开始在中国广泛传播，正如毛泽东同志所说："十月革命一声炮响，给我们送来了马克思列宁主义。""这时，也只是在这时，中国人民从思想到生活，才出现了一个崭新的时期。"中国共产党从成立时起就把马克思列宁主义作为指导思想，在革命、建设和改革的历程中，始终坚持把马克思主义基本原理同中国实际相结合，创造性地运用和发展马克思主义。毛泽东思想、邓小平理论、"三个代表"重要思想、科学发展观、习近平新时代中国特色社会主义思想，就是马克思主义中国化的光辉理论成果。在中国化马克思主义的指引下，我们这个东方文明古国发生了翻天覆地的巨变。

我们党为了用科学理论武装全党，历来十分重视马克思主义经典著作的编译出版。党成立后，立即组织力量推进这项意义重大而又极为艰巨的工作。一批杰出的马克思主义理论工作者和进步知识分子克服重重困难，甚至甘冒生命危险，编译出版了各种重要的经典著作，为传播真理之火作出了宝贵贡献。1938 年，党中央在延安组建了第一个经典著作编译机构，有力地推动了马列主义的传播。新中国成立前，公开出版的马列著作中文译本已达 530 余种，马克思恩格斯的最重要的著作大多译成了中文，为我们党领导人民革命事业走向胜利提供了强大的思想武器。

新中国成立后不久，党中央于 1953 年 1 月决定成立中共中央马克思恩格斯列宁斯大林著作编译局，以便有系统有计划地翻译马克思、恩格斯、列宁、斯大林的全部著作。这一决定标志着马克思主义经典著作在中国的传播进入了一个全新的历史阶段，表明我们党旗帜鲜明地把马克思主义作为立国之本。中央编译局成立后，根据党中央的决定，立即启动并有序推进《马克思恩格斯全集》、《列宁全集》和《斯大林全集》编译工程。从20世纪50年代到70年代，完成了《马克思恩格斯全集》第一版第1—39卷的编译工作。此外还编译了《马克思恩格斯选集》第一版以及各种单行本和专题读本。这些著作由人民出版社出版并大量发行，为学习和研究马克思主义提供了基础文本，对推进党的思想理论建设发挥了重要作用。

党的十一届三中全会开启了建设中国特色社会主义的新时期。马克思主义经典著作编译出版事业也出现了崭新局面。中央编译局在完成《马克思恩格斯全集》第一版补卷第40—50卷编译出版任务之后，于1986年7月开始编译《马克思恩格斯全集》第二版；在此期间还编译了《马克思恩格斯选集》第二版以及《马克思列宁主义文库》。2004年，党中央为进一步加强思想理论建设，决定实施马克思主义理论研究和建设工程，并把编译十卷本《马克思恩格斯文集》和五卷本《列宁专题文集》列为理论工程的重点项目。2009年底，由中央编译局编译的两部文集正式出版。这两部文集选文精当、译文准确、资料翔实，是马克思主义理论研究和建设工程的标志性成果，是广大干部群众学习马克思主义经典著作的权威性教材，对于推进马克思主义中国化、时代化、大众化具有重要意义。

"实践发展永无止境，我们认识真理、进行理论创新永无止境。"党的十八大以来，以习近平同志为核心的党中央高举马克思主义伟大旗帜，开辟了马克思主义中国化新境界、中国特色社会主义新境界。在中国共产党领导人民实现中华民族伟大复兴的新征程中，马克思主义真理日益彰显出强大的生命力，经典著作编译工作也在与时俱进、奋力开拓中不断取得新成果。《马克思恩格斯全集》第二版编译工作扎实推进，迄今已出版29卷；《马克思恩格斯选集》第三版顺利出版；《马克思主义经典作家文库》以崭新的面貌陆续问世。党的十九大为马克思主义理论研究和建设指出了更加明确的方向，注入了更加强劲的动力。在习近平新时代中国特色社会主义思想指引下，经典著作编译事业必将更好地回应实践需求，作出无愧于伟大时代的新贡献。

01. 为人类工作（雕塑） 潘鹤

> 十月革命一声炮响,给我们送来了马克思列宁主义。
> ——毛泽东《论人民民主专政》

20世纪初,半殖民地半封建的中国灾难日益深重。一批爱国的先进分子积极地向西方学习,以寻找救国救民之道。他们当中的一些人在介绍欧洲各种社会主义学说时,也零星地介绍了马克思和恩格斯的思想。1917年俄国十月革命的伟大胜利,迅速激起中国人民对马克思主义的热烈向往。在十月革命的鼓舞下,随着工人运动的兴起和五四运动的爆发,马克思主义开始在中国广泛传播,成为中国人民彻底改变中华民族命运、实现民族复兴的强大思想武器。(02)

02. 在全俄苏维埃第二次代表大会上(油画) 谢罗夫

五四运动前后,以陈独秀、李大钊、毛泽东等为代表的先进分子相继组织马克思主义研究团体和共产主义小组,创办报纸杂志,介绍俄国十月社会主义革命的伟大成就,积极传播马克思列宁主义理论。(03-09)

03. 马克思列宁主义在中国的早期传播者、中国共产党创始人之一陈独秀(1879—1942)
04. 陈独秀创办并主编的《新青年》(创刊时名为《青年杂志》)封面
05. 马克思列宁主义在中国的早期传播者、中国共产党创始人之一李大钊(1889—1927)
06. 李大钊主持的马克思学说研究会的办公室和图书室(当时被称为"亢慕义斋"。"亢慕义"为英文Communism的音译,意为"共产主义"。)
07. 载有李大钊《我的马克思主义观》的《新青年》杂志

| 马克思恩格斯著作在中国的传播 275

试看将来的环球，必是赤旗的世界！
——李大钊《*Bolshevism* 的胜利》

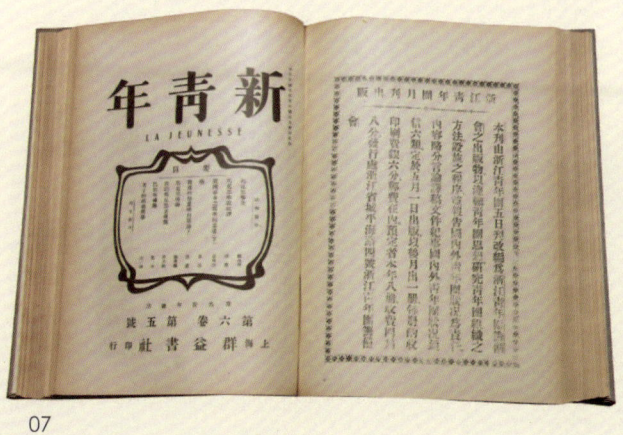

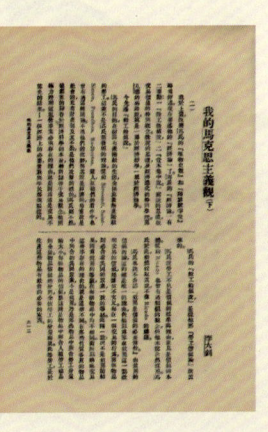

05 06

07

自从中国人学会了马克思列宁主义以后，中国人在精神上就由被动转入主动。从这时起，近代世界历史上那种看不起中国人，看不起中国文化的时代应当完结了。

——毛泽东《唯心历史观的破产》

08. 马克思列宁主义在中国的早期传播者、中国共产党创始人之一毛泽东（1893—1976）

09. 毛泽东主编的《湘江评论》

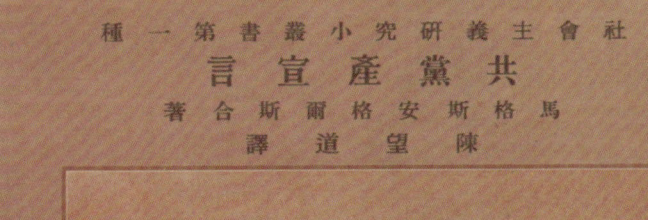

1920年8月，上海共产主义小组成员陈望道翻译的《共产党宣言》正式出版发行，这是《共产党宣言》在中国的第一个全译本，也是马克思恩格斯著作在中国出版的第一个单行本。(10-11)

10. 1920年8月出版的《共产党宣言》中译本（书名错印为《共党产宣言》）
11. 陈望道（1891—1977）

12. 中国共产党第一次全国代表大会会址

中国共产党自成立之日起，就把马克思列宁主义作为指导思想。1921年9月，党在上海创建了第一个出版机构——人民出版社，由党中央宣传主任李达负责。该社成立后首先确定出版《马克思全书》和《列宁全书》。1923年11月又成立了上海书店，并以此为中心在全国建立了传播马列著作和革命书籍的发行网。（12—17）

| 马克思恩格斯著作在中国的传播　279

13. 党的第一个出版机构——人民出版社旧址（原上海南成都路辅德里625号）
14. 李达（1890—1966）
15. 《马克思全书》第二种：《工钱劳动与资本》，今译《雇佣劳动与资本》。
16. 党的第二个出版发行机构——上海书店旧址（原上海南市小北门民国路振业里11号）
17. 《马克思全书》目录

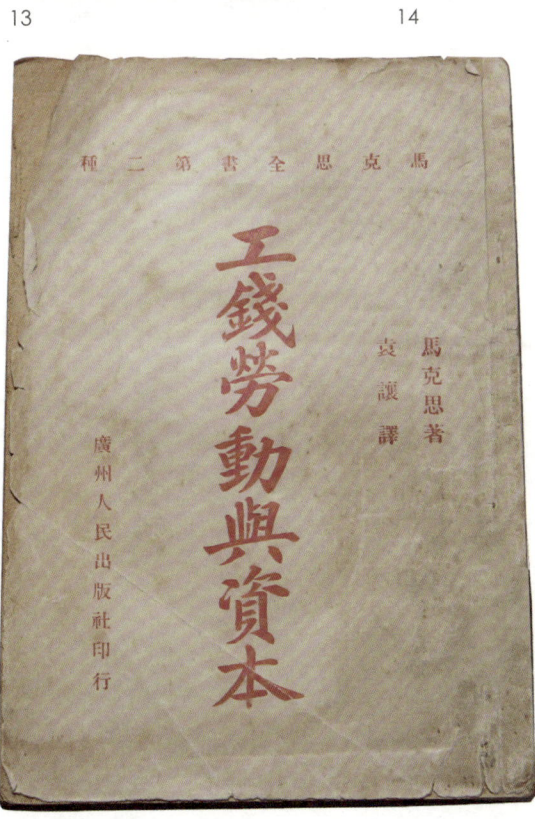

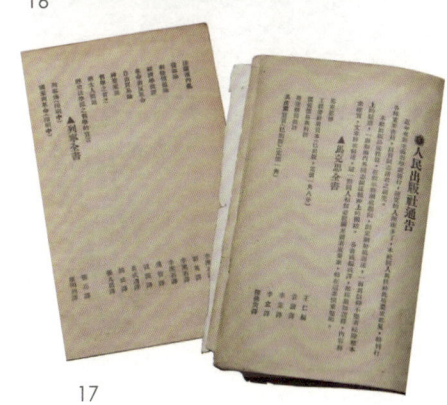

20世纪20—30年代，在国民党反动统治者查禁进步书刊的白色恐怖下，我们党克服重重困难，组织力量编译出版了马克思、恩格斯的数十种重要著作。不少进步知识分子出于对真理的向往，自觉地投身于马克思主义著作的编译事业，为传播马克思主义作出了重要贡献。（18-19）

18. 20世纪20—30年代编译出版的马克思恩格斯著作部分中译本

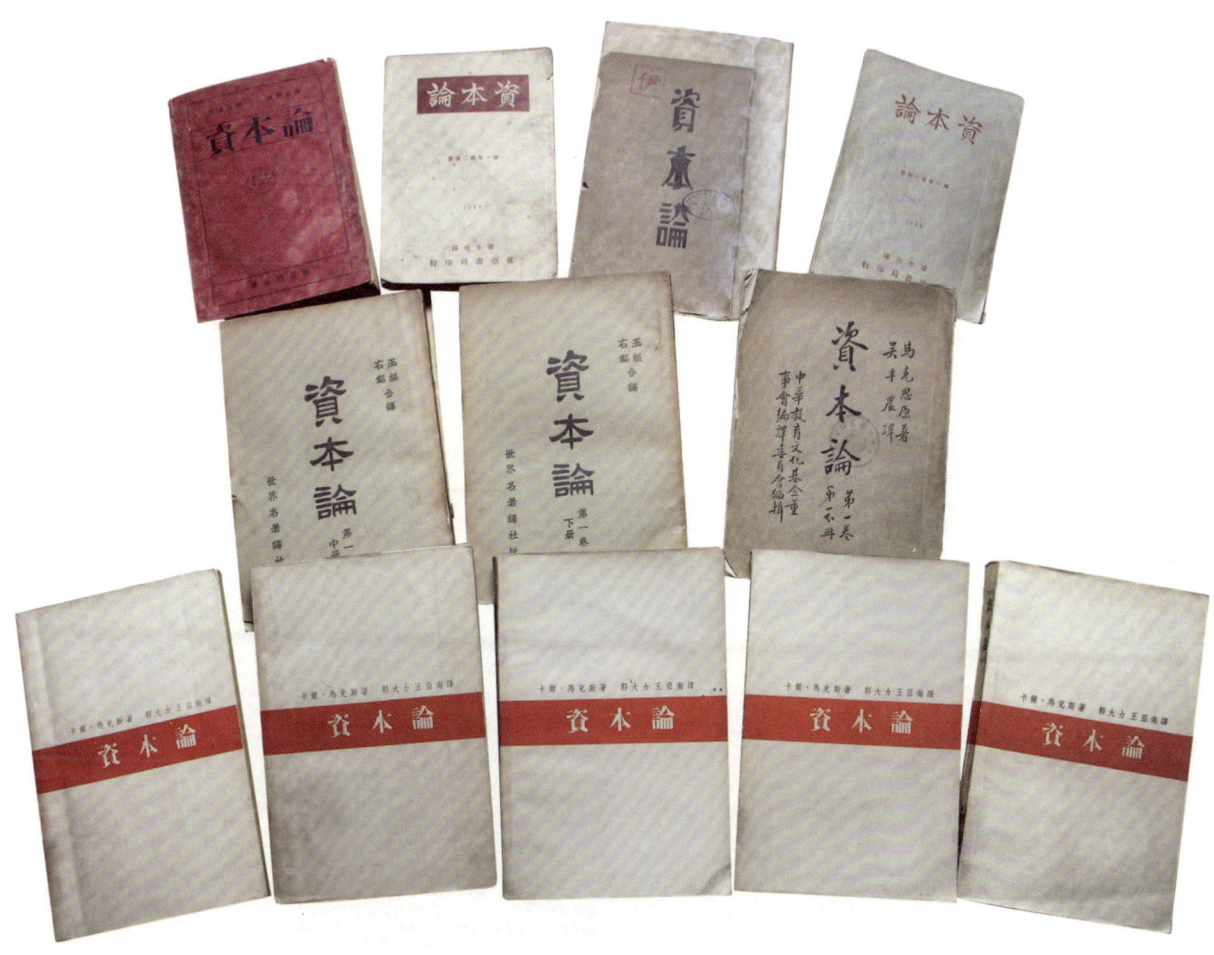

19. 20世纪30年代出版的《资本论》中译本

在中国的马克思主义传播史上，大批"伪装书"的出现是一个不同寻常的现象，它证明了反动派的凶残，也体现了革命者的智慧。在国民党统治区，为了避开反动势力的耳目，我们党的出版工作者不得不将革命书刊"伪装"起来。这些书刊题为《世界全史》、《海上花列传》、《东周列国志》、《秉烛后谈》等等，而翻开封面、目录和前言之后，读者看到的却是马克思主义的革命文献，真理之火就以这种方式得到了广泛的传播。（20）

20. 20世纪20—40年代伪装出版的革命书刊

党中央和毛泽东同志高度重视马列著作编译工作。1938年5月5日,延安马列学院成立,学院下设马列主义经典著作编译部。根据党中央的决定,由张闻天同志任学院院长并兼任编译部主任。马列学院编译部是由党中央正式组建的第一个经典著作编译机构。这个机构的诞生,是中国马克思主义传播史上的创举。(21-23)

21. 延安马列学院旧址(蓝家坪)
22. 革命根据地的印刷厂
23. 张闻天(1900—1976)

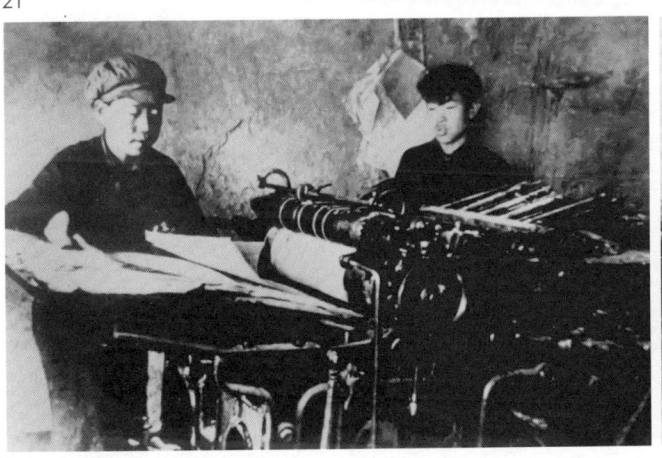

> 作翻译工作的同志很重要，不要认为翻译工作不好。我们现在需要大翻译家。我是一个土包子，要懂一点国外的事还是要靠翻译。我们党内能直接看外国书的人很少，凡能直接看外国书的人，首先要翻译马、恩、列、斯的著作，翻译苏联先进的东西和各国马克思主义者的东西。
> ——毛泽东《在中国共产党第七次全国代表大会上的口头政治报告》

1943年5月，在毛泽东同志提议下，党中央作出关于加强马列主义经典著作翻译工作的决定，毛泽东同志亲自审定了决定的内容。决定要求重新校阅已经出版的马列经典著作，并强调了这些工作的极端重要性。在延安期间，毛泽东同志还经常与翻译工作者研讨经典著作的理论要旨和译文表述问题。（24）

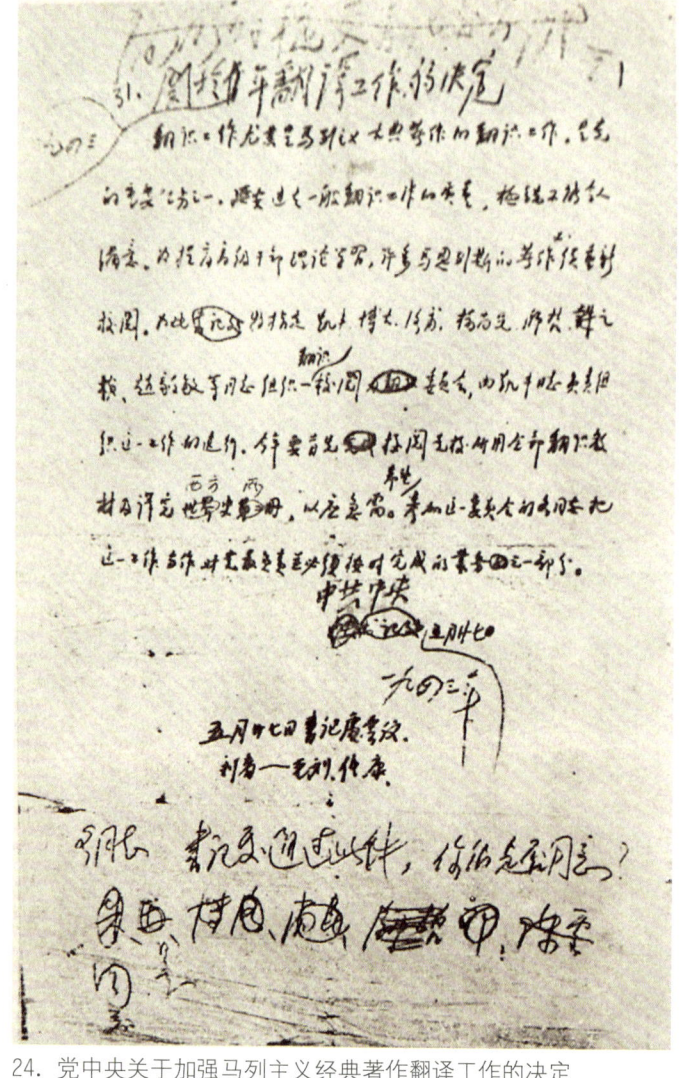

24. 党中央关于加强马列主义经典著作翻译工作的决定

马列学院编译部成立后，在党中央的正确领导和关心支持下，马列著作的编译出版工作呈现出前所未有的气象和规模。编译工作者不畏艰难，不辱使命，在极其艰苦的条件下翻译了大量经典著作，推动了中国共产党领导的争取民族独立和人民解放的伟大事业。从1938年到1942年，延安解放社陆续出版了《马克思恩格斯丛书》10种、《列宁选集》16卷。新中国成立前，我国公开出版的马列著作达530余种，马克思和恩格斯的重要著作大多译成了中文。（25-26）

---

25. 八路军战士认真阅读马列著作
26. 《马克思恩格斯丛书》

在中国革命的艰苦历程中,以毛泽东同志为主要代表的中国共产党人十分重视学习和运用马克思列宁主义理论。在斗争的关键时刻,党的领导人总是率先垂范,带领全党同志认真学习马列著作。(27-30)

27. 毛泽东同志在抗大成立三周年纪念大会上讲话
28. 毛泽东同志批示印发的干部必读书目
29. 解放社出版的《干部必读》丛书

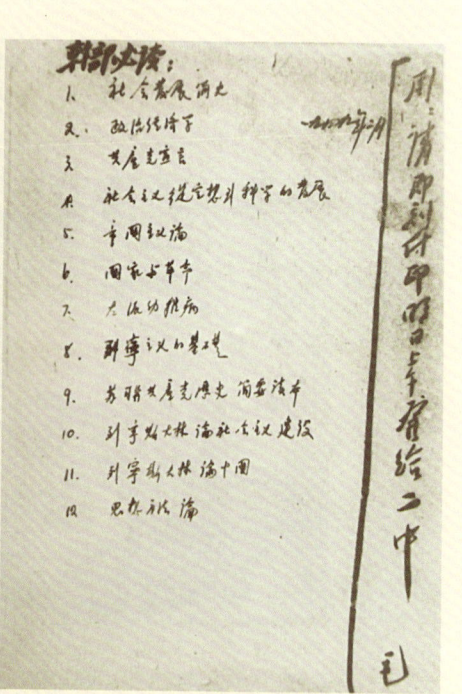

30. 毛泽东、周恩来、刘少奇、朱德读过的马克思恩格斯著作

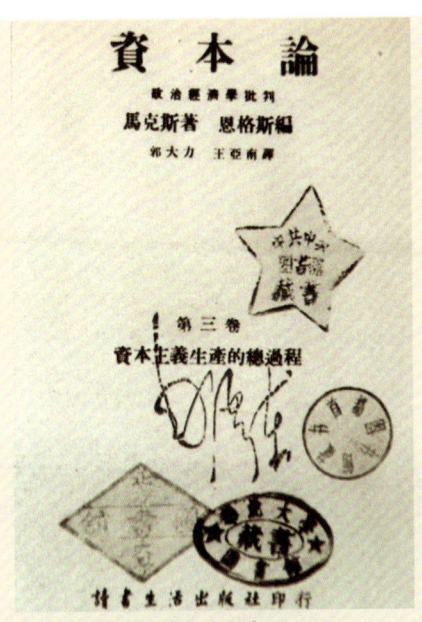

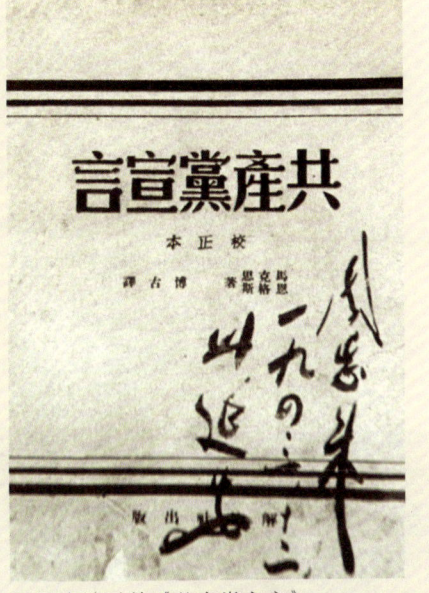

毛泽东读过的《资本论》　　　　　周恩来读过的《共产党宣言》

刘少奇读过的《资本论》　　　　　朱德读过的《马克思恩格斯全集》

>领导我们事业的核心力量是中国共产党。指导我们思想的理论基础是马克思列宁主义。
>——毛泽东《为建设一个伟大的社会主义国家而奋斗》

1949年10月1日中华人民共和国成立。我们党把马克思列宁主义作为立国之本,高度重视科学理论的学习和运用。中国人民革命和建设事业的发展,为马克思主义经典著作编译事业的整体推进提供了前所未有的条件,同时也提出了更高的要求。(31)

31. 开国大典(油画) 董希文

1953年1月29日，经毛泽东同志亲自批示，中央决定成立中共中央马克思恩格斯列宁斯大林著作编译局，以便有系统有计划地编译马克思、恩格斯、列宁、斯大林的全部著作，从此马克思主义经典著作在中国的传播进入一个全新的历史阶段。（32-34）

32. 毛泽东同志在开国大典上讲话
33. 党中央关于成立马恩列斯著作编译局的决定
34. 毛泽东同志为中央编译局题写的《学习译丛》刊名

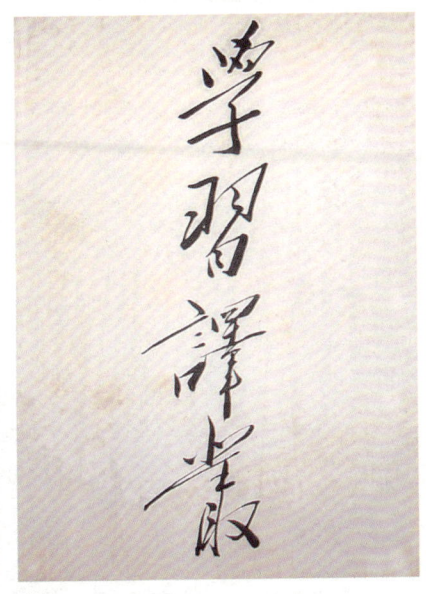

中央编译局成立后，按照党中央要求有系统地、有计划地编译出版马克思主义经典作家的著作，为研究、学习和宣传马克思主义提供扎实可靠的文本基础，有力地推动了马克思主义中国化的进程。（35-36）

35. 中央编译局旧貌
36. 中央编译局今貌

| 马克思恩格斯著作在中国的传播 291

在党中央的正确领导和周密部署下，马克思主义经典著作的传播事业不断推进。思想界、理论界和新闻出版界通过各种形式广泛宣传马克思主义经典作家的生平事业和科学理论。（37-42）

37. 新中国成立后在北京举办的纪念马克思的展览
38. 1954年中央编译局首次举办的"马克思列宁主义经典著作在中国的传播"展览

39. 1953年5月5日是马克思诞辰135周年,《光明日报》专题介绍马克思著作在中国的传播情况。

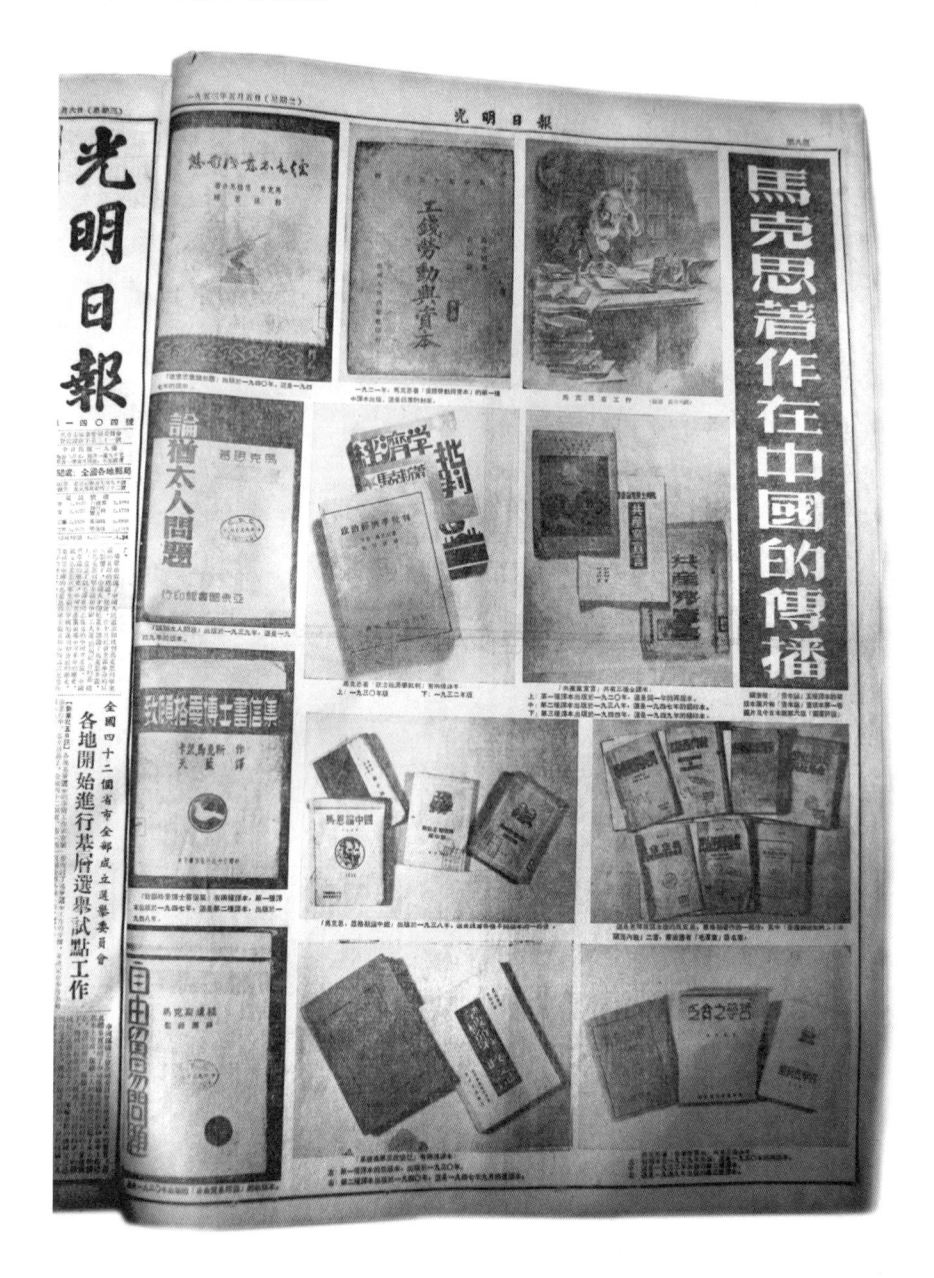

40. 20世纪50年代群众在书店踊跃购买马克思的各种著作
41. 20世纪50年代各大报纸纪念马克思的部分文章

42. 中国收藏的部分马克思手稿

马克思致玛蒂尔达·贝瑟姆－爱德华兹的信（中央档案馆收藏）

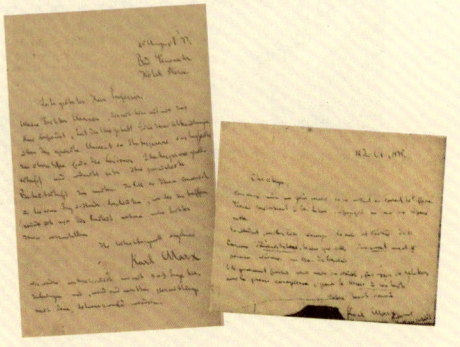

马克思致尼古劳斯·德利乌斯和致茹斯特·韦努伊埃的信（国家图书馆收藏）

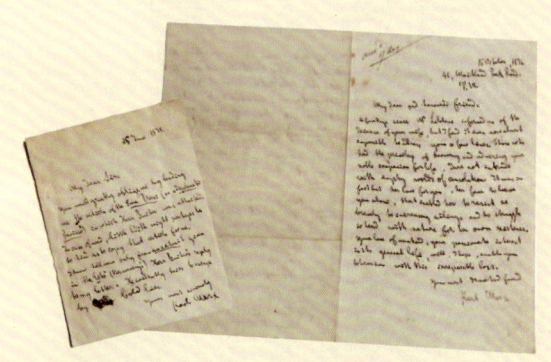

马克思致科勒特·多布森·科勒特和致托马斯·奥尔索普的信（中央编译局收藏）

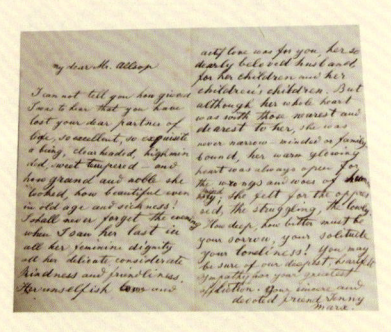

马克思致托马斯·奥尔索普的信背面所附的燕妮·马克思的信

20世纪50—70年代，中央编译局根据苏共中央马列主义研究院编辑的《马克思恩格斯全集》俄文第二版，并参考其他外文版本，编译了《马克思恩格斯全集》中文第一版第1—39卷，由人民出版社出版，并大量发行。为适应不同读者、不同部门的需求，中央编译局和国内有关单位还大量编辑出版了选集、文集、专题读本和单行本，推动了马克思主义的宣传和普及事业。（43-47）

43. 《马克思恩格斯全集》中文第1版第1卷
44. 20世纪50年代的人民出版社
45. 《马克思恩格斯全集》中文第1版第1—39卷

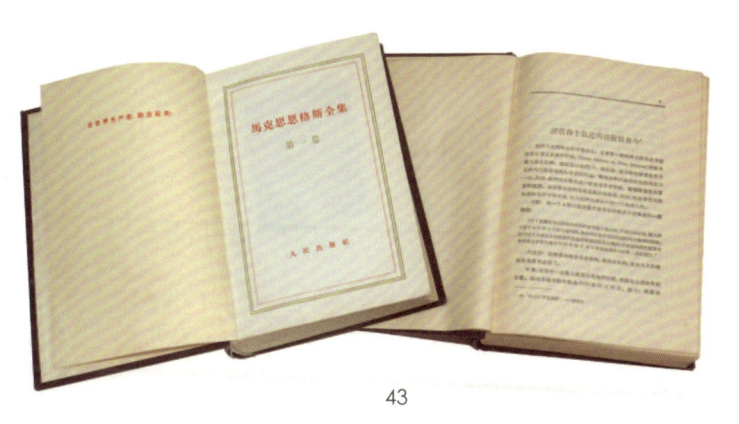

46. 《马克思恩格斯选集》1972年第1版（四卷本）
47. 20世纪50—70年代编译出版的马克思恩格斯著作各种文集本、专题读本和单行本

46

47

> 我们搞改革开放，把工作重心放在经济建设上，没有丢马克思，没有丢列宁，也没有丢毛泽东。老祖宗不能丢啊！问题是要把什么叫社会主义搞清楚，把怎么样建设和发展社会主义搞清楚。
>
> ——邓小平《总结经验，使用人才》

1978年底召开的具有重大历史意义的中共十一届三中全会，开启了中国改革开放的历史新时期。在建设中国特色社会主义的伟大进程中，以邓小平同志为主要代表的中国共产党人坚持把马克思列宁主义的基本原理同当代中国实践和时代特征结合起来，开辟了理论创新和实践探索的新境界。与此同时，马克思主义经典著作编译出版事业也呈现出前所未有的新局面。(48-49)

48. 邓小平同志在中共十一届三中全会上讲话
49. 中共十一届三中全会会场

改革开放以后，中央编译局继续做好《马克思恩格斯全集》中文第一版补卷（第40—50卷）的编译工作。经典著作编译工作者继承前辈的光荣传统，殚精竭虑，甘于奉献，不辜负党和人民的重托。至1985年，中文第一版出齐，共50卷，总计3200余万字。这是马克思主义诞生后首次在中国出版的比较完整的马恩著作中文全集本，是马克思主义传播史上的一个重要里程碑。（50-51）

50.《马克思恩格斯全集》中文第1版第40—50卷
51.《马克思恩格斯全集》中文第1版第1—50卷

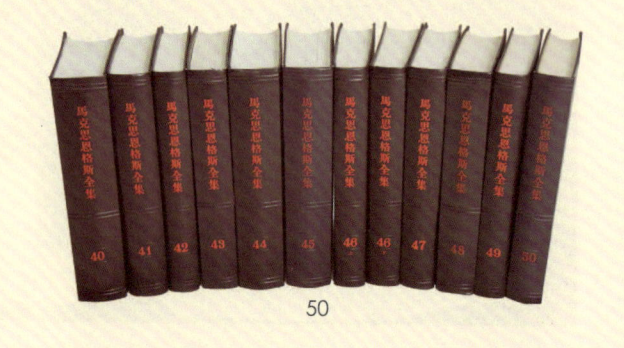

> 加强党的思想建设,要在全党系统地深入地进行马列主义、毛泽东思想基本理论的教育,特别是马克思主义哲学的教育……我们要组织党员特别是党员领导干部,联系国际国内的形势和矛盾斗争,有的放矢地选读马克思主义经典著作。
> ——江泽民《为把党建设成更加坚强的工人阶级先锋队而斗争》

党的十三届四中全会以后,以江泽民同志为主要代表的中国共产党人面对新时期的伟大任务,明确强调要加强党的思想理论建设,坚持和巩固马克思主义在我国意识形态领域的指导地位,坚持马克思主义的科学原理和科学精神、创新精神,紧密结合中国特色社会主义的伟大实践,不断丰富和发展马克思主义,不断增强马克思主义理论的说服力和战斗力。在党中央的高度重视和亲切关怀下,马克思主义经典著作编译出版事业取得了新发展和新成果。(52-53)

---

52. 江泽民同志在中国共产党第十六次全国代表大会上作报告
53. 江泽民同志为中央编译局成立四十周年题词

1986年7月，经中共中央书记处批准，中央编译局启动了《马克思恩格斯全集》中文第二版的编译工作。该版全集以《马克思恩格斯全集》历史考证版（MEGA²）为蓝本，同时参考德文版、英文版、俄文版等版本进行编译，力求做到收文更齐全、编辑更合理、译文更准确、资料更翔实。该版计划出版70卷，从1995年开始陆续问世。（54-56）

54. 《马克思恩格斯全集》中文第2版第1卷
55. 1995年10月27日《人民日报》关于新版马列著作出版的报道
56. 《马克思恩格斯全集》中文第2版1995—1998年出版的卷次

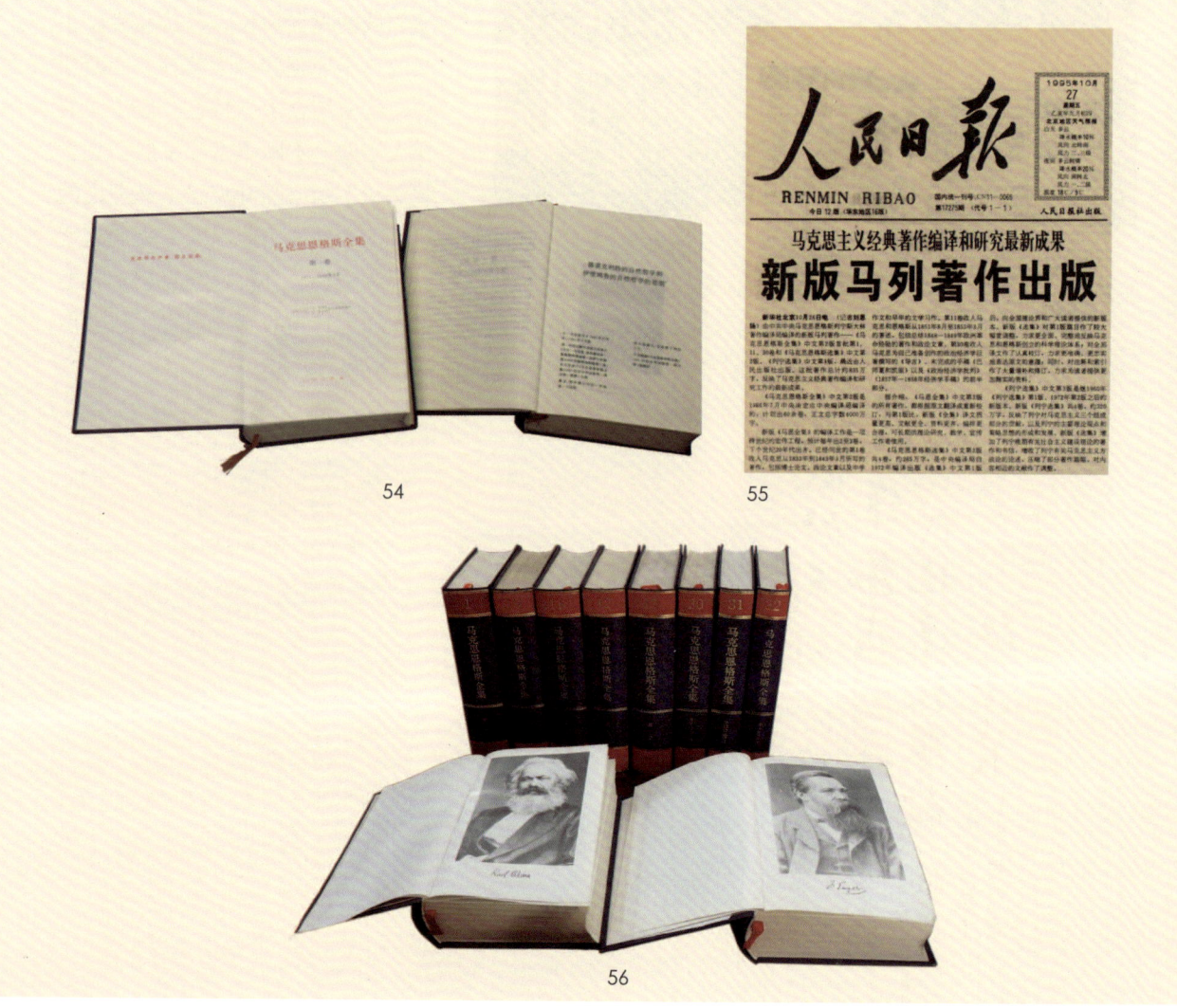

| 马克思恩格斯著作在中国的传播

为了在新时期进一步推进马克思主义的中国化、时代化、大众化，中央编译局于1995年编译出版《马克思恩格斯选集》第二版。中央编译局和国内有关单位还编辑出版了各种专题读本、单行本以及少数民族语言的译本。（57-60）

57. 《马克思恩格斯选集》1995年第2版（四卷本）
58. 用少数民族语言出版的《马克思恩格斯选集》
59. 用少数民族语言出版的《资本论》

60. 改革开放以后编译出版的马克思恩格斯著作各种文集本、专题读本和单行本

> 要坚持把党的思想理论建设放在首位，继续认真学习马克思列宁主义、毛泽东思想、邓小平理论、"三个代表"重要思想以及科学发展观，在实践中不断丰富和发展中国特色社会主义理论体系，努力开拓马克思主义新境界，切实提高全党运用科学理论改造主观世界和客观世界的能力。
> ——胡锦涛《在全党深入学习实践科学发展观活动总结大会上的讲话》

党的十六大以后，以胡锦涛同志为主要代表的中国共产党人在建设中国特色社会主义的实践中，高度重视党的思想理论建设，进一步巩固马克思主义在意识形态领域中的指导地位。2004年，中央作出实施马克思主义理论研究和建设工程的重大战略决策。2004年4月27日，中央召开实施马克思主义理论研究和建设工程工作会议。胡锦涛同志在会见会议代表时指出，中央决定实施马克思主义理论研究和建设工程，这是关系党和国家事业发展的战略任务，是中央加强党的理论建设的重大举措。（61-62）

61. 胡锦涛同志在中共十六届一中全会上讲话
62. 2004年4月29日《人民日报》关于胡锦涛同志会见中央实施马克思主义理论研究和建设工程工作会议代表的报道

党中央组织实施的马克思主义理论研究和建设工程，把编译《马克思恩格斯文集》和《列宁专题文集》列为重点项目。经典著作编译工作者勇挑重担，不辱使命，连续团结奋战了六个春秋，以一丝不苟、精益求精的科学态度出色地完成了任务。2009年12月两部文集正式出版发行。

《马克思恩格斯文集》精选了马克思和恩格斯在各个时期写的有代表性的著作，按编年和重要专著单独设卷相结合的方式编为十卷：第一、二、三卷分别收入马克思和恩格斯在1843年至1848年、1848年至1859年、1864年至1883年期间的著作；第四卷收入恩格斯1884年至1895年期间的著作；第五、六、七卷分别为马克思的《资本论》第一、二、三卷；第八卷为《资本论》手稿选编；第九卷收入恩格斯的两部专著《反杜林论》和《自然辩证法》；第十卷为马克思和恩格斯的书信选编。《列宁专题文集》采用文献选编和重要论述摘编相结合的方式，分五个专题编为五卷：《论马克思主义》、《论辩证唯物主义和历史唯物主义》、《论资本主义》、《论社会主义》、《论无产阶级政党》。党中央对两部文集的编译工作给予高度评价，指出两部文集是马克思主义理论研究和建设工程的标志性成果，是学习马克思主义经典著作的权威性教材。在两部文集出版发行之际，党中央要求全党和全国各族人民进一步学习好、运用好马克思主义经典著作，推动用发展着的马克思主义指导新的实践。（63）

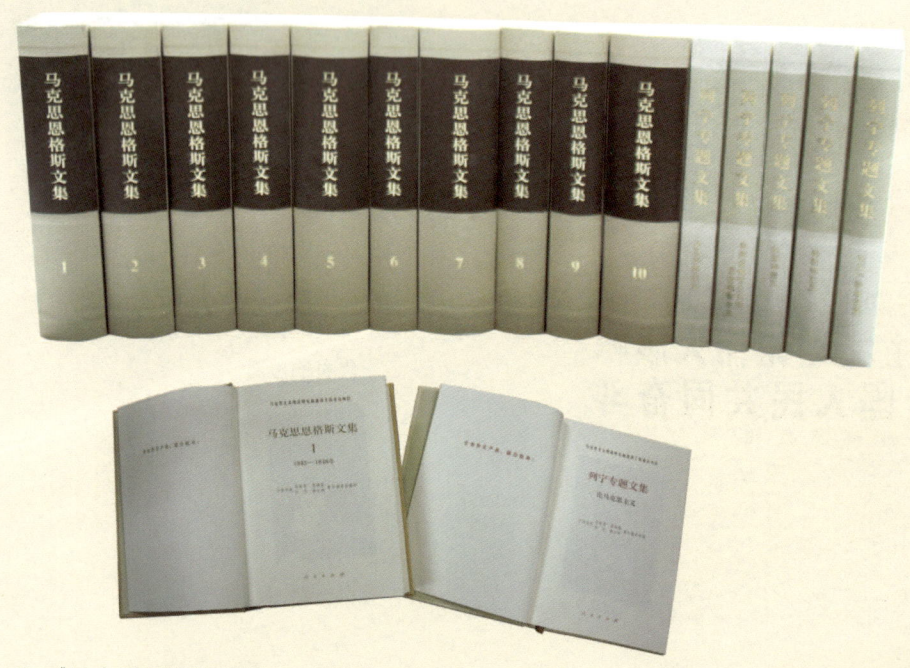

63.《马克思恩格斯文集》（十卷本）和《列宁专题文集》（五卷本）

> 马克思主义具有与时俱进的理论品质。新形势下，坚持马克思主义，最重要的是坚持马克思主义基本原理和贯穿其中的立场、观点、方法。这是马克思主义的精髓和活的灵魂。马克思主义是随着时代、实践、科学发展而不断发展的开放的理论体系，它并没有结束真理，而是开辟了通向真理的道路。
> ——习近平在哲学社会科学工作座谈会上的讲话

"马克思主义是我们立党立国的根本指导思想。"党的十八大以来，以习近平同志为核心的党中央矢志不渝地坚持马克思主义的指导地位。为了进一步把握时代主题，回应时代挑战，把马克思主义同当代中国发展的实践结合起来，习近平同志对马克思主义基本理论的科学内涵、思想精髓和指导意义作了深刻的阐述，并对全党同志联系实际学习经典著作提出了明确的要求。为此，党中央作出了周密的部署，中央政治局率先垂范，多次组织专题学习，有力地推动了全党的理论武装和思想建设。（64-65）

64. 习近平同志在哲学社会科学工作座谈会上讲话

65. 《人民日报》关于党的十八大以来中共中央政治局就历史唯物主义、辩证唯物主义、马克思主义政治经济学和当代世界马克思主义思潮及其影响进行集体学习的报道

时代是思想之母，实践是理论之源。只要我们善于聆听时代声音，勇于坚持真理、修正错误，二十一世纪中国的马克思主义一定能够展现出更强大、更有说服力的真理力量！
——习近平在中国共产党第十九次全国代表大会上的报告

66. 习近平同志在中国共产党第十九次全国代表大会上作报告

党的十九大深刻阐述了新时代中国共产党的历史使命，确立了习近平新时代中国特色社会主义思想的历史地位，提出了新时代坚持和发展中国特色社会主义的基本方略。习近平同志在会上代表党的十八届中央委员会所作的报告，是我们党团结带领全国各族人民在新时代坚持和发展中国特色社会主义的政治宣言和行动纲领，是马克思主义的纲领性文献。在十九大精神指引下，我国马克思主义理论研究和建设事业蓬勃发展，呈现出前所未有的新局面和新气象。（66-67）

67. 中国共产党第十九次全国代表大会会场

马克思主义经典著作卷帙浩繁，思想理论博大精深，编译工作不可能一劳永逸，必须与时俱进，精益求精。在习近平新时代中国特色社会主义思想指引下，在党中央的高度重视和正确领导下，我国马克思主义经典著作编译事业持续推进。按照准确反映马克思主义经典作家原意、确保准确性和权威性的要求，中央编译局在已有编译成果的基础上，继续进行各种重要版本的编译或修订工作，适应时代需要，满足读者需求，促进版本更新，完善版本体系，不断为新形势下马克思主义理论学习、研究、教学和宣传提供更加可靠和适用的基础文本。（68-71）

68.《马克思恩格斯选集》2012年第3版（四卷本）

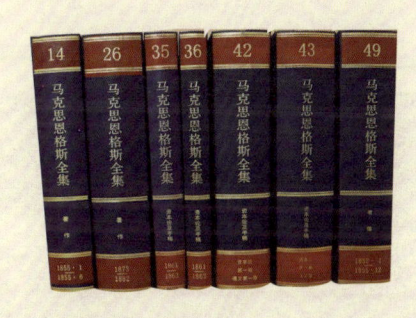

69.《马克思恩格斯全集》中文第2版2013—2016年出版的卷次

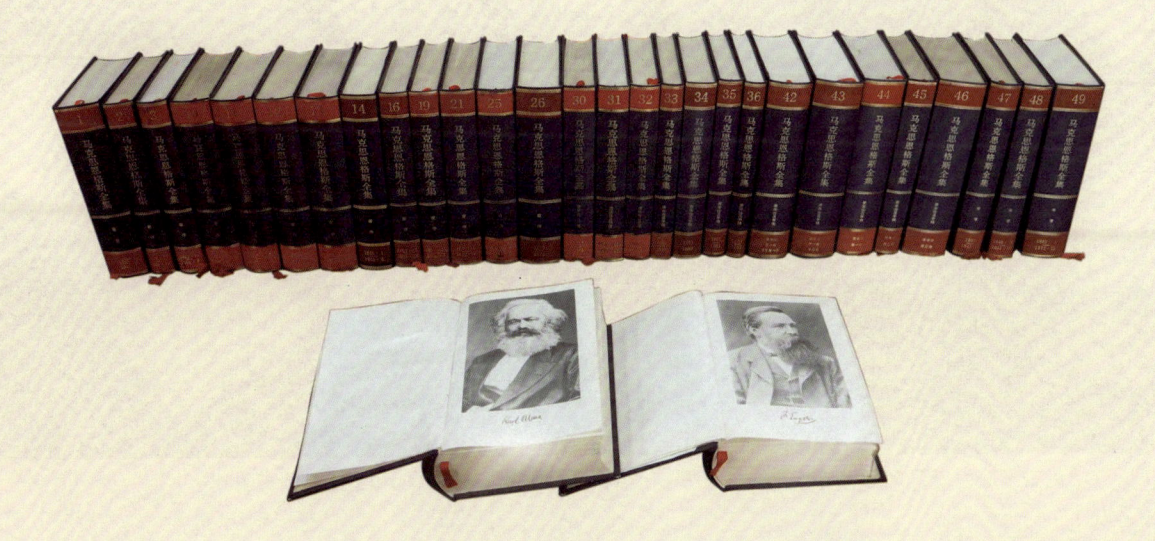

70.《马克思恩格斯全集》中文第2版已出版的卷次

指导思想是一个政党的精神旗帜。95年来，中国共产党之所以能够完成近代以来各种政治力量不可能完成的艰巨任务，就在于始终把马克思主义这一科学理论作为自己的行动指南，并坚持在实践中不断丰富和发展马克思主义。这使我们党得以摆脱以往一切政治力量追求自身特殊利益的局限，以唯物辩证的科学精神、无私无畏的博大胸怀领导和推动中国革命、建设、改革，不断坚持真理、修正错误。无论是处于顺境还是逆境，我们党从未动摇对马克思主义的信仰。

——习近平在庆祝中国共产党成立95周年大会上的讲话

71.《马列主义经典作家文库》著作单行本、专题选编本系列2014—2016年出版的20种著作

卡·克思
1818-1883

弗·

马克思
生平大事年表

1818 年
- 5月5日　卡尔·马克思出生于德国特里尔市。

1830 年
- 10月　马克思进入特里尔中学学习。

1835 年
- 9月24日　马克思毕业于特里尔中学，毕业考试时写了作文《青年在选择职业时的考虑》。
- 10月15日　马克思进入波恩大学法律系学习。

1836 年
- 10月22日　马克思转入柏林大学法律系学习。

1837 年
- 4—8月　马克思钻研黑格尔哲学，并参加青年黑格尔派的活动。

1839 年
- 1839年初—1841年3月　马克思研究古希腊哲学，撰写博士论文《德谟克利特的自然哲学和伊壁鸠鲁的自然哲学的差别》。

1841 年
- 3月30日　马克思毕业于柏林大学。
- 4月6日　马克思把博士论文寄给耶拿大学哲学系主任。
- 4月15日　耶拿大学授予马克思哲学博士学位证书。

1842 年
- 2月初—2月10日　马克思撰写《评普鲁士最近的书报检查令》。
- 约3月26日—4月26日　马克思撰写《第六届莱茵省议会的辩论（第一篇论文）。关于新闻出版自由和公布省等级会议辩论情况的辩论》。
- 10月　马克思撰写《第六届莱茵省议会的辩论（第三篇论文）。关于林木盗窃法的辩论》。
- 10月15日　马克思担任科隆《莱茵报》编辑。
- 11月下半月　恩格斯在赴英国途经科隆时拜访马克思。马克思在《莱茵报》编辑部同恩格斯初次见面。
- 1842年12月底—最迟1843年1月26日　马克思撰写《摩泽尔记者的辩护》。

1843 年
- 3月17日　马克思由于普鲁士书报检查机关的迫害，退出《莱茵报》编辑部。4月1日《莱茵报》被查封。
- 约3月中—9月底　马克思撰写《黑格尔法哲学批判》。
- 6月19日　马克思和燕妮·冯·威斯特华伦在克罗伊茨纳赫结婚。
- 7—8月　马克思在克罗伊茨纳赫研究国家学说和宪政史，研究欧洲各国和美国的历史，特别是法国大革命的历史，并作摘录和笔记。
- 1843年10月—1845年2月　马克思旅居巴黎，创办《德法年鉴》杂志；撰写《论犹太人问题》和《〈黑格尔法哲学批判〉导言》；研究古典政治经济学和空想社会主义的著名代表人物的著作。

1844 年

· 2 月底　马克思和阿·卢格主编的《德法年鉴》第 1—2 期合刊在巴黎出版。

· 5 月 1 日　马克思的女儿燕妮出生。

· 5 月底 6 月初—8 月　马克思撰写《1844 年经济学哲学手稿》。

· 8 月底—9 月初　恩格斯从英国回德国时，绕道巴黎会见马克思。这次会见为他们终生不渝的伟大合作奠定了基础。马克思和恩格斯着手合著《神圣家族》，该著 1845 年 2 月在美因河畔法兰克福出版。

1845 年

· 1845 年 2 月—1848 年 3 月初　马克思因遭法国当局驱逐，旅居比利时布鲁塞尔。

· 春天　马克思撰写《关于费尔巴哈的提纲》。

· 7—8 月　马克思和恩格斯到伦敦和曼彻斯特作为期六周的考察旅行。

· 9 月 26 日　马克思的女儿劳拉出生。

· 1845 年 10 月—1847 年 4 月至 5 月　马克思和恩格斯撰写《德意志意识形态》。

1846 年

· 年初　马克思和恩格斯在布鲁塞尔创立共产主义通讯委员会。

1847 年

· 1 月—6 月 15 日　马克思撰写《哲学的贫困》，该著 1847 年 7 月在巴黎和布鲁塞尔出版。

· 1 月底　马克思和恩格斯在确信正义者同盟领导人愿意改组同盟并接受科学社会主义理论之后，同意加入同盟。

· 8 月 5 日　在马克思领导下，共产主义者同盟的支部和区部在布鲁塞尔成立。马克思当选为支部主席和区部委员会委员。

· 11 月 29 日　马克思和恩格斯在伦敦出席民主派兄弟协会为纪念 1830 年波兰起义而举行的国际大会。马克思和恩格斯在大会上发表了关于波兰问题的演说。

· 11 月 29 日—12 月 8 日　马克思和恩格斯出席共产主义者同盟第二次代表大会。大会委托马克思和恩格斯以宣言的形式为共产主义者同盟起草一个准备公布的理论和实践的纲领。

· 1847 年 12 月 9 日—1848 年 1 月底　马克思和恩格斯撰写《共产党宣言》。

· 12 月下半月　马克思在布鲁塞尔德意志工人教育协会作关于雇佣劳动与资本的演说。

1848 年

· 1 月 9 日　马克思在布鲁塞尔民主协会召开的公众大会上发表关于自由贸易问题的演说。

· 2 月底　《共产党宣言》在伦敦出版。

· 2 月 27 日前后　由于法国爆发革命，在伦敦的共产主义者同盟中央委员会把职权移交给马克思领导的布鲁塞尔区部委员会。

· 3 月初　3 月 1 日法兰西共和国临时政府邀请马克思重返巴黎。3 月 3 日比利时当局下令驱逐马克思。3 月 5 日马克思到达巴黎。

· 3 月 11 日　共产主义者同盟新的中央委员会在巴黎成立。马克思当选中央委员会主席，在布鲁塞尔的恩格斯缺席当选中央委员会委员。

· 3 月下半月—4 月初　德国爆发三月革命，马克思和恩格斯拟订了共产主义者同盟在这次革命中的行动纲领《共产党在德国的要求》。同盟中央委员会组织了三四百名德国工人（大多数是同盟盟员）分散回国参加革命。

· 4 月 6 日前后　马克思和恩格斯离开巴黎，回德国参加革命。

· 4 月 11 日　马克思和恩格斯到达科隆，筹办《新莱茵报》。

· 6 月 1 日　马克思主编的《新莱茵报》创刊号在科隆出版。

· 6 月 25 日—7 月 1 日　马克思和恩格斯撰写有关巴黎六月起义的一系列文章。

· 7 月 6 日　马克思因《新莱茵报》7 月 5 日发表揭露司法当局行径的《逮捕》一文受到法院传讯。此后，普鲁士司法当局经常以各种借口传讯马克思、恩格斯以及《新莱茵报》编辑部的其他人员。

- 8月13—14日　马克思和恩格斯参加莱茵省第一届民主主义者代表大会。
- 9月11—15日　马克思撰写题为《危机和反革命》一组文章。
- 9月13日　《新莱茵报》编辑部、科隆工人联合会和民主协会在科隆弗兰肯广场召开民众大会。马克思和恩格斯被选入由30人组成的安全委员会。
- 9月26日　科隆戒严。警备司令部命令《新莱茵报》和其他一些民主派报纸停止出版。
- 10月12日　经过马克思不懈斗争，《新莱茵报》复刊。
- 12月9—29日　马克思撰写题为《资产阶级和反革命》一组文章。

1849年

- 2月7日　科隆陪审法庭开庭审理《新莱茵报》因发表《逮捕》一文被控侮辱检察官和诽谤宪兵一案，马克思和恩格斯在法庭上当众揭露普鲁士反动当局的诬陷和迫害。陪审法庭宣告马克思、恩格斯无罪。
- 5月16日　马克思接到当局把他驱逐出普鲁士的命令。
- 5月19日　《新莱茵报》被迫停刊，用红色油墨印出终刊号第301号。
- 6月3日前后　马克思到达巴黎。
- 8月24日　马克思因受到法国当局迫害，离开巴黎前往伦敦。
- 8月26日前后　马克思来到伦敦，在这里一直居住到逝世。马克思到达伦敦后，着手筹办《新莱茵报。政治经济评论》，并重新组织共产主义者同盟中央委员会。
- 9月初　马克思参加伦敦德意志工人教育协会，在协会中讲授政治经济学和《共产党宣言》的基本观点。
- 1849年底—1850年11月　马克思为《新莱茵报。政治经济评论》撰写一组总结法国革命经验的文章《1848年至1849年》。1895年恩格斯将这些文章编成单行本出版，标题为《1848年至1850年的法兰西阶级斗争》。

1850年

- 3—11月　马克思和恩格斯创办的《新莱茵报。政治经济评论》出版了六期（其中第5—6期是合刊）。该杂志发表了马克思的《1848年至1849年》和恩格斯的《德国维护帝国宪法的运动》、《德国农民战争》等著作。
- 3月和6月　马克思和恩格斯共同起草了两篇《共产主义者同盟中央委员会告同盟书》。
- 9月15日　马克思和恩格斯在共产主义者同盟中央委员会会议上尖锐地批判了维利希和沙佩尔的宗派冒险主义策略。会议决定把中央委员会迁往科隆，委托科隆区部组建新的中央委员会。
- 1850年9月—1853年8月　马克思写了24本有关政治经济学问题的摘录笔记，即《伦敦笔记》。

1851年

- 8月8日　马克思写信告诉恩格斯，《纽约每日论坛报》编辑查·德纳约他为该报撰稿，他已接受建议。由于马克思忙于政治经济学的研究工作，恩格斯大力协助马克思为该报撰稿。马克思和恩格斯为该报撰稿持续十年以上。
- 约1851年12月中—1852年3月25日　马克思撰写《路易·波拿巴的雾月十八日》，这部著作1852年5月发表在纽约出版的不定期刊物《革命》杂志上。

1852年

- 3月5日　马克思在给约·魏德迈的信中阐述他对阶级、阶级斗争和无产阶级专政问题的新结论。
- 10—11月　马克思和恩格斯密切关注科隆共产党人案件的审讯进程，想方设法把揭露普鲁士警察当局阴谋的文件和材料寄往科隆，帮助被告辩护人在法庭上证明起诉的虚假性。
- 10月底—12月初　马克思撰写《揭露科隆共产党人案件》。
- 11月17日　鉴于欧洲反动势力日益猖獗，共产主义者同盟实际上已经无法进行正常活动等情况，马克思在共产主义者同盟伦敦区部会议上提议解散同盟。马克思的提议获得通过。

1853年

- 5月31日前后　马克思撰写《中国革命和欧洲革命》。

·6月和7月　马克思撰写《不列颠在印度的统治》和《不列颠在印度统治的未来结果》。

1854 年
·8月25日—12月8日　鉴于西班牙爆发资产阶级革命，马克思撰写题为《革命的西班牙》一组文章。
·1854年12月—1855年1月　马克思审阅并整理自己前几年作的政治经济学笔记。

1855 年
·1月16日　马克思的女儿爱琳娜出生。
·6月15日　马克思致信恩格斯，约请恩格斯为纽约《普特南氏月刊》撰写论述欧洲军队的文章。
·6月24日和7月1日　马克思参加在伦敦海德公园举行的群众示威，反对损害人民群众利益的禁止星期日交易法案。

1856 年
·4月14日　马克思应宪章派机关报《人民报》编辑部的邀请，参加该报创刊四周年纪念会，发表关于无产阶级的世界历史使命的演说。
·9—11月　马克思就国际市场危机撰写一系列文章，并深入研究政治经济学问题。

1857 年
·3月　马克思撰写《俄国的对华贸易》和《英人在华的残暴行动》。
·6月30日　马克思撰写关于印度军队起义的文章。此后，马克思和恩格斯写了一系列论述印度1857—1859年民族解放起义的文章。
·7月　马克思撰写评论弗·巴师夏和查·凯里的经济学论文，论文没有完成。
·1857年7月—1860年11月　马克思和恩格斯为《美国新百科全书》撰写条目，许多条目是两人合作的成果。
·8月底　马克思为计划中的经济学巨著《政治经济学批判》撰写《导言》。
·1857年10月—1858年2月底　马克思详细研究世界经济危机的发展，搜集了大量有关危机进程的材料。
·1857年底—1858年5月　马克思撰写《政治经济学批判（1857—1858年手稿）》，这是《资本论》的第一个稿本。

1858 年
·8月31日—9月28日　马克思撰写《鸦片贸易史》（两篇）、《英中条约》和《中国和英国的条约》。

1859 年
·6月11日　马克思的著作《政治经济学批判。第一分册》在柏林出版。马克思在该书序言中对唯物史观基本原理作了经典表述。
·约7月3日—8月20日　马克思担任伦敦德意志工人教育协会等组织的机关报《人民报》的实际领导和编辑工作。该报不久因经费困难而停刊。
·9月和11月　马克思撰写《新的对华战争》和《对华贸易》。

1860 年
·1月11—26日　马克思和恩格斯密切关注美国争取废除奴隶制的运动和俄国争取废除农奴制的运动。
·1月底—11月　马克思撰写《福格特先生》，12月1日这部著作在伦敦出版。
·11月底—12月19日　马克思研究自然科学，阅读达尔文的《物种起源》。

1861 年
·1861年6月—1862年11月　马克思和恩格斯鉴于美国爆发内战，特别注意研究美国内战发生的原因和战争进程。
·1861年8月—1863年7月　马克思撰写《政治经济学批判（1861—1863年手稿）》，这是《资本论》的第二个稿本。

1862 年
·12月28日　马克思写信告诉路·库格曼，他打算以《资本论》为标题、以《政治经济学批判》为副标题出版他的经济学著作。

1863 年

· 1 月　马克思结束了关于剩余价值理论的主要篇章的写作。他后来打算把这一部分作为《资本论》的第四部分即理论史部分出版。同时他拟定了《资本论》第一和第三部分的写作计划，这两部分成为后来《资本论》第一卷和第三卷的基础。

· 2 月中—5 月初　马克思和恩格斯充分肯定用革命方法解决波兰问题的意义，决定以伦敦德意志工人教育协会的名义就波兰起义发表呼吁书，并撰写论述波兰人民斗争的小册子。

· 7 月初　马克思研究数学，特别是微分学和积分学。

· 1863 年 8 月—1867 年　马克思用更加系统的形式来表述他的经济学著作的理论部分，完成了《资本论》理论部分三册的新稿，并将《资本论》第一册整理付印。

1864 年

· 9 月 28 日　马克思出席在伦敦圣马丁堂举行的国际工人会议。这次会议通过了成立国际工人协会（后通称第一国际）的决议。马克思当选为协会临时委员会委员。

· 10 月 21—27 日　马克思起草国际工人协会的纲领性文件——成立宣言和临时章程。

· 11 月 1 日　马克思在国际工人协会临时委员会会议上宣读了他起草的国际工人协会成立宣言和临时章程，这两个文件获得一致通过。临时委员会按章程被确定为协会的领导机构（后改称总委员会，1866 年 9 月 8 日以前通称中央委员会）。马克思作为德国通讯书记参加总委员会。

· 11 月 4 日　马克思写信给恩格斯，详尽地叙述了成立国际工人协会和起草成立宣言、临时章程的经过。

· 11 月下旬　马克思代表国际工人协会中央委员会起草致林肯的信，祝贺他再度当选美国总统。

1865 年

· 1 月 24 日　马克思撰写《论蒲鲁东（给约·巴·施韦泽的信）》。

· 3 月　马克思出席在伦敦举行的纪念波兰起义两周年大会。

· 3 月 19 日—4 月 8 日　马克思因病去荷兰扎尔特博默尔，在姨父莱·菲力浦斯家休养。

· 6 月 20 日和 27 日　马克思在国际工人协会中央委员会会议上作关于工资、价格和利润的报告，用通俗的形式阐述了剩余价值理论的基本观点。

· 9 月 25—29 日　马克思参加国际工人协会伦敦代表会议。

1866 年

· 1 月底—2 月中　马克思由于紧张写作《资本论》而患病。恩格斯建议马克思将第一卷先送去付印。马克思按照恩格斯的意见，决定首先发表《资本论》第一卷。

· 9 月 3—8 日　国际工人协会日内瓦代表大会按照马克思起草的《给临时中央委员会代表的关于若干问题的指示》通过了各项主要决议，批准了以马克思起草的临时章程为基础的国际工人协会的章程和条例。马克思被代表大会选入中央委员会。

1867 年

· 1 月　马克思出席纪念波兰起义四周年大会，并发表演说。

· 4 月 2—4 日　马克思写信告诉恩格斯，他已写完《资本论》第一卷，并打算亲自将手稿送到汉堡出版商那里。恩格斯回信给马克思，衷心祝贺《资本论》第一卷的完成。

· 4 月 10 日—5 月 19 日　马克思为《资本论》的出版事宜回到德国，并到汉诺威路·库格曼家做客。

· 6 月 3—16 日　马克思把《资本论》第一卷前五个印张的清样寄给恩格斯校阅。恩格斯读完《资本论》第一卷第一批校样后，在给马克思的信中谈了自己的意见。

· 约 6 月 17—27 日　马克思写作《资本论》第一卷第一章的附录《价值形式》。

· 8 月 16 日　马克思看完《资本论》第一卷最后一个印张的校样。他在深夜两点写信给恩格斯，衷心感谢恩格斯在他写作这部著作期间所给予的无私帮助。

· 1867 年 8 月下半月—1883 年初　马克思继续在政治

经济学和其他许多领域进行广泛研究，写作并修改《资本论》第二卷和第三卷。但因忙于领导国际工人运动、修订出版《资本论》第一卷德文第二版和法文版、研究其他领域的问题以及经常患病等原因，马克思生前未能出版《资本论》第二卷和第三卷。

· 9月6日　马克思被国际工人协会洛桑代表大会选入总委员会。

· 9月11日　《资本论》第一卷在汉堡出版。

· 11月　马克思研究爱尔兰问题，并在同恩格斯的通信中阐述了自己的观点。

1868 年

· 1—3月　马克思在给恩格斯和路·库格曼的书信中对欧·杜林写的《资本论》第一卷书评和杜林的其他著作作了评论。马克思指出了《资本论》第一卷在经济理论和研究方法方面不同于以往的资产阶级经济学的三个崭新因素，以及他的阐述方法与黑格尔的不同之处。

· 1868年春—1870年中　马克思撰写《资本论》第二册的第 II 稿。

· 3月　马克思和恩格斯研究德国历史学家格·毛勒的著作，并给予很高的评价。

· 4月2日　马克思的女儿劳拉同保·拉法格结婚。

· 4月底　马克思研究利润率和剩余价值率之间的关系。他几次写信给恩格斯，介绍自己的研究结论，并谈到《资本论》第二、三册的内容。

· 9月6—13日　国际工人协会布鲁塞尔代表大会根据马克思提出并由总委员会批准的草案，通过了关于在资本主义制度下使用机器的后果的决议和关于缩短工作日的决议。马克思被代表大会选入总委员会。大会还通过一项决议案，倡议各国工人学习马克思的《资本论》。

1869 年

· 9月7日和11日　马克思起草的国际工人协会总委员会的报告和关于继承权的报告先后在国际工人协会巴塞尔代表大会上宣读。马克思再度当选为总委员会委员。

· 约9月10日—10月7日　马克思和女儿燕妮去汉诺威看望路·库格曼。途中专程拜访了约·狄慈根，在汉诺威会见了威·白拉克等人。

· 11月30日　马克思参加在伦敦成立的土地和劳动同盟。

1870 年

· 7月19—23日　马克思撰写国际工人协会总委员会关于普法战争的第一篇宣言。

· 9月6—9日　马克思撰写国际工人协会总委员会关于普法战争的第二篇宣言。

1871 年

· 3月19日—5月　马克思和恩格斯仔细研究3月18日巴黎爆发革命后的局势和3月28日宣布成立的巴黎公社的材料，同公社社员建立联系，并在有关内外政策的各种问题上向公社提供建议。马克思和恩格斯动员各国工人声援巴黎公社，致信国际工人协会各支部，呼吁对公社给予支持。

· 4月12日和17日　马克思在给路·库格曼的信中，援引自己在《路易·波拿巴的雾月十八日》一书中作出的无产阶级必须打碎资产阶级的军事官僚国家机器的结论，强调巴黎公社的世界历史意义。

· 4月18日—5月底　马克思受国际工人协会总委员会委托，撰写关于法兰西内战的宣言。

· 5月23日　马克思在国际工人协会总委员会会议上作关于巴黎公社的发言，指出即使公社遭到失败，公社的原则也是永存的，是消灭不了的。

· 5月30日　马克思在国际工人协会总委员会会议上宣读他起草的宣言《法兰西内战》，并经总委员会一致通过。

· 6—12月　马克思和恩格斯组织对巴黎公社流亡者的救济和援助，领导国际工人协会总委员会成立的流亡者委员会的活动，设法为流亡的公社社员寻找工作。

· 9月17—23日　马克思和恩格斯领导国际工人协会伦敦代表会议的工作。马克思和恩格斯在会上作了关于工人阶级的政治行动的发言。

· 9月24日　马克思在伦敦举行的国际工人协会成立七周年庆祝会上发表讲话，论述国际的任务和目的，阐明巴黎公社的性质和无产阶级专政的意义。

· 1871年12月—1873年1月　马克思为出版《资本论》

第一卷德文第二版做修订工作。

1872 年
·1月中—3月初　马克思和恩格斯撰写国际工人协会总委员会内部通告《所谓国际内部的分裂》。
·1872年3月—1875年1月　马克思校订《资本论》第一卷法文译稿。
·3月初—5月初　马克思应国际工人协会曼彻斯特支部领导人欧·杜邦的请求，就该支部正在争论的土地国有化问题撰写了详细意见。
·6月24日　马克思和恩格斯为《共产党宣言》1872年德文版撰写序言。
·1872年7月—1873年5月　《资本论》第一卷德文第二版陆续分册出版。1873年5月底6月初，各分册合成一卷出版。
·9月2—7日　马克思和恩格斯领导国际工人协会海牙代表大会的工作，挫败了巴枯宁派的分裂阴谋。
·1872年9月17日—1875年底　《资本论》第一卷法文版陆续分册出版。1876年初，各分册合成一卷出版。
·10月10日　马克思的女儿燕妮同沙·龙格结婚。
·1872年12月底—1873年1月初　马克思撰写《政治冷淡主义》。

1873 年
·4—7月　马克思和恩格斯撰写《社会主义民主同盟和国际工人协会》。

1874 年
·8—9月　马克思和女儿爱琳娜到卡尔斯巴德疗养，返回伦敦途中，在莱比锡、柏林和汉堡短暂停留，会见了威·李卜克内西等人。
·1874年—1875年初　马克思对巴枯宁的《国家制度和无政府状态》一书作了摘要，并写了批判性评注。

1875 年
·5月5日　马克思写信给威·白拉克，随信寄去《德国工人党纲领批注》（后来通称《哥达纲领批判》）。

·5月20日—8月上半月　马克思为《资本论》第三册撰写关于剩余价值率和利润率的数学计算的手稿。

1876 年
·5月24—26日　马克思和恩格斯鉴于德国小资产阶级社会主义者欧·杜林的思想对德国社会主义工人党的危害日益严重，商讨开展对杜林思想的批判。
·1876年秋—1881年中　马克思撰写《资本论》第二册的第Ⅴ、Ⅵ、Ⅶ、Ⅷ稿以及一些片断稿和准备稿。

1877 年
·3月5日　马克思把他为《反杜林论》第二编第十章写的手稿《评杜林〈国民经济学批判史〉》寄给恩格斯。
·10—11月　马克思写信给俄国《祖国纪事》杂志编辑部，答复俄国政论家和文学评论家尼·康·米海洛夫斯基《卡尔·马克思在尤·茹柯夫斯基先生的法庭上》一文。

1878 年
·1878—1882年　马克思钻研代数学，写了大量札记，还写了微分学简史。

1879 年
·1879年下半年—1881年初　马克思写关于阿·瓦格纳《政治经济学教科书》的批评意见。
·9月17—18日　马克思和恩格斯共同起草给奥·倍倍尔、威·李卜克内西、威·白拉克等人的通告信，批评在反社会党人法实施以后德国社会主义工人党内出现的机会主义倾向。
·1879年秋—1880年夏　马克思阅读马·马·柯瓦列夫斯基的著作《公社土地占有制，其解体的原因、进程和结果》，并作了详细笔记。

1880 年
·5月10日前后　马克思和恩格斯应保·拉法格和茹·盖得的请求，帮助制定法国工人党纲领。马克思口授了法国工人党纲领导言，即纲领的理论部分。
·约1880年夏—1881年夏　马克思研读路·亨·摩尔

根等人关于古代社会历史的著作，作了详细的摘录和大量的批注。

1881 年

- 2月18日前后—3月8日　2月16日，维·伊·查苏利奇致信马克思，请求他谈谈对俄国社会经济发展前景，特别是对俄国农村公社的命运的看法。3月8日，马克思给查苏利奇写了复信，此前写了四个复信草稿。
- 7月26日—8月16日　马克思和夫人在巴黎附近阿让特伊的女儿燕妮·龙格家小住。
- 12月2日　马克思夫人燕妮·马克思在伦敦逝世。
- 1881年底—1882年底　马克思研究世界通史，作了编年摘录（通称《历史学笔记》）。

1882 年

- 1月21日　马克思和恩格斯为格·瓦·普列汉诺夫翻译的《共产党宣言》俄译本撰写序言。
- 2月9日—10月初　马克思由于健康状况恶化前往阿尔及尔、法国南部、瑞士等地疗养，并看望女儿燕妮、劳拉以及约·菲·贝克尔，会见费默、茹·盖得、保·拉法格等人。
- 1882年秋—1883年1月初　马克思为出版《资本论》第一卷德文第三版做修订准备工作。

1883 年

- 1月11日　马克思的女儿燕妮·龙格在巴黎逝世。
- 3月14日　卡尔·马克思在伦敦逝世。

编后记

为纪念马克思（1818—1883）诞辰200周年，我们编纂了这部《马克思画传》纪念版。

中共中央编译局先后编辑出版过两部马克思的画传。1983年，为纪念马克思逝世100周年，我局编辑了《卡尔·马克思画传》，由人民美术出版社出版，参加编辑工作的有吴惕安、季丰、韩文臣、白玉琴。2012年，在党中央大力推进马克思主义中国化、时代化、大众化的形势下，为适应广大干部群众学习和研究马克思主义的需要，我局编纂了《马克思画传》、《恩格斯画传》、《列宁画传》，由重庆出版集团和中央编译出版社出版。2012年版《马克思画传》由韦建桦、顾锦屏同志主持编纂，参加编辑和资料工作的同志有：魏海生、王学东、柴方国、徐洋、蒋仁祥、李楠、张远航、曹浩瀚。李跃群、寿自强等同志参加了图片收集工作。

2012年版《马克思画传》在编纂过程中，除了以1983年版《画传》为主要基础，还参阅了国外出版的有关著作，其中主要有：《卡尔·马克思和弗里德里希·恩格斯。他们的生平和他们的时代》（KARL MARX UND FRIEDRICH ENGELS. IHR LEBEN UND IHRE ZEIT）1978年柏林狄茨出版社版、《卡尔·马克思的生平事业。文献和照片》（КАРЛ МАРКС. ЖИЗНЬ И ДЕЯТЕЛЬНОСТЬ. ДОКУМЕНТЫ И ФОТОГРАФИИ）1983年莫斯科进步出版社版、《卡尔·马克思画传》（KARL MARX ALBUM）1953年柏林狄茨出版社版。此外，马克思恩格斯著作编辑学家、德国柏林MEGA（《马克思恩格斯全集》历史考证版）编辑促进协会主席罗尔夫·黑克尔教授（Prof. Dr. Rolf Hecker）曾提出许多建议并提供大量图片。

这部《马克思画传》纪念版就是在2012年版《画传》的基础上，从广大读者在新形势下学习和研究的需要出发，经过仔细斟酌、反复讨论、全面修订和大量增补而最终定稿的。本书对马克思生平事业包括实践活动和理论贡献的叙述，主要依据十卷本《马克思恩格斯文集》（2009年版）、《马克思恩格斯选集》第三版（2012年版）和已经出版的《马克思恩格斯全集》第二版的编译成果。本书使用的美术作品，大多是中共中央编译局为纪念马克思逝世100周年和恩格斯逝世90周年编辑出版《卡尔·马克思画传》和《弗·恩格斯画传》时向美术界征集的。《画传》的卷首刊出了蒋兆和先生为中共中央编译局1954年首次举办"马克思列宁主义经典著作在中国的传播"展览而创作的马克思肖像。此外，我们在《画传》中还刊出了矗立在中共中央编译局和上海复兴公园的马克思恩格斯塑像的照片，这两座大型雕塑的作者分别是吴为山先生和章永浩先生。在本书出版之际，编委会向无私奉献自己的智慧和才华的艺术家们表示崇高的敬意。

本书的编纂工作得到重庆出版集团的热情支持和大力协助。出版集团的领导、专家以及从事装帧设计和图文排印的人员为把这部画传编成学术和艺术精品，提出了宝贵的建议，付出了辛勤的劳动。编委会向他们表示诚挚的谢意。

本书由韦建桦、顾锦屏、柴方国同志主持修订，参加编辑和资料工作的同志有：沈红文、徐洋、李楠、张远航、曹浩瀚、李园园。李朝晖、李宏梅参加了审读工作。

图书在版编目（CIP）数据

马克思画传：马克思诞辰 200 周年纪念版 / 中共中央马克思恩格斯列宁斯大林著作编译局编 . —重庆：重庆出版社，2018.3（2024.10重印）
ISBN 978－7－229－13037－4

Ⅰ.①马… Ⅱ.①中… Ⅲ.①马克思（Marx, Karl 1818—1883）—传记—画册 Ⅳ.① A716

中国版本图书馆 CIP 数据核字（2018）第 023493 号

马克思画传 马克思诞辰 200 周年纪念版
MAKESI HUAZHUAN
中共中央马克思恩格斯列宁斯大林著作编译局　编

责任编辑：别必亮　康聪斌
责任校对：何建云
装帧设计：重庆出版社艺术设计有限公司

重庆出版集团 出版
重庆出版社

重庆市南岸区南滨路 162 号 1 幢　邮政编码：400061　http://www.cqph.com
重庆出版社艺术设计有限公司制版
重庆奥博印务有限公司印刷
重庆出版集团图书发行有限公司发行
E-mail:fxchu@cqph.com　邮购电话：023-61520646
全国新华书店经销

开本：787mm×1092mm　1/16　印张：21.5
2018 年 3 月第 1 版　2024 年 10 月第 10 次印刷
ISBN 978-7-229-13037-4
定价：79.00 元

如有印装问题，请向本集团图书发行有限公司调换：023-61520678

版权所有　侵权必究